LUIZ CARLOS SUSIN

A CRIAÇÃO DE DEUS

LIVROS BÁSICOS DE TEOLOGIA
Para a formação dos agentes de pastoral
nos distintos ministérios e serviços da Igreja

DIREÇÃO E COORDENAÇÃO GERAL DA COLEÇÃO:
Elza Helena Abreu, São Paulo, Brasil

ASSESSORES:
D. Manoel João Francisco, bispo de Chapecó, Brasil
Mons. Javier Salinas Viñals, bispo de Tortosa, Espanha
João Batista Libanio, S.J., Belo Horizonte, Brasil

PLANO GERAL DA COLEÇÃO

TEOLOGIA FUNDAMENTAL

1. *Crer num mundo de muitas crenças e pouca libertação*
   João Batista Libanio

TEOLOGIA BÍBLICA

2. *A História da Palavra I*
   A. Flora Anderson, Gilberto Gorgulho, Pedro L. Vasconcellos, Rafael R. da Silva

3. *A História da Palavra II*
   A. Flora Anderson, Gilberto Gorgulho, Pedro L. Vasconcellos, Rafael R. da Silva

TEOLOGIA SISTEMÁTICA

4. *Esperança além da esperança*
   M. Angela Vilhena e Renold J. Blank

5. *A criação de Deus* (Deus e criação)
   Luiz Carlos Susin

6. *Deus Trindade: a vida no coração do mundo*
   Maria Clara L. Bingemer e Vitor Galdino Feller

7. *Deus-Amor: a graça que habita em nós*
   Maria Clara L. Bingemer e Vitor Galdino Feller

8. *Cristologia e Pneumatologia*
   Maria Clara L. Bingemer

8.1. *Sois um em Cristo Jesus*
   Antonio José de Almeida

8.2. *Maria, toda de Deus e tão humana*
   Afonso Murad

TEOLOGIA LITÚRGICA

9. *O mistério celebrado. Memória e compromisso I*
   Ione Buyst e José Ariovaldo da Silva

10. *O mistério celebrado. Memória e compromisso II*
    Ione Buyst e Manoel João Francisco

TEOLOGIA MORAL

11. *Aprender a viver. Elementos de teologia moral cristã*
    Márcio Fabri dos Anjos

DIREITO CANÔNICO

12. *Direito eclesial: instrumento da justiça do Reino*
    Roberto Natali Starlino

HISTÓRIA DA IGREJA

13. *Eu estarei sempre convosco*
    Henrique Cristiano José Matos

TEOLOGIA ESPIRITUAL

14. *Espiritualidade cristã*
    Francisco Catão

TEOLOGIA PASTORAL

15. *A pastoral dá o que pensar. A inteligência da prática transformadora da fé*
    Agenor Brighenti

APRESENTAÇÃO DA COLEÇÃO

A *formação teológica* é um clamor que brota das comunidades, dos movimentos e organizações da Igreja. Frente à complexa realidade local e mundial, neste tempo histórico marcado por agudos problemas, sinais de esperança e profundas contradições, a *busca de Deus* se intensifica e percorre caminhos diferenciados. Nos ambientes cristãos e em nossas Igrejas e comunidades, perguntas e questões de todo tipo se multiplicam, e os *desafios da evangelização* também aumentam em complexidade e urgência. Com isso, torna-se compreensível e pede nossa colaboração o *clamor por cursos e obras de teologia* com sólida e clara fundamentação na Tradição da Igreja, e que, ao mesmo tempo, acolham e traduzam em palavras a ação e o sopro de vida nova que o Espírito Santo derrama sobre o Brasil e toda a América Latina.

É importante lembrar que os documentos das Conferências do Episcopado Latino-Americano (Celam) e, especialmente, as *Diretrizes Gerais da Ação Evangelizadora da Igreja no Brasil* (CNBB), assim como outros documentos de nosso episcopado, não cessam de evidenciar a necessidade de *formação teológica* não só para os presbíteros, mas também para os religiosos e religiosas, para os leigos e leigas dedicados aos distintos ministérios e serviços, assim como para todo o povo de Deus que quer aprofundar e levar adiante sua caminhada cristã no seguimento de Jesus Cristo. Nossos bispos não deixam de encorajar iniciativas e medidas que atendam a essa exigência primordial e vital para a vida da Igreja.

O documento 62 da CNBB, *Missão e ministérios dos cristãos leigos e leigas*, quando trata da "força e fraqueza dos cristãos", afirma: "...*aumentou significativamente a busca da formação teológica, até de nível superior, por parte de leigos e leigas*" (n. 34). E, mais adiante, quando analisa o "diálogo com as culturas e outras religiões", confirma: "*tudo isso torna cada vez mais urgente a boa formação de cristãos leigos aptos para o diálogo com a cultura moderna e para o testemunho da fé numa sociedade que se apresenta sempre mais pluralista e, em muitos casos, indiferente ao Evangelho"* (n. 143).

Atentas a esse verdadeiro "sinal dos tempos", a Editorial Siquem Ediciones e a Editora Paulinas conjugaram esforços, a fim de prestar um serviço específico à Igreja Católica, ao diálogo ecumênico e inter-religioso e a todo o povo brasileiro, latino-americano e caribenho.

Pensamos e organizamos a coleção "Livros Básicos de Teologia" (LBT), buscando apresentar aos nossos leitores e cursistas todos os tratados de teologia da Igreja, ordenados por áreas, num total de quinze volumes. Geralmente, os tratados são imensos, e os manuais que lhes correspondem são volumosos e rigorosamente acadêmicos. Nossa coleção, pelo contrário, por unir consistência e simplicidade, se diferencia das demais coleções voltadas a essa finalidade.

Conhecer a origem desse projeto e quem são seus autores tornará mais clara a compreensão da natureza desta obra e qual seu verdadeiro alcance. A coleção LBT nasceu da frutuosa experiência dos *Cursos de Teologia para Agentes de Pastoral* da Arquidiocese de São Paulo (Região Episcopal Lapa). Os alunos dos vários núcleos freqüentemente pediam subsídios, apostilas, livros etc. O mesmo acontecia em cursos seme-lhantes, em outras regiões e dioceses. Contando com a colaboração de experientes e renomados teólogos de várias dioceses da Igreja no Brasil, pouco a pouco foi surgindo e ganhando corpo um projeto que pudesse atender a essa necessidade específica. De todo esse processo de busca e colaboração, animado e assistido pelo Espírito Santo, nasceu a coleção "Livros Básicos de Teologia".

Fidelidade a seu propósito original é um permanente desafio: proporcionar formação teológica básica, de forma progressiva e siste-matizada, aos agentes de pastoral e a todas as pessoas que buscam conhecer e aprofundar a fé cristã. Ou seja, facilitar um saber teológico vivo e dinamizador, que "dê o que pensar", mas que também ilumine e "dê o que fazer". É desejo que, brotando da vida e deitando suas raízes na Palavra, na Liturgia e na Mística cristã, essa coleção articule teologia e prática pastoral.

Cabe também aqui apresentar e agradecer o cuidadoso e sugestivo trabalho didático dos nossos autores e autoras. Com o estilo que é próprio a cada um e sem esgotar o assunto, eles apresentam os temas *fundamentais de cada campo teológico.* Introduzem os leitores na linguagem e na reflexão teológica, indicam chaves de leitura dos diferentes conteúdos, abrem pistas para sua compreensão teórica e ligação com a vida, oferecem vocabulários e bibliografias básicas, visando à ampliação e ao aprofundamento do saber.

Reforçamos o trabalho de nossos autores, convidando os leitores e leitoras a ler e mover-se com a mente e o coração através dos caminhos descortinados pelos textos. Trata-se de ler, pesquisar e conversar com o texto e seu autor, com o texto e seus companheiros de estudo. Trata-se de dedicar tempo a um continuado exercício de escuta, de consciência crítica, de contemplação e partilha. Aí, sim, o saber teológico começará a transpor a própria interioridade, incorporando-se na vida de cada dia e, pela ação com o Espírito, gestará e alimentará formas renovadas de pertença à Igreja e de serviço ao Reino de Deus.

Certamente esta coleção cruzará novas fronteiras. Estará a serviço de um sem-número de pessoas e comunidades eclesiais da América Latina e do Caribe, com elas dialogando. Estreitaremos nossos laços e poderemos ampliar e aprofundar novas perspectivas evangelizadoras em nosso continente, respondendo ao forte clamor de preparar formadores e ministros das comunidades eclesiais.

A palavra do Papa João Paulo II, em sua Carta Apostólica *Novo millennio ineunte* (n. 58), confirma e anima nossos objetivos pastorais e a tarefa já começada:

> *Caminhemos com esperança! Diante da Igreja, abre-se um novo milênio como um vasto oceano onde é necessário aventurar-se com a ajuda de Cristo. O Filho de Deus, que se encarnou há dois mil anos por amor ao homem, continua também hoje sua obra.*

ELZA HELENA ABREU
Coordenadora geral da Coleção LBT

Dados Internacionais de Catalogação na Publicação (CIP)
(Câmara Brasileira do Livro, SP, Brasil)

Susin, Luiz Carlos
A criação de Deus : Deus e criação / Luiz Carlos Susin. – 2. ed. – São Paulo : Paulinas;
Valência, ESP : Siquem, 2010. – (Coleção Livros básicos de teologia ; 5)

ISBN 978-85-356-1006-2 (Paulinas)
ISBN 84-95385-35-X (Siquem)

1. Criação   2. Teologia - Estudo e ensino   I. Título.   II. Título: Deus e criação.   III.
Série.

10-02910   CDD-231.765

Índice para catálogo sistemático:
1. Criação : Ação de Deus : Teologia cristã   231.765

© Siquem Ediciones e Paulinas
© Luiz Carlos Susin

Com licença eclesiástica (6 de fevereiro de 2003)
Citações biblicas: A Bíblia Teb – São Paulo, Loyola, 1995

Coordenação geral da coleção LBT: *Elza Helena Abreu*
Editora responsável: *Vera Ivanise Bombonatto*
Assistente de edição: *Valentina Vettorazzo*

2ª edição – 2010
1ª reimpressão – 2014

Nenhuma parte desta obra pode ser reproduzida ou transmitida
por qualquer forma e/ou quaisquer meios (eletrônico ou mecânico,
incluindo fotocópia e gravação) ou arquivada em qualquer sistema ou
banco de dados sem permissão escrita da Editora. Direitos reservados.

Siquem Ediciones
C/ Avellanas, 11 bj. 46003 Valencia – Espanha
Tel. (00xx34) 963 91 47 61
e-mail: siquemedicion@telefonica.net

Paulinas
Rua Dona Inácia Uchoa, 62
04110-020 – São Paulo – SP (Brasil)
Tel.: (11) 2125-3500
http://www.paulinas.org.br
editora@paulinas.com.br
Telemarketing e SAC: 0800-7010081
© Pia Sociedade Filhas de São Paulo – São Paulo, 2003

INTRODUÇÃO

Quando vejo o céu, obra dos teus dedos,
a lua e as estrelas que fixaste,
que é um mortal, para dele te lembrares,
e um filho de Adão, que venhas visitá-lo?
(Sl 8,4-5)

Contemplar as estrelas, conforme nos ensina a moderna astronomia, é olhar para o passado: a luz que nos chega viajou bilhões de anos-luz, e o que vemos não é mais a mesma estrela em seu estado atual. Na Escritura, porém, quando Abraão ou os magos erguem seu olhar para as estrelas, contemplam uma promessa em seu futuro; maravilham-se com uma visita que abre um tempo novo, e põem-se a caminho da promessa. São olhares e linguagens diferentes. E, no entanto, estão diante do mesmo mistério — o universo.

Neste livro também voltamos o nosso olhar para o universo. O nosso assunto é imenso. Abrange toda a realidade existente, desde as partículas subatômicas até os confins desconhecidos do universo inteiro, passando pelo mundo da vida e do espírito. E há muitos caminhos, muitas direções possíveis para abordar o universo, como também muitas linguagens. Mesmo nas formas aparentemente mais neutras de conhecimento, nós já estamos previamente implicados, porque fazemos parte do universo. A maravilha e o sofrimento do universo nos tocam também em nossa carne, nas pessoas que amamos. Perguntar a respeito do universo é perguntar, desde o início, pelo lugar e pela responsabilidade que nos cabem.

O nosso estudo é religioso. Concentra-se na tradição bíblica e na teologia cristã sobre a criação. Procura levar em conta os conhecimentos científicos, que hoje são surpreendentes, mas se esforça por desentranhar o sentido atual dos textos bíblicos a respeito da criação dos céus e da terra com todas as criaturas que os povoam. Procura com especial cuidado o lugar do ser humano na terra. Sonda o mistério dos sofrimentos que põem a criação e o Criador à prova. E culmina na confissão do primado universal de Cristo, Filho de Deus encarnado, crucificado e glorificado — primogênito de toda a criação.

Assim, com paciência e sabedoria, poderemos, no final, cantar com o salmista diante do mistério, da dor e da maravilha:

Senhor, nosso Senhor,
quão magnífico é o teu nome
por toda a terra!
(Sl 8,2)

Capítulo primeiro

O GRITO DA TERRA E A RESPONSABILIDADE DA TEOLOGIA DA CRIAÇÃO

Vamos tratar do universo que, em termos da fé cristã, abordamos como "criação". Há uma necessidade urgente de uma *nova* teologia da criação, com uma cosmologia teológica atualizada. Diante das ameaças de hecatombes ecológicas e, portanto, da possibilidade real de extinção da vida sobre a terra, uma boa teologia da criação pode e deve nos ajudar.

A teologia cristã da criação, nos últimos séculos, ficou paralisada diante dos dados novos e surpreendentes das diversas ciências. As ciências da natureza progrediram espantosamente, e a teologia se refugiou junto às ciências históricas, com o pressuposto de que estas seriam mais próximas da experiência humana, mais dinâmicas, mais criativas. A natureza seria um campo estático, repetitivo, sem revelação, um mero palco para o desenrolar da história humana. Assim, a própria teologia abdicou tacitamente da natureza, deixando-a às observações, catalogações e experiências científicas, que resultaram em novas tecnologias. Hoje, a intenção tecnológica, a criação humana e o mercado guiam a experiência científica e o conhecimento da natureza, transformando a ciência em "tecnociência".

A criação, na mentalidade moderna ocidental, secularizou-se: mais do que um momento de revelação divina, tornou-se um processo humano, histórico e criativo, a partir do qual se solidificou a crença no "progresso", este grande mito da modernidade. As ciências históricas, no entanto, também não foram amistosas para com a teologia. Enquanto a teologia permanecia congelada em conceitos escolásticos quase aistóricos, sem possibilitar uma consciência real da historicidade de todas as realidades, o pensamento moderno recuperou a História com "H" maiúsculo, como uma entidade quase divina, criadora e consumadora da sua própria criação. O grande filósofo da História, Hegel, admirador da Revolução Francesa, é o melhor exemplo de uma concepção messiânica e pneumatológica da História.

O "Messias", que cumpriria os desígnios e o sopro do Espírito, na secularização moderna, seria a própria humanidade e, nela, não uma Igreja ou uma religião, mas o "Estado" secularizado, leigo, democrático. No entanto, no século XX, depois de o Estado se agigantar até a monstruosidade dos nacionalismos que levaram às guerras, e paralisar na burocracia dos países comunistas, encolhe-se hoje para dar espaço livre ao mercado, às empresas internacionais e seus interesses. E são os interesses dessas empresas superpoderosas que impedem os governos de países poderosos a protegerem melhor o meio ambiente. Quem salvará a vida sobre a terra?

O sucesso da tecnologia como domínio e funcionalização da natureza em favor do ser humano empreendedor se exacerbou a tal ponto que hoje sofremos a ameaça do aprendiz de feiticeiro: não sabemos bem como parar uma vassoura que continua a trazer água, a tal ponto que estamos ameaçados de um novo dilúvio! Apesar de ter suas boas razões, a modernidade secularizada da história ocidental, com o seu mito do progresso, entrou em crise junto com a crise ecológica.

1. ALGUNS PROBLEMAS ESPECÍFICOS DA MODERNIDADE

• A exacerbação da história, do tempo, em detrimento da geografia, do espaço, é uma estratégia moderna utilizada para *dominar o espaço através do tempo, com processos de conquista e invenção*. Assim se acelerou o tempo e se comprimiu o espaço. O Advento, a espera messiânica, é substituído pelo "invento". É mais moderno o invento que é mais veloz e o que vence mais rapidamente as distâncias no espaço e no tempo. Estamos globalizados num mundo menor, e todos os elementos da terra estão assim "superpovoados", comprimidos sob a presença de seres dominadores que já não deixam a lua ou o mar ou as montanhas serem elas mesmas de forma intacta. A biodiversidade humana, segundo diferenças culturais ligadas às diferenças geográficas, tendem a ser anuladas junto com o empobrecimento da biodiversidade ecológica e a extinção de espécies de vida.

• Tal caminho é percorrido com algumas estratégias já aceitas e tácitas: a objetivação da natureza, considerada "coisa", objeto de manipulação, de experimentação e de domínio. Ao mesmo tempo, uma "infinitização" puramente quantitativa do espaço, imenso em sua distância sideral, mas sem qualidades, sem metáforas, sem capacidade de simbolizar, sem densidade de "sentido", disponível para a conquista e o domínio. Metáforas, por exemplo, são a estrela de Davi e a estrela de Belém, mas não mais as estrelas conhecidas em observatórios. O espaço e as criações que nele existem são considerados campos e objetos físicos, sem espiritualidade. Do extremo em que Heráclito, filósofo grego, afirmou que "Tudo está cheio de divindade" (*Panta plera theon*), chegou-se ao outro extremo, em que Pascal já sentia frêmitos diante do imenso vazio, o *"horror vacui"*.

- A relação com a natureza se tornou uma relação de um sujeito com um objeto. É tarefa do sujeito "sujeitar" o objeto. Essa relação de domínio está no mito fundador da modernidade, a história do Doutor Fausto, contada e recontada diversas vezes. Na origem, era uma lenda popular de advertência contra a ambição, mas se tornou o modelo do sujeito moderno, e a ambição se tornou uma virtude eminente. Nessa narrativa, o demônio Mefistófeles chega ao ouvido do alquimista que está em busca do segredo para obter riqueza e juventude, e lhe sopra: "com o teu cérebro, torna-te um deus!". Em Filosofia, foi René Descartes quem ajustou um método, com o exercício do cérebro, da consciência e da razão, para tornar-se "senhor e possuidor do universo". Por isso a racionalidade desenvolvida pela modernidade acabou se tornando "racionalidade instrumental".

- Marx, um dos teóricos do socialismo, quis casar bem a relação do humano com a natureza, insistindo numa "humanização da natureza e numa naturalização do humano". Isso seria maravilhoso se não fosse o método, o mesmo do capitalismo que ele contestava como desumano: uma relação de trabalho e de produção para se chegar ao humanismo ideal. Ora, a relação "produtiva", o trabalho sobre a natureza, seria realmente a relação privilegiada com a natureza? Esse privilégio de "ser trabalhador" — *homo faber* — é o que mais caracteriza o humano?

- O ser humano, inclusive com um verdadeiro seqüestro de interpretação bíblica, julgou-se o centro e o ápice da criação, como trabalhador e dominador da natureza. É o famigerado "antropocentrismo cósmico", que coloca as outras criaturas a serviço do ser humano. Não deveria ser o contrário, conforme a Escritura?

- A modernidade ocidental, com a cultura de progresso, de capitalização, de consumo, acabou, assim, jogando a natureza numa crise de sentido: a natureza ficou reprimida, objetivada, passou a ser pesquisada com fins predatórios e, enfim, foi violada em sua possibilidade de parceria amistosa. E o ser humano, ao invés de se sentir integrado à natureza, operou um corte esquizofrênico entre natureza e cultura como entre corpo e espírito. A cultura já não é uma forma de cultivo amigável da natureza, mas uma imposição sobre a natureza e um sofisticado afastamento da natureza. Estranhamento e manipulação, alienação e dominação, esses são, em síntese, alguns problemas fundamentais que tornam enfermos tanto o ser humano como a natureza.

2. O SINTOMA DA CRISE DA MODERNIDADE OCIDENTAL NA ECOLOGIA

- A sociedade de produção e de mercado exacerbado tornou-se sociedade de consumo, de "desfrutamento", mediante a propaganda de felicidade pela excitação do desejo e de sua satisfação. Entretanto, o desejo é insaciável por sua natureza:

A idéia que, mais do que qualquer outra, domina na civilização humana tem o nome de "desfrutamento". Até agora a nossa relação com a "Mãe Natureza" foi sempre de tipo infantilmente predatória. As nossas possibilidades de desfrutar se agigantaram, enquanto a nossa capacidade de controlar os efeitos e as aspirações humanas permanecem sempre as mesmas.[1]

- A "idéia do infinito em nós", de René Descartes, torna-se um infinito produtivo e capitalista diante de um universo supostamente infinito quantitativamente. O capitalismo liberal, a sociedade de negócios, lucros e especulação sem limites, é efeito desse ato secularizante de "engolir" o infinito e transformá-lo em "quantitativo", em sonho e desejo sem limites de progressos e ganhos. Isso leva à beira de uma tremenda crise de recursos e de energias. Pode-se querer acumular o infinito num universo finito, onde tudo pode ser transformado, mas não acrescido de energia?

- A observação da "luta pela vida" e da "cadeia alimentar" entre as diversas espécies animais se transpôs abusivamente para o ser humano, um "darwinismo social" conforme a observação de Spencer. Pode-se caracterizar o ser humano em continuidade com os animais? Não há uma diferença de liberdade e apelo ético, portanto, de responsabilidade, que caracteriza o ser humano? Não é exatamente essa diferença que pode fazer do humano o responsável pela vida na terra? Ao invés disso, a espécie humana é a única que mata além da necessidade de comer, o que revela que o humano excede a cadeia alimentar. O fato existe como grave problema, mas a afirmação de que assim se consegue a renovação e o equilíbrio conduz à guerra como forma de renovação e equilíbrio.

- A guerra, hoje, já não se dá apenas entre sociedades: num mundo globalizado, toda guerra diz respeito a todos, mas, sobretudo, à

---

[1] MITSCHERLICH, Alexander. Thesen zur Stad der Zukunft. In: MOLTMANN, Jürgen. *Deus na criação.* Petrópolis, Vozes, 1993. p. 42.

ecologia. Hoje, a pior guerra é a da raça humana contra os demais seres da terra, a guerra ecológica. Se não há esperança para a ecologia, não há esperança para o ser humano.

- A reação à modernidade secularizante, a essa cultura sem esperanças transcendentes e sem sobriedade nesse mundo, torna-se uma reação de tipo "anti-modernidade", de caráter apocalíptico, catastrófico e vindicativo, com possibilidade de choque de civilizações ou "choque de mundos" (Umberto Eco). Manifestações fundamentalistas são normalmente de dois tipos: a simplificação e o enrijecimento dos que dominam e não compreendem os outros, ou o desespero e o protesto dos que se sentem ameaçados pela dominação dos primeiros, agarrando-se em seguranças falseadas. Nos choques de fundamentalismos, as primeiras vítimas são as criaturas mais frágeis — as crianças e as flores —, mas também as águas, a terra e o ar, enfim, o ambiente.

- A crise de poder das instituições, defasadas com a nova condição de um mundo globalizado, perpetua uma relação desordenada e desordenadora, sem lei e sem direito para com as criaturas da terra, de tal forma que o resultado é a impotência e o medo. A dificuldade dos acordos internacionais para diminuir a emissão de materiais poluentes é um bom exemplo disso. A ONU, inclusive, há pouco tempo escreveu uma "Carta dos Direitos da Terra". Escreve-se, debate-se e luta-se muito pela ecologia em nossos dias. Nunca um assunto atingiu tão rapidamente todos os povos da terra. Há uma valorização crescente de produção ecologicamente viável. Contudo, grandes instituições de poder econômico, grandes empresas e suas alianças, que influenciam e dobram os governos mais poderosos, ainda continuam surdas ao clamor ecológico.

- Em termos de mentalidades e de espiritualidade, o mero retorno ao cosmocentrismo místico ou ao biocentrismo da moderna biologia — tentativas de fugir de um antropocentrismo devastador — não salva da sacralização ou demonização imobilizantes e inviáveis em relação à natureza, ou então da manipulação arbitrária da natureza.

3. TAREFAS DE UMA TEOLOGIA DA CRIAÇÃO HOJE

Depois de uma visão panorâmica dos problemas e urgências, podemos elencar algumas tarefas para uma teologia da criação:

- Compreender a natureza como "criação", ou seja, como contingência, como finitude, sem ser nem divina nem demoníaca.

- Compreender a natureza mediante um conhecimento comunicativo, em forma de participação vital, em que a simpatia e a sabedoria acompanhem a análise, a reflexão e a ciência, para ajudar a renunciar decididamente à relação de sujeito-objeto, dominadora e predatória, e facilitar novas formas de relacionamento.

- Ajudar a passar de uma fé cristã apenas interior e subjetiva para uma fé engajada não só social, mas também ecologicamente.

- Levar em conta os resultados de uma nova imagem da natureza e do universo desde as diversas ciências — a física, a biologia, a cosmologia, a psicanálise.

- Refazer a interpretação bíblica da criação, de forma interdisciplinar, tomando especial cuidado com os contextos históricos e com a língua em que o texto foi escrito para bem interpretar a sua intenção e o seu sentido. Ajudam-nos, além da história, a atual compreensão de "gêneros literários", a arqueologia, a antropologia cultural.

- Compreender a criação em sua inteireza, com metodologia integradora, mais na forma de relação do que de distinção: integram a criação as realidades "visíveis e invisíveis", como professa o *Credo*. Sem separação e sem confusão, como se diz da condição humana e divina de Jesus. Por exemplo, considerar a unidade entre cérebro e espírito, sem reducionismo de um ao outro, de tal forma que as emoções ou o conhecimento não decorram simplesmente do cérebro como base do que nós chamamos de espírito, nem do espírito humano independente do cérebro, mas do "casamento" e da unidade de ambos, como vem demonstrando Penrose na aplicação da física quântica aos estudos da mente humana. Nesse sentido, uma boa compreensão não desliza nem para um "cerebralismo" físico nem para um "espiritualismo" a respeito da mente humana.

- Compreender a natureza como criação originariamente boa, mesmo em suas turbulências e mortes naturais; compreender o que significa a afirmação de que toda a criação está ferida pelo mal e pelo pecado humano, aguardando com esperança a libertação de toda corrupção. A existência do mistério do mal deve ser encarada em suas diferentes manifestações, desde o seu mistério jamais inteiramente compreensível e justificável, até as responsabilidades humanas diante dos males.

- Compreender a conexão comunicativa entre a natureza ambiental e o corpo humano, a relação de dom recíproco entre o espírito humano e seu ser-no-mundo como "naturalização do humano e humanização da natureza", como afirmava Marx, mas não simplesmente na relação de trabalho. Antes, na forma sabática de repouso e gozo da criação na presença do Criador, e na atitude de Francisco de Assis. Ele compreendeu que mesmo o lobo, o fogo e a pedra, como o muçulmano, o Papa, o Rei e o bandido, eram todos realmente seus irmãos.

4. A FELIZ EMERGÊNCIA DO "PARADIGMA ECOLÓGICO"

A palavra "paradigma" significa, etimologicamente, *"o que é posto para fazer ver"*. Trata-se de padrões, de modelos, de prismas ou, ainda, de alicerces e pilares com os quais se compreende ou se constrói o conjunto arquitetônico de um conhecimento coerente e integrado. Os paradigmas podem ser considerados, conforme a etimologia da palavra, "grades" aplicadas à realidade, para enquadrá-la e assim compreendê-la. Ou, ainda, são como "filtros" pelos quais detectamos a realidade conforme o molde ou a cor dos próprios filtros. Normalmente não temos consciência clara dos paradigmas com que nós compreendemos e construímos nosso saber, sobretudo a consciência de sua relatividade ou até arbitrariedade. Simplesmente confundimos o paradigma com a realidade. É como se alguém utilizasse com tanta naturalidade óculos cor verde para enxergar a paisagem a ponto de esquecer que o verde está nos óculos e pensasse convictamente que o verde é da paisagem, mesmo que seja uma paisagem de vacas ou paralelepípedos.

O conceito de "paradigma" foi utilizado por Thomas Kuhn para ajudar a entender a "revolução científica", a mudança global que veio acontecendo nas ciências do século XX. Ele tratou de "paradigmas científicos", mostrando como as ciências modernas, fundadas em suas grandes balizas no século XVI, com Galileu, Newton e outros cientistas-filósofos daquela época efervescente, estavam agora sendo substituídas por novos modelos, novos padrões de conhecimento. Assim, por exemplo, o determinismo e o mecanicismo, que predominaram durante séculos em que se acreditou que o universo era regido por leis gerais, como um mecanismo imutável, apesar dos movimentos de seus elementos (semelhante a um relógio com movimentos precisos e um mecanismo basicamente fixo), foram substituídos, no século XX, pela famosa "relatividade" de Einstein e pelo indeterminismo — o caos e o acaso no fundo de toda realidade estruturada. Além disso, a pura explicação linear de causas em direção a efeitos foi substituída pela compreensão da complexidade dos acontecimentos e da estruturação da realidade, multicausal e multirreferencial. Ao invés de "relógio", a imagem do universo tornou-se, no dizer de Ilya Prigogine, uma verdadeira "obra de arte aberta".[2] Essa nova forma de compreensão da ciência estoura o paradigma dos séculos recentes e obriga a admitir e desenhar novo paradigma científico. Estamos ainda no começo deste novo paradigma, mas já pode ser descrito de maneira impressionante.[3]

O conceito de paradigma passou rapidamente das discussões em torno das revoluções científicas para as ciências sociais, para a psicanálise, para a compreensão da moral, para a filosofia, a teologia. Hoje buscamos um paradigma que dê conta da complexidade de todos os aspectos da realidade, de forma a organizar através dele os diferentes saberes, interdisciplinarmente. Portanto, um paradigma *holístico*. O melhor exemplo de holismo é encontrado na ecologia.

---

[2] Cf. PRIGOGINE, Ilya. *La nascita del tempo*; le domande fondamentali sulla scienza dei nostri giorni. Milão, Bompiani, 1994. pp. 12-13.

[3] Cf. GLEISER, Marcelo. *A dança do universo*. São Paulo, Companhia das Letras, 1997.

Em grego, a palavra *hólon* significa "o todo", portanto, considera a realidade não por meio de partes, mas na sua globalidade, na qual tudo tem a ver com tudo, numa complexidade de relações recíprocas.[4] Fala-se, por isso, em "rede" de relações ou "teia" viva, em que não só as partes estão no todo ou em que o todo é a soma das partes, mas também em que o todo está inteiro nas partes, o todo é mais do que a mera soma das partes e em que as partes não podem ser separadas do todo.

A relação holística é uma relação de reciprocidade plural, do tipo *pericorese*. Esta expressão grega (*peri – choram*), que parece ter sido uma popular brincadeira infantil de roda, foi introduzida na teologia trinitária por São João de Damasco para explicar as relações das três pessoas — do Pai, do Filho e do Espírito — na única realidade divina: cada um está no outro, para o outro, desde o outro, junto e ao redor do outro, de face para o outro, enfim, numa comunhão que sustenta a diferença e a unidade ao mesmo tempo.

A "teoria de Gaia", inspirada no antigo mito grego de "Gaia", a divindade "Terra" (*Ghé*, donde provém geo..., que significa exatamente a terra), ensina que tudo concorre para que formemos, como planeta Terra, um grande organismo vivo, que se alimenta nos minerais, que brota nos vegetais, que respira nos animais, que se espiritualiza nos humanos, mas de forma unitária, em que o espírito, o respiro, o florescimento, a nutrição estão em todos os níveis.[5]

"Gaia" está presente numa expressão mais universal em relação à terra: a Mãe Terra — *Terra Mater* —, da qual provêm, na tradição ocidental, tanto a maternidade como a "mater-ialidade". Trata-se de uma relação e uma sensibilidade para com a terra presentes em muitas culturas tradicionais. É famoso o Cântico do Sol, de são Francisco, em que ele canta a generosidade da "Mãe e Irmã Terra". As culturas andinas da América do Sul reverenciam desde remotos tempos a *Pachamama*, a Grande Mãe Terra, como relação central em sua religiosidade, em seus ritos cotidianos e festivos.[6] Essa forma de relação e essa sensibilidade retornam nesse momento crítico que ameaça o esgotamento da terra e de seus elementos fundamentais para a vida. A experiência simbólica da terra como "mãe" que gera, sustenta, amamenta, nutre e acolhe inclusive na morte, torna-se uma das imagens mais poderosas do psiquismo humano, ainda hoje capaz de mobilizar a sensibilidade e a ética da responsabilidade para com a terra.

O holismo ecológico considera a mútua referência do ser humano e da terra ou do universo interpenetrados, de tal forma que nos compreendemos como filhos da

---

[4] Também na palavra "católico", em grego *katholicos*, sintomaticamente está o radical *holon, katha holon*, o que indica etimologicamente a vocação da Igreja "Catholica" a ser aberta ao todo, amante e portadora do todo, aberta ao universal. Entretanto, também se entendeu como portadora de toda a verdade, criando mal-entendidos históricos.

[5] Cf. BOFF, Leonardo. *Ecologia, grito da terra, grito dos pobres*. São Paulo, Ática, 1995. pp. 243-266.

[6] Cf. VALENCIA PARISACA, Narciso. *La Pachamama*; revelación del Dios Creador. Quito, Abya-yala, 1998. Sobretudo p. 46ss.

terra, somos poeira estelar, e carregamos dentro de nós o universo inteiro. O paradigma ecológico reconduz os seres humanos a uma reconciliação com as demais criaturas da terra e do universo. Entre outros méritos, este paradigma abre o ser humano, arvorado soberbamente em centro e ápice do universo no malfadado antropocentrismo, para a relação ecológica criatural, filial e fraternal.

Heidegger definiu o humano como "pastor do ser", portanto, encarregado de cuidar do meio ambiente. "O lugar do ser humano no Todo é dar testemunho dessa epifania do Ser."[7] O "cuidado" vem-se tornando uma atitude decisiva para a vida na terra: um cuidado filial e maternal, ao mesmo tempo, um cuidado terapêutico, curativo e preventivo, cuidado de conservação, de relação equilibrada, de responsabilidade pelo meio ambiente.[8]

O antropocentrismo, condecorado com um lugar no ápice de uma pirâmide hierárquica, tem uma história de mal-entendidos que é necessário agora desmistificar urgentemente. Em anos recentes se discutiu muito sobre o *princípio antrópico*, essa tendência constante do universo em direção à vida inteligente, ou seja, ao ser humano, que se torna um ponto decisivo de observação e de auto-interpretação do universo.

Por um lado, cientistas reconhecidamente competentes mostram tal evolução de forma impressionante: no meio de milhões ou infinitas possibilidades de seguir mais para a direita ou mais para a esquerda, mais para cima ou mais para baixo na curvatura da expansão do universo, há uma constante evolução sem a qual não aconteceriam a vida, a sexualidade e a inteligência no universo. Por outro lado, outros tantos cientistas reconhecidos mostram níveis importantes de casualidade e condicionamentos ambientais no surgimento da vida e da inteligência. E muitos se interrogam se o *princípio antrópico* não é a volta, pela porta dos fundos da ciência atual, do velho e impenitente hábito de antropocentrismo, o preconceito arrogante que não quer renunciar ao privilégio a que fomos acostumados. Nosso estudo precisa responder a essa questão.

Resumindo

• *Há múltiplas formas de abordagens da realidade. Exemplificamos mediante três formas, guiadas por três perguntas:*

– Por que as coisas são como são? Saber "como" são suas coisas, como funcionam, quais suas causas e conseqüências é o saber das ciências, as quais pretendem explicar e também tocar e transformar a realidade. Das ciências decorrem as técnicas, a tecnologia, a construção humana do meio ambiente. As

---

[7] In: PELIZZOLI, Marcelo. *A emergência do paradigma ecológico*; reflexões ético-filosóficas para o século XXI. Petrópolis, Vozes, 1999.

[8] Cf. BOFF, Leonardo. *Saber cuidar*; ética do humano — compaixão pela terra. Petrópolis, Vozes, 1999; Id. *Princípio de compaixão e cuidado*. Petrópolis, Vozes, 2001.

ciências se desenvolveram a partir da necessidade de cuidar do meio ambiente humano e de cultivá-lo.

– Por que há o ser e não o nada? Saber "por que existe" a realidade é próprio da filosofia, que busca o sentido profundo da realidade. A sabedoria confere maturidade ao ser humano.

– Quem criou todas as coisas? Tal pergunta tem relação com o princípio criador, com um Deus Criador, e, portanto, é uma pergunta eminentemente teológica. Neste livro, parte-se dessa pergunta.

• Há dois contextos atuais que reclamam, suscitam e facilitam o desenvolvimento de uma teologia da criação:

– Negativamente, o meio ambiente ameaçado pela própria ação predatória do ser humano, pela atitude soberba e exacerbada do antropocentrismo moderno, enfim, pelo próprio progresso. Há, por isso, necessidade de salvaguardar a criação, relacionando-a e "re-ligando-a" ao seu Criador, aos desígnios de Deus sobre a criação, diferentemente dos primeiros teólogos cristãos, que distinguiram a criação em relação ao Criador, principalmente para salvaguardar a transcendência absoluta do Criador.

– Positivamente, a emergência de um novo paradigma — um novo padrão ou formato — do conhecimento humano, o "paradigma ecológico", de caráter mais holístico, tecido de relações múltiplas, multi-causal, que reconhece a interdependência de todas as coisas e a importância básica da terra como "mãe": somos filhos da terra.

Aprofundando

Em exemplos práticos, como constatar atitudes humanas que manifestam o "antropocentrismo", segundo o qual o ser humano se pensa centro do mundo? Ao contrário, em que novas atitudes humanas é possível perceber um melhor "holismo" ecológico?

Perguntas para reflexão e partilha

1. Quais são as suas perguntas quando contempla a paisagem, uma estrela ou uma pequena pedra? Como classificaria essas perguntas?

2. Como eram antes e como estão agora as paisagens do seu meio ambiente?

3. Como praticar uma relação mais holística e mais justa para com a criação de Deus?

Bibliografia complementar

BERGÉ, Pierre; POMEAU, Yves; DUBOIS-GANCE, Monique. *Dos ritmos ao caos.* São Paulo, Unesp, 1996.

BOFF, Leonardo. *Ecologia, grito da terra, grito dos pobres.* São Paulo, Ática, 1995.

BONÉ, Edouard. *¿Es Dios una hipótesis inútil?* Evolución y bioética, ciencia y fe. Santander, Sal Terrae, 2001.

LASZLO, Erwin. *Macrotransição*; o desafio para o terceiro milênio. São Paulo, Axis Mundi, 2001.

PELIZZOLI, Marcelo. *A emergência do paradigma ecológico;* reflexões ético-filosóficas para o século XXI. Petrópolis, Vozes, 1999.

POLKINGHORNE, John. *Ciencia y teología*; una introducción. Santander, Sal Terrae, 2000.

RUELLE, David. *Acaso e caos.* São Paulo, Unesp, 1993.

STOEGER, William. *As leis da natureza*; conhecimento humano e ação divina. São Paulo, Paulinas, 2002.

TREVIJANO ETCHEVERRIA, Manuel. *Fe y ciencia — antropología.* Salamanca, Sígueme, 1996.

Capítulo segundo

O CONHECIMENTO RELIGIOSO DO UNIVERSO

Há diferentes formas de conhecimento da realidade, segundo diferentes aproximações e experiências. Vamos examinar brevemente três formas de conhecimento: a ciência, a filosofia e a religião. A religião, por sua vez, é uma experiência que se expressa em mitos, em sabedoria e em teologia. Há conhecimentos religiosos diferenciados, de acordo com diferentes tradições culturais. Aqui nos interessa especificamente o conhecimento bíblico e cristão do universo.

1. TRÊS FORMAS DE SABER E INTERDISCIPLINARIDADE

- As *ciências* perguntam: "Por que as coisas são como são?". Perguntar "como" é o universo, como se dá a vida e também a morte, a evolução; e a catástrofe é perguntar pelas suas causas, pelo seu funcionamento, buscando uma explicação para o estado atual e para os processos tanto passados como futuros do universo. E isso, tanto quanto possível. As ciências, na verdade, são pequenas claridades na imensa obscuridade em que está mergulhada a nossa compreensão das origens, da organização e do fim do universo. As pesquisas científicas começam normalmente com problemas a serem enfrentados para desenvolver e estabilizar a nossa existência humana, individual e social, nos ambientes em que vivemos. Nesse sentido, as ciências fazem parte da cultura e das exigências ambientais.[1]

- A *filosofia* pergunta: "Por que há o ser?". O pensador Leibniz, cientista e filósofo, perguntava: "*Por que há o ser, e não simplesmente o nada?*". Aqui está uma pergunta de caráter filosófico, que não busca apenas "como" funciona o universo, mas se torna uma pergunta anterior e intrigante: "*Por que* há o Universo?". Não seria

---

[1] Cf. Ruelle, op. cit., p. 215ss.

mais lógico não existir, já que existir parece não ter uma explicação científica última que explique ou justifique o próprio fato da existência? Uma pura gratuidade, sem razões, equivale também a um absurdo. Um "absurdo" é o que existe e não tem nenhum dever ou necessidade lógica de existir. Pelo contrário, seria lógico que não existisse.

- A *teologia* pergunta e conhece a partir da fé em "quem" criou o Universo. Em sua autobiografia, uma mulher africana, nascida numa aldeia ao Sul do Sudão e chamada de "Bakhita" pelos turcos que a compraram como escrava, escreveu mais tarde, quando já era uma freira anciã com fama de santidade: "Recordo como, vendo o sol, a lua, as estrelas, a beleza da natureza, dizia comigo: quem será o senhor dessas coisas belas?". Estamos aqui diante de uma pergunta da fé que não pergunta "como" são ou funcionam as coisas nem "por que" ou qual a razão da existência, mas *"por quem"*. Um dos mais famosos e apaixonados "perguntadores" nessa direção teológica, em busca do Criador, foi santo Agostinho.

No final das *Confissões*, em que Agostinho desdobra a sua busca de Deus junto com a narrativa de sua vida, há um extenso percurso, a fim de compreender a criação. E assim termina Agostinho as suas *Confissões*:

> *Nós vemos todas estas vossas criaturas porque existem e têm ser. Mas porque Vós as vedes é que elas existem. Eternamente, vemos que existem; e no nosso íntimo notamos que são boas. Vós, porém, as vistes feitas, onde julgastes que se deviam fazer (...) Quem dos homens poderá dar a outro homem a inteligência deste mistério? Que anjo a outro anjo? Que anjo ao homem? A Vós se peça, em Vós se procure, à vossa porta se bata. Deste modo, sim, deste modo se há de receber, se há de encontrar e se há de abrir a porta do mistério.*[2]

Perguntar por "quem" estaria no mistério da criação do universo como sua origem ou destinação, ou simplesmente como sua razão e seu significado, é uma pergunta parecida com aquela que surge espontaneamente quando encontramos uma inesperada e misteriosa flor sobre a nossa mesa: quem, qual mão invisível a colocou ali? Qual a intenção, a revelação ou o desejo que está nesse aparecimento? Quando essa pergunta se levanta diante do Universo, estamos numa direção que não é científica nem filosófica, mas é religiosa: Quem está na sua origem, e o que revela de seu autor? Que desígnios ou intenção e que futuro vocacionam o universo? Haveria uma mão divina, qual oleiro moldando a

---

[2] Agostinho de Hipona. *Confissões*, Livro XIII, n. 38.

cerâmica, ou uma mente divina, qual arquiteto desenhando e planejando uma imensa casa ou como um relojoeiro acertando o Universo em seus movimentos e harmonia? A pergunta é religiosa e teológica.

O conhecimento religioso do universo pode ser consolador quando nos ajuda a compreender que não estamos sozinhos e que um desígnio maior dá sentido e coerência à nossa existência, à existência de todas as pessoas e coisas que amamos. Torna-se, porém, um árduo caminho, um mistério, diante dos sofrimentos que decorrem da existência. Como compreender o sofrimento se há um autor poderoso e bom guiando o universo com sua providência? E como enfrentar com realismo a morte das pessoas e de todo o universo sem perder a fé num desígnio maior? O caminho da teologia é tão ou mais problemático do que os outros, das ciências e das filosofias.

- O conhecimento religioso não pode dispensar as outras formas de perguntar e de saber. Isso se chama "diálogo interdisciplinar", uma espécie de mesa-redonda em que os diferentes conhecimentos, com seus métodos e suas investigações, colocam-se juntos para informar, confrontar, debater e encontrar novas profundidades de conhecimento.[3] Hoje se propõe interdisciplinaridade ampla, na confrontação de ciências, sabedoria dos povos, religiões, filosofias.

A interdisciplinaridade é uma exigência da nossa atual compreensão da realidade, na qual há uma complexidade de relações multicausais e multirreferenciais, em que "tudo tem a ver com tudo", dentro de um paradigma holístico. É claro que as diferentes metodologias e as diferentes organizações dos conceitos, da linguagem simbólica de cada área de conhecimento, são um desafio muito grande: é como se falássemos diferentes línguas. Entretanto, ao mesmo tempo, pode se tornar fonte de inspiração e de descobertas novas. Pode-se, inclusive, trabalhar "transdisciplinarmente", experimentando transportar um conceito de uma área do conhecimento para outra e testar o que ele pode revelar na nova condição.

2. CONHECIMENTO E LINGUAGEM RELIGIOSA

O conhecimento religioso do universo existiu antes do conhecimento filosófico e científico. O conhecimento religioso parte do cotidiano e da evidência contemplativa de tudo, abraçando o todo. Não é um conhecimento complicado. É simples e acessível a todos.

Antes de termos experimentado o universo em seus mecanismos de funcionamento, em suas combustões estelares ou em suas imperceptíveis ondas quânticas, e antes de nos intrigarmos com o silêncio grandioso e enigmático do universo, nós o conhecemos a partir do seio de nossa mãe, da palavra de nosso pai, da

---

[3] Cf. PRIGOGINE, Ilya. *La Nuova Alleanza*; metamorfosi della scienza. Torino, Einaudi, 1981.

vida e do trabalho de nossa família: tudo ganha, desde o cotidiano, um sentido "pessoal", pois são as pessoas que conhecemos primeiro no universo, e a partir delas se expressa a metáfora religiosa: não é assim o universo como um todo? Não é nascido de alguém, de um "criador", uma grande mãe? Não seria o universo — a mãe terra sob a abóbada celeste — um grande seio divino? Não é cuidado por um pai? Seu significado último não é o de ser um espaço familiar, o lar de todo ser vivente?

O conhecimento religioso do universo se expressa numa variedade muito rica de linguagens. Hoje nós chamamos essa variedade de linguagens de "gêneros literários". Cada gênero tem uma certa estrutura literária, e os conteúdos que se quer comunicar na linguagem podem ser mais bem expressos num ou noutro gênero. Assim, por exemplo, é bem possível que um grande sentimento amoroso seja mais bem expresso em um poema do que em prosa. E há poemas para contar histórias grandiosas, como a "epopéia", mas sentimentos se expressam melhor através de poemas menores e intensos, como o "soneto". Além disso, há figuras de linguagem, como a metáfora, há linguagens mais simbólicas e outras mais conceituais ou técnicas. A linguagem religiosa é sempre abundante em metáforas, em símbolos, em gêneros literários poéticos. É importante observar também que a linguagem religiosa está sempre acompanhada de rituais, de gestos simbólicos que tornam a linguagem religiosa uma experiência corporal e comunitária, partilhada de forma viva.

2.1. O mito

O início e o final da criação — a "protologia" e a "escatologia" — se expressam melhor religiosamente, por meio das linguagens de mitos, de poemas, de orações.

Há salmos da Bíblia que são exatamente poemas da criação, como o Salmo 104 (103), um dos textos mais belos para transmitir a fé em um Deus Criador, Providência e amigo das criaturas. Há também um poema babilônico da criação, cujas primeiras palavras suméricas dão o título — "Enuma Elish":

Quando no alto o céu ainda não tinha sido nomeado,
E embaixo a terra firme não tinha sido mencionada por seu nome,
Do Abismo (Apsu), seu progenitor,
E da tumultuosa Tiamat, a mãe de todos,
As águas se misturaram em um só conjunto.[4]

Este poema, como tantos que são encontrados em culturas e religiões presentes nos diversos continentes, tem uma linguagem mítica. *Mithos* é uma palavra que pode significar, na sua origem, o leito de um rio, responsável pela

---

[4] PEINADO, F. L. & CORDERO, M. G. (editores) *Poema babilónico de la creación*. Madrid, Editora Nacional, 1981.

canalização e condução adequada das águas, de tal forma que não se espraiem e não se percam nem fiquem aprisionadas, mas passem adiante e atinjam sempre novas paisagens. O *mito*, na literatura, é um gênero literário narrativo, tanto em prosa como em verso, cuja intenção é levar um significado espiritual e humano daquilo que está sendo contado na narrativa. O "sentido" é como a água, e o mito é como o leito do rio. O mito canaliza, permite ao sentido escorrer.

As narrativas míticas devem ser lidas e interpretadas a partir de seus conteúdos simbólicos. São compostas de "peças simbólicas", como verdadeiros tijolos, chamados "mitologemas". Como a linguagem falada é composta de fonemas, a narrativa mítica é composta de símbolos, os mitologemas.

A linguagem simbólica é mais apropriada do que a linguagem científica para a expressão do conhecimento religioso, como já mencionamos. O conhecimento científico utiliza conceitos instrumentais, de tipo matemático, e o conhecimento religioso precisa interpretar uma experiência que não cabe em conceitos instrumentais, mensuráveis e com poder de controle. A linguagem religiosa mais sugere que domina: por isso é simbólica. Entre as diversas formas de simbolizar que ajudam o conhecimento religioso, está, de forma privilegiada, a *metáfora*, na qual se diz uma coisa para servir de "ponte" e expressar algo que essa coisa sugere, mas que está além dela. Ou, como diz Aristóteles, metáfora é "dizer uma coisa para significar outra coisa diferente", mas com algum parentesco entre si. Sem essa capacidade de simbolizar, não existiria linguagem humana.

Um símbolo que não transcende a si mesmo, que não deixa transparecer o significado ao qual se refere, fica obscurecido. Ao invés de ser simbólico, torna-se "diabólico". Ou seja, ao invés de fazer ponte e de unir, acaba em si mesmo, impedindo a passagem para o verdadeiro significado. Mito não é uma história falsa, uma invenção ultrapassada, mas é uma narrativa montada para poder transmitir um sentido, um significado que ultrapassa e que é sugerido pelas imagens e ações do mito. A criação de mitos demanda muito tempo e, às vezes, muitas gerações. Tem diversas funções:

a) O mito "dá o que pensar": a narrativa mítica é composta para que conheçamos os elementos fundamentais, essenciais para a existência e para a compreensão do que seja o humano.

b) O mito "dá o que fazer": tratamos de entender como e porque as coisas são assim como são e como podemos tomar decisões e agir bem em vista de um futuro mais adequado e melhor. Portanto, todo mito é prático, tem uma finalidade prática que incide sobre os comportamentos e até sobre os planejamentos de vida.

c) O mito "dá o que sentir": diante de acontecimentos muito grandes que nos envolvem, há sentimentos que são maiores do que nossas ações práticas. A linguagem mítica ajuda a expressar e integrar grandes sentimentos, tanto trágicos como místicos. Sem expressão, esses sentimentos poderiam nos esmagar.

d) O mito "dá o que esperar": ao narrar a aventura da existência, mesmo em situações trágicas, o mito normalmente expressa um fio dourado de esperança que o atravessa do início ao fim.

2.2. Cosmogonias e teogonias: o nascimento dos mundos e dos deuses

Toda época tem seus mitos, de maior ou menor alcance. No entanto, há mitos que são extremamente abrangentes e, em geral, situam-se nos primórdios da criação, exatamente para abranger e explicar toda a realidade, em todos os tempos. Essas grandes narrativas míticas têm o caráter de "cosmogonias", quando tratam do nascimento do "cosmo", do universo. Tiveram, antes de tudo, um caráter religioso. A pesquisa da antropologia religiosa conclui que não há povo ou religião que não tenha suas cosmogonias narradas miticamente sobre tempos primordiais.

As cosmogonias e as eventuais teogonias, juntas, procuram descrever a origem e a explicação das coisas, a beleza e o sofrimento, o bem e o mal, a direção certa e a errada, quem é culpado ou inocente e, é claro, quem está na origem de tudo. E, finalmente, se podemos manter a esperança e o que podemos fazer para chegar a um mundo bom.

Há povos que, em sua expressão religiosa, acentuam a criação do universo de forma politeísta, atribuindo, por exemplo, o bem a uma divindade e o mal a outra. Há povos que têm mitos mais claramente monoteístas, com a criação de um só Deus, ou com uma única divindade original. Dela surgem espíritos menores, que não são deuses, mas algo como anjos ou espíritos mediadores. Da única divindade surgem, afinal, todos os outros seres. Entretanto, surge logo de início uma grande interrogação: seria, nesse caso, o único Criador também a origem do mal, do sofrimento, dos seres mal formados? Ou seria o sofrimento alguma forma de castigo da divindade pelo mal que a criatura faz? Seria o mal uma conseqüência de um desentendimento, uma transgressão, uma queda original? Há mitos que sugerem diferentes respostas.

A Bíblia tem em comum com diversos povos, mesmo absolutamente distantes, essa questão. *De onde vem o mal* que tanto aflige as criaturas? E isso se torna dramático diante da morte, o mal por excelência para quem, como criatura limitada e não divina, *deseja viver e deve morrer.* Nas religiões monoteístas, nas quais a origem de todas as coisas provém de um só princípio, o mal se torna escandaloso, e a salvação das criaturas é o que mais interessa nas narrativas da criação. *A pergunta pela criação surge junto com uma pergunta maior, a pergunta pela salvação.* E os mitos que falam da criação já apontam para a esperança de salvação.

2.3. Sabedoria: o gosto doce e amargo da existência

Dentre os diversos gêneros literários de que podemos dispor para compreender a criação, ao lado da narrativa mítica está o texto de sabedoria. Sua forma literária é simples, feita de pequenos aforismas, de afirmações, meditações, orações, palavras de ensinamento e exortação. No entanto, o que mais importa, para nós, não é a forma literária, e sim o conteúdo que se quer expressar nessa forma: a sabedoria é uma expressão da experiência "na própria pele", um envolvimento pessoal tanto na beleza como no sofrimento por existir, por gozar ou padecer da vida neste mundo. Surge de uma "auto-implicação", como uma exclamação maravilhada, ou uma pergunta dolorosa, ou uma oração de reconhecimento ou de súplica confiante, louvor ou lamentação.

A sabedoria precede, acompanha e está na base da filosofia e da ciência. Poucos povos desenvolveram um pensamento abstrato e conceitual, próprio da filosofia, em torno dos grandes temas do universo. A sabedoria fica colada, até mergulhada na experiência, recorre sempre à experiência, é mais "sabor" do que "saber", ou melhor, é um saber que brota do sabor, do sentir, da maravilha ou da lamentação. Por isso, a filosofia, por mais abstrata que se torne, precisa ter algum vínculo com a sabedoria que experimenta, saboreando e sentindo o mundo e seus paradoxos.

A ciência é um conhecimento objetivo das coisas do mundo. No entanto, não controla tudo. Domina apenas o cotidiano e um pouco mais. A ciência procura resolver problemas, mas a realidade, em sua vastidão, não é simplesmente problema, é mais mistério. E mistérios não são resolvíveis, são eles que "nos resolvem", exigem nossa decisão e até nossa entrega diante deles.

Os mestres que acumulam e repassam a sabedoria normalmente começam convidando: "Olha, contempla, medita...". Suas metáforas apelam para uma experiência feita, a fim de mostrar outra que não é feita, por não se poder ou por não se dever fazer, mas que pode ser conhecida pela metáfora: "Assim como os rios todos correm para o mar, assim toda criatura viva corre para a morte". A sabedoria, diante da infinidade do universo e, sobretudo, diante do mistério do amor e da dor, adquire a forma da oração, do poema que adora ou que implora.

A sabedoria se torna uma verdadeira busca de salvação diante da dor. Um dos textos de sabedoria mais dramáticos que conhecemos é o *Livro de Jó*, o inocente sofredor. O personagem que nos representa acaba desfazendo todos os argumentos que pretendem justificar o sofrimento, mas, diante do mistério, confia-se ao seu Criador. Se há um Deus sábio que arquitetou a imensidão deste mundo, por que não cuidaria de sua frágil criatura?

Os ensinamentos da sabedoria não pretendem dizer toda a verdade, mas todos eles têm algo da verdade, e por isso os povos conservam-nos e passam-nos adiante. Mesmo suas contradições expressam as contradições da existência. Se as narrativas míticas ajudam a entender o sentido dos mistérios que envolvem este nosso mundo, os textos de sabedoria ajudam a experimentar o mistério em suas contraditórias faces de forma sábia. Conferem dignidade, encorajamento, esperança, ou ao menos previnem contra a soberba e a pretensão: somos apenas criaturas humanas, humildes, breves e mortais, e não deuses. Só um Deus pode salvar. Na visão da sabedoria, como nos mitos primordiais, *a reflexão sobre a criação e a busca de salvação estão intimamente implicadas entre si.*

2.4. Teologia da criação: crer para compreender o segredo do universo

A teologia não é apenas narrativa mítica nem é apenas expressão de sabedoria. Tampouco é uma exposição de doutrinas, porque não é um catecismo. É compreensão daquilo em que se crê por meio da reflexão. O trabalho intelectual de reflexão é ingrediente necessário para uma boa teologia. Embora utilize o *mithos* da narrativa, o *pathos* ou sentimento da sabedoria e o acúmulo ou *depósito* de doutrinas, a teologia é logos reflexivo, é palavra medida, pesada, clara e clarificadora, para que, à sua luz, se possa compreender, tanto quanto possível, mediante a razão. Isso não significa desprezar a imaginação criadora de sentido que está no mito, nem desprezar a experiência e os sentimentos que estão na sabedoria, nem as doutrinas acumuladas pela tradição. Pelo contrário, o *logos* da razão teológica precisa das outras linguagens, de informações diversas, como fontes nas quais se debruça a sua reflexão.

A teologia elabora conceitos, afirmações claras e, por isso, está próxima da filosofia e das conclusões das ciências; porém, o que a distingue da filosofia e das ciências é seu ponto de partida: a crença, a fé. *É uma reflexão de quem crê,* de quem parte de dentro da experiência de fé, de quem se relaciona com o infinito mistério que envolve e está na intimidade de todas as coisas. Por isso se aproxima do universo *"crendo para compreender e compreendendo para crer melhor",* como afirmaram santo Agostinho e santo Anselmo.

Há um segredo, no universo, que só a fé alcança: o fato de que o universo é uma "criação", é obra de um Criador, de alguém maior que quis a existência do universo. Apenas considerando o Criador se pode compreender esse segredo que habita o universo. Essa compreensão é uma tarefa da teologia. Por isso, em sua história de dois milênios, a teologia cristã recolheu as dificuldades e objeções da razão e refletiu-as à luz da fé. Nos últimos séculos, além da razão filosófica, a teologia se defrontou também com as constatações da ciência. Tornou-se freqüentemente uma "apologia", uma defesa do ponto de vista da fé diante das dificuldades colocadas. A teologia é um serviço prestado à fé e aos que ainda não têm fé, para que compreendam a "razoabilidade" de acreditar num Criador e no destino da criação.

Povos têm sempre tradições nas quais estão enraizados. Não se escolhe arbitrariamente a qual tradição pertencer, pois são elas que nos escolhem antes de nós. Nelas estão o potencial religioso que abre para a experiência e também a contemplação religiosa do universo. As tradições orais se conservam em textos escritos, que se tornam sagrados, portadores do segredo da identidade, intérpretes da vida do povo no qual se constituíram. Assim é também a Sagrada Escritura de Israel e dos cristãos, para os quais é referência de conhecimento religioso.

3. O CONHECIMENTO BÍBLICO E CRISTÃO DO UNIVERSO

Em meio à sabedoria e às narrativas das cosmovisões dos povos, está também a Bíblia hebraica e cristã. A teologia da criação elaborada pela fé cristã se fundamenta nas Escrituras — na Bíblia —, em suas narrativas e em sua sabedoria, em seus hinos e orações. Nem poderia ser diferente, pois, para a fé cristã, a Bíblia é um "cânone", uma medida e uma norma para bem crer. É o critério para discernir por onde ressoam a Palavra e a Revelação de Deus. São as Escrituras que ajudam o cristão a decifrar também os enigmas e entender os mistérios e desígnios do universo, do céu e da terra.

A Bíblia, no entanto, também é o testemunho escrito de uma grande tradição religiosa, cultural e histórica. Os textos do "Primeiro Testamento" ou "Antigo Testamento" são uma elaboração lenta, feita de reelaborações que levaram séculos para chegar à forma que hoje conhecemos. E o "Novo Testamento", partindo dos acontecimentos de Jesus e da comunidade suscitada pelo Espírito Santo no seguimento de Jesus, retoma e reelabora mais uma vez o Antigo Testamento, reinterpretando-o a partir de Jesus. Por isso a pessoa de Jesus e o Novo Testamento são a chave cristã de interpretação de toda a Bíblia.

Esse "cânone" de interpretação, que é a Bíblia, necessita, por sua vez, de interpretação, e ela mesma ensina a interpretar. Seus diferentes gêneros literários — narrativas, poemas, cânticos, hinos, provérbios, parábolas, exortações proféticas etc. —, elaborados ao longo de séculos, precisam ser situados em seus contextos culturais e históricos.

Além disso, para a teologia com marca cristã, é decisivo o método de "recapitulação", ou seja: o acontecimento que vem no final, que é Jesus, está na cabeça, no centro, no coração, dando novo sentido e nova luz para o que veio antes. Por exemplo: à luz da morte e ressurreição de Jesus — da Páscoa de Cristo —, os cristãos entendem de forma "cristã" o significado mais profundo do êxodo e da páscoa judaica, como também o dilúvio e a renovação da aliança com Noé, ou, mais na origem, a própria criação: a Páscoa de Jesus é a Nova Criação que dá sentido à primeira criação. Jesus é o Novo Adão que "recapitula" o primeiro Adão.

Como todo livro com intenção fundamentalmente religiosa, a Bíblia está interessada em conservar e transmitir o sentido mais profundo da criação para a fé. Não é um livro científico, como os modernos livros de física e de biologia. Estes explicam o modo como as coisas acontecem. Pela Escritura, entende-se "quem" está na origem da criação, qual o seu desígnio, a sua vontade e, conseqüentemente, qual a nossa dignidade e qual a nossa responsabilidade diante do nosso Criador; enfim, qual o sentido de nossas existências como criaturas.

Portanto, o conhecimento bíblico, como todo conhecimento religioso, surge de uma relação de fé, supõe a fé que antecede o conhecimento. Supõe também que a fé é uma dimensão natural e decisiva para a condição humana. Sem fé, a Bíblia é um livro de cultura, até de curiosidades, mas permanece mudo no passado e pode ser desmontado pelas ciências sem que o cientista encontre o segredo real que o compôs. Somente a fé tem capacidade de escutar na Escritura o ressoar da Palavra viva de Deus vivo.

Ao mesmo tempo, a fé que deseja compreender melhor a Palavra de Deus busca o estudo da história, da cultura, da literatura, para interpretar e compreender com retidão e mais profundamente aquilo em que já crê e que já ama. As ciências, a filosofia, enfim, o trabalho da razão e dos conhecimentos acumulados pela ciência são ajudas indispensáveis para a fé e para a religião. Uma compreensão "fundamentalista", que dispensa a ajuda das ciências e da interpretação, reduz, torna mesquinha e acaba por distorcer a Palavra de Deus, mesmo que tenha boa intenção.

Ficou tristemente célebre, por volta de 1915, nos Estados Unidos, o caso do "criacionismo", que afirmava a criação contra o evolucionismo documentado pela ciência. Estabeleceu-se um conflito em diversas escolas norte-americanas, com fanatismo e intolerância. Para que isso não se repita, é necessário aceitar o trabalho da interpretação, que, por sua vez, exige fé, mas também estudo, investigação, comparação, ciência e "interdisciplinaridade".

Há alguns critérios bíblicos para o conhecimento do universo como criação segundo a fé cristã, que passamos a indicar:

3.1. Criação, história, escatologia: a criação para Nova Criação

Alguns autores insistem que se deve interpretar o que a Bíblia indica no seu conjunto como uma linha de continuidade, com mútua interpretação, entre a "criação inicial", a "criação histórica" e a "criação escatológica".[5] Vejamos por partes:

- A *criação inicial* pode ser também chamada de primeira criação ou de criação "original". Quer indicar, em primeiro lugar, que o universo não é eterno, que há um começo, e que este começo é suposto como o primeiro momento de uma criação que está em processo. A criação não se faz toda de uma vez, mas, desde uma

---

[5] Cf., por exemplo, MOLTMANN, *Deus na criação*, cit.; TRIGO, Pedro. *Criação e história*. São Paulo, Vozes, 1988. Também NOEMI, Juan. Mysterium Creationis; sobre a possibilidade de uma aproximação à realidade como criação de Deus. In: SUSIN, Luiz Carlos. *Mysterium Creationis*; um olhar interdisciplinar sobre o universo. São Paulo, Paulinas, 1999. pp. 205-248.

origem, está em processo criativo. As narrativas e referências esparsas na Escritura com respeito a essa criação original também têm a função importante de indicar, por meio de seus detalhes, uma espécie de "maquete" ou de mapa que sirvam de orientação para compreendermos o que está na significação e na destinação das criaturas desde a sua origem. E, assim, também nos posicionarmos como quem chegou depois e é chamado a responder, a ser participante e responsável.

- A *criação histórica* expressa a superação da dicotomia entre criação e história. A criação não é um palco montado — uma espécie de natureza já fixada — em cima do qual aconteceria a cena da história. Pelo contrário, a história é a própria criação em andamento, é um processo criacional.

É decisivo, para uma reta compreensão do que a Escritura quer dizer, entender bem a tese de Von Rad na sua *Teologia do Antigo Testamento*:[6] a fé na criação e em Deus criador se afirma como pano de fundo da experiência da fé em Deus libertador do povo, que retirou o povo de Israel da servidão no Egito e o conduziu, mediante o êxodo, para uma terra de liberdade. Portanto, o eixo central da criação, para o Antigo Testamento, está no êxodo, na experiência histórica de libertação.

Já no Antigo Testamento, portanto, há uma "recapitulação", uma interpretação das origens com as medidas de um acontecimento histórico criador no presente: o Criador do universo superou o caos, tomando as energias caóticas e criando um cosmo, um espaço ordenado e cheio de vida, assim como retira agora as vítimas da escravidão, da opressão e da insignificância, conduzindo-as para um espaço de liberdade, de aliança, de organização e de vida digna.

A criação histórica, como no caso do êxodo de Israel, por ser uma aliança, tem Deus como primeiro e principal ator, mas as criaturas humanas são chamadas a serem *partners*, companheiras no trabalho de criação. Talvez pareça uma gota d'água num imenso oceano a capacidade do ser humano para transformar, edificar, realmente criar um mundo bom. Todavia, isso é decisivo, respeitado e potencializado pelo Criador, de tal forma que a criação, se é pura graça, um dom e uma maravilha sem causas a não ser em Deus e na abundância de seu amor gratuito, é também um chamado à responsabilidade, às obras,

---

[6] Cf. VON RAD, Gerhard. *Teologia do Antigo Testamento*. São Paulo, Aste, 1973. v. 1.

ao trabalho perseverante, à organização humana. É, portanto, "criação ética", desdobramento de uma aliança e de um compromisso histórico. É também uma "criação aberta", como uma obra de arte aberta, em que os convidados não apenas contemplam, mas também interpretam com seu toque e, assim, participam e modificam, tornando-se *concriadores*.

- A *criação escatológica* é o horizonte, é a promessa e é o sentido último para onde converge a paisagem da criação. Pode ser chamada também de "Nova Criação", "Novos céus e nova terra", Nova Jerusalém, Humanidade Nova. Tudo o que se diz com a palavra "Novo" está indicando essa plenitude e essa glória última. Não será mero resultante de um desdobramento da história, mas já está presente no interior da história e ilumina, inspira, atrai a história. Pode nos ajudar a metáfora do sol que se levanta no horizonte: em si mesmo, está além do nosso alcance, mas é ele próprio que já nos alcança com sua luz e seu calor, dando-nos orientação e energia para caminharmos em sua direção. É como um arco-íris que brilha diante dos olhos, enchendo-os com sua maravilha e atraindo com suas cores. Assim é o *Reino de Deus* que se aproxima e já está no meio de nós (cf. Lc 17,21), é a *Páscoa de Cristo* que já causa a ressurreição dos mortos, pela qual já estamos sepultados e ressuscitados com Cristo. A fé cristã, apoiada na Páscoa de Cristo, confessa que a morte não é o horizonte último da vida do universo, mas o contrário: a morte é uma função da vida, cujo horizonte último é vida em abundância. O horizonte, aqui, mais do que espacial, é temporal. É o futuro absoluto desde onde recebemos sinais para o tempo presente. Sem esse horizonte de futuro absoluto, a criação seria uma gratuidade absurda e sem direção. Mas espaço e tempo, na leitura da fé cristã, são horizontes que se fundem no acontecimento pascal de Cristo.

A *Nova Criação*, escatológica e inspiradora de todo o processo da criação, é o ponto decisivo, a partir do qual se entende a teologia bíblica da criação. Estamos aqui diante de uma verdadeira revolução, diante de uma inversão: o que se quer dizer com *criação escatológica* é que é a escatologia — o horizonte último de todo o processo da criação — que orienta e decide a criação histórica e a criação inicial; e, mais ainda, é a causa principal da criação inicial e do seu acontecimento como história. Essa inversão — a causa principal e decisiva encontra-se no futuro, na frente, e já produz efeitos no presente e no passado — convida-nos a não mais imaginarmos a linha do tempo a partir do início, no passado, desdobrando-se até a finalização no futuro, mas o contrário: é o Último, a glória e a bem-aventurança finais, a causa e explicação do início. O que vem desde o horizonte último, desde o futuro, abre, rompe, chama, infunde novos valores, novas energias, faz a história andar para a frente.

O segredo da origem está no fim último. Conforme o ensinamento escolástico sobre as causas, aquilo que é o último na realização é o primeiro na intenção. Isso vale de modo especial para toda a criação: a intenção se manifestará plenamente no final, mas está atuante desde o início. Com isso se inverte a linha das causas e efeitos na história: não é mais o passado que comanda o desenrolar da história, que se tornaria um desenrolar duro e fatal, um *fatum* que não poderia mais ser desfeito, um destino e uma fatalidade que acabariam tendo desdobramentos quase automáticos.

As ciências modernas têm como método buscar no passado a explicação das coisas presentes e a previsão das coisas futuras. Assim arriscam renovar a afirmação antiga do "destino", já inscrito por cima de nossas cabeças e liberdades. Até o Criador fica proibido de realizar acontecimentos novos! Mesmo quando quase tudo o que acontece ou existe tenha no passado muita explicação e causa, é decisivo compreender que também os acontecimentos passados estão integrados num desígnio de futuro maior, e que o futuro pode resgatar o passado.

"Aquele que vem" torna o Advento mais importante do que a Tradição. Esta não fica construindo círculos em contínuas repetições que não seriam verdadeiramente história, mas uma solidão. A novidade e a possibilidade de que aconteça realmente história só podem vir do futuro, do advento de alguém que chega, de uma intervenção criadora sempre nova e incansável, que nunca se esgota.

Para compreender como a chegada de alguém pode tirar da paralisia e da solidão, do aprisionamento no passado, pode-se evocar a metáfora do amor humano: quando alguém entra na vida de uma pessoa de forma amorosa e apaixonante, abre o presente para promessas novas e infunde energias para superar e redimensionar o passado. Essa experiência é uma metáfora da criação, do universo e de cada espaço e criatura da criação. O "Deus que vem" — e, no Novo Testamento, a vinda plena do Filho de Deus com seu Espírito — abre a criação à Nova Criação.

O fato de que o futuro escatológico seja a causa *atratora* de todo o processo da criação, que seja o primeiro na intenção, embora o último na realização, isso supõe um desígnio, uma intencionalidade e uma finalidade no processo do universo. Tal intencionalidade não é constatada pela ciência, apesar de que negar sua existência também não seja científico. A observação científica das estrelas, da terra, de nossos corpos chega somente a constatar a morte como realidade última. A ressurreição dos mortos e o acabamento do universo são novidades lidas em pequenos sinais, mas aos olhos da fé são sinais potentes para transfigurar o universo.

Que haja páscoa, ressurreição, vida nova e plena, isso faz parte do conhecimento próprio da adesão de fé em alguém criador, um conhecimento que provém de uma relação de confiança em um desígnio amoroso. Assim interpretou Teilhard de Chardin, o famoso jesuíta paleontólogo, místico e teólogo: o universo é um grande processo de "*amorização*"; é o amor de Deus que o move e o atrai à sua plenitude. Quando se crê e se ama alguém maior do que a morte, os processos de criação, mesmo incorporando grandes doses de acaso e caos, de sofrimento e morte, não são um acaso e um absurdo em sentido absoluto, mas testemunham a gratuidade de um amor maior, o chamado à comunhão no Sábado de Deus.

Na linguagem bíblica, a Nova Criação advém com o Sábado, o tempo da maturidade feliz e gozosa, do lazer face a face do Criador com as criaturas. É o que vamos examinar, no próximo capítulo, nos tempos da criação.

3.2. A criação é obra da Trindade

Do ponto de vista cristão, sendo Deus sempre Trindade, tudo o que se diz de Deus deve-se dizer trinitariamente. Só assim se revela a riqueza específica da fé cristã, inclusive a fé na criação. Para muitos cristãos, inclusive teólogos, a afirmação de que o cristianismo é um monoteísmo acabou desvalorizando o que há de mais especial e decisivo no cristianismo, o mistério da Trindade e a sua marca em todas as realidades.

Em sua monumental obra sobre a Trindade, Agostinho fez uma distinção *ad intra* e *ad extra*, de tal forma que somente *ad intra*, isto é, somente para dentro do mistério de Deus pode-se configurar apropriadamente a distinção das pessoas: o Pai somente é Pai enquanto há eternamente um Filho relacionado filialmente ao Pai. E o Filho somente é Filho enquanto há eternamente seu Pai gerando-o eternamente como Filho. Ao mesmo tempo, é a partir da Trindade *ad intra* que se pode entender e afirmar o que é "próprio" de cada pessoa: Assim, somente o Pai é origem, fonte, princípio sem princípio, porque é o Pai. Não se pode dizer que o Filho é princípio sem princípio, porque seria, então, Pai, e não mais Filho.

Já *ad extra*, continuando com Agostinho, significaria que, enquanto Deus se revela relacionado à criação, à história da criação, apenas há indicações atribuídas ou "apropriadas" a uma ou a outra das três pessoas, mas não "próprias", pois na criação Deus age sempre trinitariamente, mas de forma unitária. Dizer que "o Pai é Criador, o Filho é Redentor, e o Espírito é Santificador" da criação é tão-somente afirmar algo "apropriado" a cada uma das três pessoas, pois as três realizam tanto a criação como a redenção e a santificação. Assim, pode-se dizer simplesmente que "Deus é Criador, Redentor, Santificador". Até aqui, está tudo certo.

Entretanto, a unidade das ações e pessoas divinas *ad extra* é tão enfatizada que as formas apropriadas de cada pessoa da Trindade de se relacionar com a criação, de conduzir a história e de salvar, acabam se apagando numa unidade divina. Desaparecem os sinais específicos de cada pessoa da Trindade. O monoteísmo acaba encobrindo a Trindade divina presente em sua criação. Pensador de grande influência na modernidade ocidental, Kant acabou declarando supérflua a revelação da Trindade, por não ter — segundo ele — nada de prático para as nossas vidas! O monoteísmo bastaria para a prática cristã.[7]

---

[7] Cf. *LES CONFLITS des facultés*. Paris, 1935. p. 42.

Ora, um dos fatores que gerou, em nossas consciências ocidentais, um afastamento entre o universo e o seu Criador foi exatamente esse tipo de compreensão do monoteísmo. Deus se relacionaria com a sua obra como um senhor, um proprietário, um ordenador, mas cada vez mais "desde fora", cada vez mais distante em sua transcendência e em seu mistério, enquanto o universo — o nosso mundo e a humanidade em particular — iria ganhando cada vez mais autonomia e dispensando qualquer relação divina.

Esse "transcendentalismo" monoteísta do Criador foi perdendo a consciência de Deus em horizontes cada vez mais remotos, até desaparecer na linha de fundo, ao passo que o nosso universo fica cada vez mais solitário. Foi o que observou cruamente Nietzsche, o filósofo visionário da decadência do Ocidente cristão: Deus está morto e o nosso universo gira sem seu sol, cada vez mais frio!

A falta do "abraço" trinitário da criação teria sua origem no medo de panteísmo: para se distanciar da tendência panteísta, para salvaguardar a distinção entre o Criador e as criaturas, insistiu-se unilateralmente na transcendência de Deus. Mas a transcendência de Deus não é tudo nem é o principal. Deus, de fato, é transcendente a todas as coisas, e não se confunde com nada deste nosso universo; no entanto, exatamente por sua imensa transcendência, ele não precisa sequer de nossa apologia e de nossa defesa. É mais próprio de Deus, assim como está revelado na Escritura, que ele quer se aproximar, quer ser "condescendente", ou melhor, "transcondescendente", superando a própria transcendência em direção a suas criaturas para estar presente junto às criaturas desde as mais humildes, para conservá-las e vivificá-las. A providência e a conservação sempre foram consideradas atribuições divinas do Criador, mas não foram suficientemente percebidas na sua forma trinitária. E pensarmos a criação, a providência e a conservação a partir da Trindade nos faz descobrir paisagens de aliança esponsal com Deus nunca antes imaginadas. Vamos percorrer por partes:

a) As duas mãos do Criador

Evidentemente estamo-nos expressando de forma figurada, metafórica: Deus, ao criar, utiliza-se de "duas mãos". É uma metáfora rabínica, pré-cristã, e se referia à Lei e à Sabedoria. Segundo uma teologia judaica, a Lei e a Sabedoria existiam antes da criação, junto de Deus. Conforme as medidas e estruturas da Lei, ou seja, da justiça e da ordem, Deus deu forma e ordem a todas as coisas. E, com o sabor e a experiência vitalizantes da Sabedoria, infundiu vida e alegria na criação. Sobre a Sabedoria na criação, pode-se ler com prazer este clássico texto bíblico:

> *O Senhor me criou, como primícia de suas obras,*
> *desde o princípio, antes do começo da terra.*
> *Desde a eternidade fui formada,*
> *antes de suas obras dos tempos mais antigos.*
> *Ainda não havia abismo quando fui concebida,*

e ainda as fontes das águas não tinham brotado.
Antes que assentados fossem os montes,
antes dos outeiros, fui dada à luz,
antes que fossem feitos a terra e os campos,
quando ele preparava os céus, ali estava eu,
quando firmou as nuvens no alto,
quando dominou as fontes do abismo,
quando impôs regras ao mar,
para que suas águas não transpusessem os limites.
Quando assentou os fundamentos da terra,
junto a ele estava eu como artífice,
brincando todo o tempo diante dele,
brincando sobre o globo de sua terra,
achando as minhas delícias junto aos filhos dos homens.
(Pr 8,22-31)

Santo Irineu, teólogo da primeira geração cristã pós-apostólica e bispo de Lyon, no sul da França, fez a transposição da metáfora das "duas mãos" para a nova experiência cristã: desde antes da criação, junto do Pai, estão o Filho e o Espírito. Aquilo que se dizia da Lei e da Sabedoria agora se pode dizer apropriadamente do Filho e do Espírito, duas mãos do Pai no trabalho da criação. Irineu, no entanto, se inspira no prólogo de João e nos hinos e reflexões que estão nas cartas paulinas para detalhar o que ele entende dessa sugestiva expressão. Vejamos em síntese.

b) O Filho Criador

É o Filho em pessoa, mais do que uma Lei impessoal ou um conjunto de normas, quem dá a forma, a estrutura, a substância e a medida de todas as criaturas. O Filho é a "Inteligência" e a "Palavra" criadora do Pai, expressão de seu desígnio, de sua decisão benevolente. Preexistente à criação (cf. Jo 1,1-5), é o "arquétipo", o "modelo" no qual e para o qual o Pai modela toda a criação. É a primícia e o primogênito de toda criatura, desde antes da criação, e nele está a promessa de ressurreição e transfiguração plena, a glorificação do universo (cf. 1Cor 15,20-28).

c) O Espírito Criador

É a partir do Espírito em nós que temos acesso à experiência da criação do Pai por meio do Filho. No Espírito se expressa a força criadora e vitalizante de Deus. Por isso o Espírito está presente na imagem do "caos", antes ainda do "cosmo", infundindo energia e matéria-prima para um universo ordenado. Como ainda veremos, o Espírito está presente no caos primordial para que seja um "caos generativo". É também força de regeneração diante da ameaça de morte e caos, como sugere o Salmo:

Se tu escondes o teu rosto, desfalecem,
se retiras deles o respiro, morrem
e retornam ao pó.
Mandas o teu espírito, são criados,
e renovas a face da terra.
(Sl 104, 29-30)

Graças à presença generativa e regenerativa do Espírito, a criação é continuamente sustentada, nutrida, vivificada. A melhor metáfora do Espírito Criador é a maternidade. A expressão hebraica *ruah* para se referir a essa experiência de vitalidade é feminina em diversos sentidos: é vento, ou seja, ar em movimento, porque é atmosfera carregada de energia; é também um sinal do respiro forte da mulher em trabalho de parto. A primeira atmosfera, ou, melhor ainda, "hidrosfera", conforme a imagem da placenta que nutre e envolve, é o útero materno, metáfora do Espírito.

Podemos, então, utilizar como metáfora esta expressão: o *Espírito é o ventre criador de Deus*.

Dessa forma, já não estamos separados do Criador, embora haja distinção sem confusão, como são distintos o ventre materno da mulher e a pequena pessoa que está sendo gerada em seu ventre. Por causa do Espírito, nós estamos "em Deus", e Deus nos envolve por todos os lados como o ar da atmosfera, ou como a água da hidrosfera, a placenta nutridora, que também nos penetra como o ar que entra nos pulmões e faz respirar. Não se trata de *panteísmo*, como se fôssemos uma parte de Deus, uma confusão e identificação das criaturas com o Criador, mas se trata de "*panenteísmo*". A palavra grega *panenteísmo* pode sugerir duas coisas: mais obviamente afirma que Deus está em todas as coisas, que tudo é habitado por seu Espírito. Essa presença se chama também "*in-habitação*", como se diz em João: "Nós viremos a ele e nele estabeleceremos morada" (cf. Jo 14,23). A teologia judaica chamou à presença compassiva de Deus junto ao seu povo no deserto e no santuário de forma parecida: *shekináh*.

Mas antes mesmo de o Espírito de Deus estar em todas as coisas, deve-se pensar corretamente o contrário: que todas as coisas estão no Espírito, como os peixes no oceano, como as aves na atmosfera. É uma metáfora fortemente mística e decididamente maternal, além de ter um sentido ecológico, uma ecologia espiritual: *estamos no Espírito, seio de Deus*.

Desde a criação, afirma-se que o Espírito se "derrama" ou se "infunde" sobre o universo das criaturas. Ao contrário do Filho, que se encarna, torna-se criatura para ser o desígnio e o modelo ou caminho de toda criatura, o Espírito "in-habita", é atmosfera e ar que entra até o fundo dos pulmões e faz palpitar no ritmo da vida. O Espírito é o ambiente divino em que todas as criaturas comungam umas com as outras, é elo e laço, união da biodiversidade do universo. Por isso o Espírito leva a criação não só a desabrochar, mas a amadurecer e chegar à plenitude dos desígnios divinos. É atribuída ao Espírito a "consumação" ou o acabamento do universo e a entrada na vida divina, nas relações trinitárias, pois, em última instância, o Espírito é o "santificador" do universo.

d) O Pai Criador

A primeira teologia da Igreja precisou enfrentar bem cedo os equívocos de compreensão da criação que provinham da mistura e do curto-circuito entre a tradição bíblica e a tradição helênica sobre o conhecimento religioso e filosófico do universo. Para os gregos, o cosmo seria modelado por uma potente divindade, o demiurgo. Entretanto, na cosmogonia grega incluíam-se também teogonias, surgimento de deuses e deusas com suas potências também criadoras e seus humores antagônicos, de tal forma que tudo se explicava por meio deles: o bem e o mal, as realidades mais espirituais até as realidades mais materiais, os conflitos entre realidades opostas. Havia deuses nas origens de todos os fenômenos. E o mundo era expressão de um mosaico de conflitos de deuses e deusas, embora se refletisse nas narrativas míticas também a sabedoria com que tais conflitos eram solucionados ou suportados. Tais soluções, porém, comportavam também altas doses de tragédia, de sacrifícios e de perdas.

Entre os cristãos, pensadores como Marcion tentaram tirar proveito do sincretismo da Bíblia com a teologia grega e seus traços de dualismo persa. Desse dualismo, provinha o maniqueísmo, crença em dois princípios criadores em antagonismo: um deles, criador da matéria leve, luminosa e espiritual; e o outro, da matéria pesada, tenebrosa e corporal. Marcion aplicou tal crença à Bíblia: segundo ele, o Javé Criador de que fala o Antigo Testamento é o demiurgo que criou a matéria obscura, pesada, fonte de males e sofrimentos. O Pai de que fala o Novo Testamento é o responsável pela criação da matéria luminosa, imponderável, fonte de bem-aventurança e salvação. Portanto, dois princípios em luta frontal, poderes se digladiando, uma luta de deuses. A interpretação bíblica de Marcion, que aplicou crenças não-bíblicas às Escrituras, foi logo considerada um erro grosseiro.

Bem cedo, por isso, a fé cristã sentiu necessidade de afirmar seu diferencial, sua especificidade, diante de crenças que não se coadunavam com o evangelho nem com a Escritura em geral. Tal esforço está concentrado no início do Credo:

> *Creio em um só Deus, Pai,*
> *onipotente,*
> *criador dos céus e da terra,*
> *de todas as coisas, visíveis e invisíveis.*

Com isso, pretendeu-se condensar respostas para muitas questões, que vamos também resumir aqui:

- Há um só criador, e tudo provém de uma única fonte, não de deuses especializados freqüentemente em concorrência.

- Trinitariamente, a criação do universo é atribuída ao princípio e gerador na Trindade: o Pai. Deve-se manter rigorosamente esta ordem: não é o Criador que se torna Pai, mas é o Pai que, em sua paternidade trinitária, é Criador. Deus é substancialmente "Pai", e como Pai é também Criador.

- O Pai desde sempre é Pai porque é dele que provém o Filho, e o Filho, na criação, torna-se a criatura Jesus de Nazaré. É em vista do Filho e com as marcas do Filho que o Pai é Criador do universo. Até as galáxias mais distantes têm essa secreta e misteriosa relação da paternidade centrada no humilde filho de Nazaré, uma vocação filial de toda criação em relação ao Pai.

- Por isso, mesmo as realidades corporais, materiais, "visíveis", como a encarnação do Filho ou qualquer borboleta de um dia, são originariamente tão boas e santas como as espirituais, "invisíveis" e inteiramente luminosas.

- Não há, pois, poder criador que faça concorrência com Deus Pai. Todo poder está em suas mãos, e tudo o que sai de suas mãos tem a marca da paternidade e da filiação. Assim, tudo o que existe é fontalmente bom. O mal não provém do Pai Criador nem de alguma outra suposta divindade rival. Sua explicação, ou melhor, seu mistério deve estar em outro lugar: por exemplo, na condição limitada, finita, portanto, mortal, das criaturas. Ou na decisão criadora das próprias criaturas dotadas de liberdade que, por isso, podem perverter os desígnios do Criador.

Tais afirmações em torno das duas mãos do Pai — presença criadora do Espírito, substância e forma criadora do Filho e paternidade de Deus na criação — são afirmações muito otimistas e deram aos cristãos um horizonte de esperança e de segurança num mundo ameaçado por crenças de antagonismos, de guerras totais e catastróficas. Ao contrário, a fé afirmou que, na origem do universo, até das coisas mais humildes há um Pai bom; e todas as criaturas — todas as coisas — são uma irradiação de sua bondade.[8]

Não se deve confundir Deus, o Pai que irradia a sua bondade, com a idéia eterna de "Bem" de Platão, emanadora de modelos celestes para as criaturas terrestres. Ao contrário de Platão, a compreensão cristã é de que Deus mesmo,

---

[8] Sobre a afirmação de Cristo exaltado em glória e preexistente antes da criação como resposta dos cristãos a um mundo absurdo, veja-se o estudo exaustivo e muito esclarecedor de KUSCHEL, Karl-Josef. *Generato prima di tutti i secoli? La controversia sull'origine di Cristo*. Brescia, Queriniana, 1996.

na encarnação criatural, corporal, terrena e humilde do seu Filho eterno, revela que não há hierarquias e que tudo tem valor máximo aos seus olhos. É mais uma relação pessoal de amor do que uma ordem cósmica hierarquizada. O amor, para Platão, é considerado um "deus menor, filho da abundância e da carência". Para os cristãos, é a própria essência de Deus que se irradia por pura abundância sem defeito e sem retorno, sem necessidade, por absoluta gratuidade, o Perfeito Amor (cf. 1Jo, 4,16ss). No amor de Deus estão o segredo, o futuro e a perfeição do universo.

Deus é amor, pois é Pai, Filho e Espírito. Deus não ama simplesmente quem é igual — quem é "espírito". Ama o diferente, a matéria, a corporeidade. E abraça a matéria na presença maternal do Espírito e na encarnação do Filho. Tudo isso provém da abundância e da bondade que são próprias de Deus. Nele não há carência, não há vazio, não há necessidade e, por isso, nem débito ou cobrança. As criaturas não precisam se "espiritualizar" nem se sacrificar para agradar a Deus. Basta não serem más. E se a maldade degenera as criaturas, tanto as corporais como as espirituais, há no amor mesmo de Deus o dom da regeneração, que é recriação das criaturas.

e) Criação como aliança esponsal

Conforme a melhor experiência de Israel, Deus não impera como senhor da história de seu povo e dos demais povos, tratando-os simplesmente como propriedades. A metáfora do pastor que cuida das ovelhas, recorrente nos salmos e nos profetas (cf. por exemplo, Sl 95; 78; 79), é muito sugestiva: as ovelhas não são simplesmente propriedades do pastor, embora isso seja verdadeiro; são também objetos de seu cuidado e até de seu afeto. Por causa das ovelhas, o pastor é nômade, partilhando seu destino com elas. Assim foi Deus com seu povo: andou com ele pelo caminho difícil da libertação, em direção à promessa, ao futuro. Tratou o povo com cuidado de pastor, com paciência e perseverança; e fez com um povo, abandonado à sua sorte, um tipo de aliança semelhante às alianças entre reis poderosos e povos humildes.

Nas antigas alianças políticas, o poderoso impunha suas leis e exigia seus tributos, mas garantia proteção aos seus aliados. A aliança de Deus com o povo está no "Código da Aliança" (Ex 20 a 24); e se conserva como pano de fundo de todo o Antigo Testamento, recuando às narrativas de Abraão, de Noé e até de Adão. Essas narrativas são interpretadas a partir da Aliança. Há um clima e uma linguagem típicos de aliança, de interlocução, de propostas e promessas, que perpassam toda a Escritura. A aliança histórica entre Deus e seu povo humilde deu a base e a forma para refletir sobre o universo: também a criação, com todas as criaturas, especialmente as criaturas viventes, existe na forma de convite a uma aliança e a uma parceria no trabalho da criação.

A aliança como marco referencial para interpretar a criação aponta para uma relação de respeito, de autonomias e alteridades, tanto por parte do Criador como por parte das criaturas. Com tal pressuposto, a aliança tem um caráter eminentemente "esponsal", como a esposa diante do esposo, e vice-versa.

Nesse mesmo sentido, Jesus e todo o Novo Testamento retomam a experiência de proximidade do Criador, de seu cuidado e de sua disposição para a regeneração das criaturas, para anunciar que o Reino de Deus está próximo (cf. Mc 1,15; Lc 10,9; 11,20). Assim como Deus cuida dos pássaros e das ervas do campo, cuida até dos cabelos — em suma, da vida de cada um. A criação, também no Novo Testamento, é um pressuposto, uma moldura, um primeiro momento de um Reino em que as criaturas gozariam, reconciliadas e renovadas, de uma aliança eterna, de um face a face com o Criador. E o Novo Testamento tem a audácia de afirmar que este final feliz já está antecipado em Jesus e com Jesus, em sua Páscoa. O tempo das "novas criaturas" já começou, escreve enfaticamente Paulo (cf. 2Cor 5,17; Gl 6,15).

A aliança esponsal da criação, relação de face a face com o seu Criador, distingue inteiramente a fé que perpassa a Escritura: a autonomia, a dignidade e a responsabilidade face a face, diante do Criador. Mas o Novo Testamento e a teologia cristã acabam por descortinar o fundamento último de tal modo de ser da criação no ser próprio de Deus: Deus mesmo é aliança e unidade de três pessoas, pluralidade em comunhão, reciprocidade vital, esponsalidade amorosa, Trindade.

São João Damasceno, ao tomar da dança de roda das crianças a palavra grega *pericóresis* para designar o mistério mais alto da fé cristã, a forma de relacionamento da Trindade, das pessoas divinas entre si, falou o que se poderia falar mais alto de Deus, mas desde o lugar mais humilde onde podemos fazer uma "experiência de Deus". Na lúdica roda da *pericóresis*, cada pessoa está para a outra, ao redor da outra, e cada pessoa se afirma desde a outra, de tal forma que até a absoluta autonomia de cada uma é dada na comunhão e na unidade. Ora, tal relação "pericorética" torna a criação uma parábola, imagem e experiência simbólica da Trindade. Na criação tudo é reciprocidade, aliança, interação, seja entre si, numa biodiversidade holística, aberta ao infinito, seja com o próprio Criador, segredo de tal biodiversidade.

Resumindo

• *Dentre as diversas formas de conhecimento, o conhecimento religioso é o mais antigo e, ao mesmo tempo, o mais simples e duradouro, por partir da metáfora das relações cotidianas da família e da sociedade.*

• *A linguagem religiosa se expressa melhor por símbolos do que por conceitos. Os "gêneros literários" dão aos conteúdos religiosos a melhor forma de se expressar. Em meio aos diversos gêneros literários, há o mito, que é narrativa para transmitir uma mensagem e um sentido. A linguagem da sabedoria aponta para a experiência. A linguagem da teologia se refere à compreensão intelectual da fé. Todas elas abordam a criação, os fundamentos e as razões da fé no Criador e na criação.*

• *A Bíblia não é um livro de informações científicas sobre o universo, mas uma tradição religiosa que testemunha a fé em Deus, que cria para que as criaturas participem de sua vida.*

• *Nas Escrituras, a experiência mais próxima e central é a do êxodo, da história na qual Deus conduz um povo humilde para a promessa de vida melhor. A criação é um pano de fundo, uma moldura, que estende para todo o universo o mesmo desígnio: um êxodo do caos para a ordem.*

• *O horizonte escatológico, a promessa, o futuro, pelos quais se pode esperar e sonhar a Nova Criação, antecedem na intenção, orientam o caminho da criação histórica e dão a explicação última da criação inicial.*

• *O Novo Testamento recapitula a relação entre Criador e criação por meio da experiência trinitária de Deus: o Criador abraça a criação e a molda com suas "duas mãos", o Espírito e o Filho. No Espírito, Deus está sempre presente em toda a criação, de tal forma que tudo está em Deus e Deus está em tudo. No Filho, Deus se faz a mais humilde e excelente criatura, rompendo hierarquias e tornando-se a forma acabada da criação, mediante a Páscoa.*

• *O Credo cristão se refere a Deus como Pai e, em sua paternidade, confessa também seu poder criador. Assim, toda criatura entra nas relações de filiação à paternidade divina mediante a substância do filho. Pois o Filho, como criatura, nos torna "com-substanciais" a ele. Como Filho, conduz-nos à paternidade do Pai. Assim, toda a criação, desde já, participa da vida divina, da pericóresis trinitária.*

Aprofundando

Pode-se ler com calma e atenção o Salmo 19 (18), observando a primeira parte (v. 2-7) como moldura da segunda parte (v. 8-15). Observar a progressão, que parte do firmamento e termina no coração. Comentar as metáforas e as relações, a dimensão contemplativa e a dimensão prática, a criação e a história. Pode-se tomar o Salmo 104 (103) para saborear a poesia, feita de muitas imagens e ações metafóricas, que canta a criação.

Perguntas para reflexão e partilha

1. Você conhece narrativas simbólicas que são contadas para extrair delas ensinamentos? Exemplifique algumas e destaque seus significados.

2. Qual a vantagem de conhecermos e utilizarmos diferentes gêneros literários?

3. Qual é o sentimento mais freqüente e o mais correto que acompanha a consciência de que somos criaturas de Deus, de que ele nos vê e nos acompanha para a Nova Criação?

4. O que pode significar em nossas vidas a consciência de que é o futuro, o horizonte escatológico aberto à nossa frente, e não o passado, o já acontecido, a fonte originária dos desígnios da criação?

Bibliografia complementar

ARNOULD, Jacques. *A teologia depois de Darwin*. São Paulo, Loyola, 2001.

BROCKELMAN, Paul. *Cosmologia e criação*; a importância espiritual da cosmologia contemporânea. São Paulo, Loyola, 2001.

GLEISER, Marcelo. *A dança do universo*; dos mitos da criação ao Big-Bang. São Paulo, Companhia das Letras, 1997.

————. *O fim da terra e do céu*; o apocalipse nas ciências e na religião. São Paulo, Companhia das Letras, 2001.

JUNGES, José Roque. *Ecologia e criação*. São Paulo, Loyola, 2001.

LAMBERT, Dominique. *Ciências e teologia*; figuras de um diálogo. São Paulo, Loyola, 2002.

SEGUNDO, Juan Luis. *¿Qué mundo? ¿Qué hombre? ¿Qué Dios?* Santander: Sal Terrae, 1993 (ed. bras.: *Que mundo? Que homem? Que Deus?* Aproximações entre ciência, filosofia e teologia. São Paulo, Paulinas, 1995).

SUSIN, Luiz Carlos. (org.) *Mysterium Creationis*; um olhar interdisciplinar sobre o universo. São Paulo, Paulinas, 1999.

TORRES QUEIRUGA, Andrés. *Recuperar la creación*; por una religión humanizadora. Santander, Sal Terrae, 1997 (ed. bras.: *Recuperar a criação*. São Paulo, Paulus, 2001).

Capítulo terceiro

"NO PRINCÍPIO, QUANDO DEUS CRIOU O CÉU E A TERRA" (GN 1,1)

O capítulo anterior nos introduziu, de modo bastante geral, na forma religiosa e, especificamente, nas formas bíblica e cristã de entender o universo: a criação de Deus, e de Deus Trindade. Agora vamos detalhar o que os textos querem nos ensinar, abrindo o relato do Gênesis, o primeiro livro das Escrituras.

Nas primeiras páginas do Gênesis, encontramos dois relatos da criação. Para os especialistas, o segundo relato, mais espontâneo e mais curto, seria um pouco mais antigo, enquanto o primeiro relato é mais culto: mais organizado, mais detalhado, mais simétrico. Como no caso dos evangelhos, há diferenças de significados em cada relato, diferenças essas que devem ser mantidas em sua especificidade, pois só a complementaridade de diferentes enfoques nos ajuda a compreender um pouco mais a riqueza que está nessas diferenças, todas igualmente verdadeiras. Alguns exegetas opinam que os dois relatos, na verdade, seriam um só em duas partes, cujo núcleo está na segunda parte, a vocação humana. Outros agregam o terceiro capítulo, incluindo num todo o desígnio inicial do Criador e a situação real e dilacerante, depois da prova da árvore do bem e do mal. Importante é mantermos a continuidade, respeitando as diferenças.

A criação também é celebrada nos salmos, é evocada nos livros de sabedoria e nos livros proféticos; porém, começamos aqui pelo primeiro versículo e pela primeira página da Bíblia, pois, afinal, se os autores bíblicos acabaram ordenando dessa forma, é porque também viram nessa ordem um significado.

Não se pode perder de vista a unidade do conjunto. Logo após os dois relatos ou as duas partes do relato da criação e o relato da transgressão ou da emancipação de Adão e Eva, segue-se a primeira morte, que tem toda a sua tragicidade no fato de ser um assassinato, um fratricídio: o primeiro pecado. Trata-se dos diversos significados das origens da atual contradição dolorosa em que se encontram a humanidade e a criação; tais relatos, no entanto, terminam sempre com promessas e cuidados por parte do Criador, como tudo que segue nos dramas contados em continuação.

Os relatos das origens se estendem até o capítulo onze do Gênesis, como em ondas crescentes, num encadeamento de causas e conseqüências, narrativas entremeadas de genealogias, que vão passando do mito cósmico à história humana, até desembocar na origem de Abraão, pai da história de Israel. Para o povo hebreu, os onze primeiros capítulos do Gênesis, que descortinam os primórdios da criação e da humanidade, são um pano de fundo para a história de Israel.

Nesse início, narra-se a criação do caos e do cosmo, do homem e da mulher, da relação da humanidade com o cosmo, das origens do mal, do sofrimento e da morte, das lutas e esperanças diante de promessas e alianças renovadas. A linguagem é altamente simbólica, segundo o gênero literário do mito, e tomada dos símbolos e narrativas míticas pré-bíblicas ou do contexto cultural de diversos povos contemporâneos e vizinhos de Israel. Mas os autores tomaram tais símbolos como pedras para uma nova construção, dando novo sentido aos "mitologemas" desconstruídos de outras fontes e reconstruídos na narrativa bíblica; e criaram elementos novos, como, por exemplo, o repouso sabático de Deus na conclusão da criação. Nas narrativas das origens de povos circunstantes, contava-se normalmente que os deuses criadores se retiravam, desapareciam, eram transformados ou, inclusive, sacrificados, para que a criação ganhasse consistência. Na narrativa bíblica, o Criador contempla e repousa em sua criação.

A relação dos textos com os seus contextos é vital para uma boa exegese. Freqüentemente, os autores estão em contextos hostis, em meio a crenças contrárias à fé de Israel, e por isso o texto bíblico só pode ser bem entendido nessa contraposição, como uma "contraproposta", em confronto com o meio cultural e religioso dominante. Os onze primeiros capítulos do Gênesis não fogem à regra: sua última redação aconteceu durante e logo após os exílios de Israel e Judá nos reinos do Norte, sobretudo na região da Babilônia.

Tendo em vista a condição dos exilados, traumatizados pelo exílio, pode-se entender melhor o ressoar de certas ordens esperançosas de Deus, aqui colocadas na narrativa dos primórdios da criação. Por exemplo:

- No exílio deteriorava-se a sobrevivência do grupo, tornava-se urgente a norma tribal de gerar muitos filhos; e a esterilidade era uma ameaça altamente perigosa (cf. Is 54,1-3). Contrariamente a isso, há nas origens a ordem de reproduzir-se.

- No contexto do exílio, pairava a ameaça de não se ter continuidade, de não haver herdeiros. Nas origens, a ordem é de multiplicar-se em abundância.

- Evidentemente, o exílio acarretava a falta de posse da terra; não possuir uma terra própria, nem sequer para enterrar e lembrar seus mortos, era o mesmo que não ser. Nas origens, está a ordem de povoar a terra.

- O exílio era uma condição de submissão, de escravidão. Nas origens está a ordem de governar. No exílio havia dominação, mas nas origens está a ordem de reger, administrar.

Além disso, no contexto em que viveu Israel, os autores tanto representaram as origens abençoadas por Deus como a degeneração humana, a maldição e as dores provocadas pelo orgulho, pela cobiça e inveja, enfim, pela malícia humana. Por isso a narrativa da criação de Gn 1 se contrapõe à dramática introdução ao dilúvio de Gn 6. Da mesma forma, todos os elementos naturais, como luz, água, terra, árvores, animais, que entram na grande sinfonia da criação, são um reordenamento positivo e esperançoso de uma experiência tragicamente oposta: os babilônios serviram-se desses elementos para despossuir e para dominar os povos mediante a própria divinização dos elementos da terra e da mediação que só eles, os imperialistas, podiam exercer. Assim, por exemplo, o domínio das águas dos grandes rios da Mesopotâmia e, conseqüentemente, o domínio da agricultura e da economia. No poema inicial do Gênesis, a água, como a luz e o alternar-se das estações do ano, ganham um novo destino, à disposição de todos, no início de toda a humanidade.

Bastam essas indicações para nos darmos conta da riqueza de relatos como os onze primeiros capítulos do Gênesis. A primeira página (Gn 1,1-2,4) segue também internamente uma estrutura repetitiva, com verdadeiros refrões de uma canção, que retornam depois de cada estrofe, ou seja, de cada dia da criação. A estrutura repetitiva é esta:

- *Deus "disse";*
- *"que se faça", "que seja"* (ou *"aconteça"*, no modo imperativo do verbo);
- *"Assim se fez";*
- *"Deus viu que era bom";*
- *"Houve uma tarde e uma manhã".*

Os elementos criados vão sendo descritos em binômios ou em "duais complementares" que interagem de forma a se tornarem fecundos, como um casal de elementos numa condição esponsal, em vista de um futuro através de sua fecundidade:

- *águas disformes e vento ou sopro ordenador;*
- *luz e trevas, noite e dia, tarde e manhã;*
- *águas superiores e águas inferiores;*
- *água e terra;*
- *vida vegetal na terra, vida luminosa no céu;*
- *vida animal na água, vida animal no ar;*
- *animais e seres humanos.*

Os verbos da ação criadora de Deus são diversos e alguns, repetitivos, todos com seu significado específico, revelando aspectos diversos da mesma criação. Assim, por exemplo, "dividir" significa diferenciar por meio da separação, cuja raiz hebraica é também "santificação", ganhando cada elemento "separado" a sua consistência, entidade e dignidade próprias. O que ainda não está dividido, o indiferenciado, participa do caos inicial.

Da mesma forma se pode explorar o sentido de "chamar" ou "nomear": trata-se de fazer vir à existência com um estatuto vocacional próprio, assim como Deus chamou Abraão, Moisés e os profetas, dando-lhes uma missão. Assim também toda criatura, todo elemento da criação vem à existência por obediência a um chamado e a uma responsabilidade e missão para o conjunto da criação. Trata-se de uma criação "vocacional", em que o Criador já dá um certo carisma, uma potencialidade em vista da comunidade de criaturas.

Os verbos principais são:

- Deus "dividiu"; "nomeou" ou "chamou";
- Deus "fez"; "criou"; "pôs";
- Deus "abençoou".
- Para a criação do ser humano, há a original modalidade: "Façamos", que pode ganhar diversas interpretações. Uma interpretação insiste na "dignidade" do ato criador do humano. Parece, no entanto, mais justo interpretar como um especial "cuidado" e uma associação da criatura humana ao cuidado criador para com as outras criaturas, o que se pode verificar no contexto que segue, em que Deus confia ao ser humano o cultivo da terra. Vamos ainda voltar a esse ponto.

Munidos com as informações precedentes, vamos ler agora, integralmente, a primeira narrativa do Gênesis. Estamos habituados à tradução grega chamada "dos Setenta", anterior ao Novo Testamento, que diz: *"No princípio criou Deus o céu e a terra"*. Mas aqui vamos seguir a tradução do hebraico, seguindo uma edição ecumênica:

[1]Quando Deus iniciou a criação do céu e da terra, [2]a terra era deserta e vazia, e havia treva na superfície do abismo; o sopro de Deus pairava na superfície das águas, [3]e Deus disse: Que a luz seja! E a luz veio a ser.[4]Deus viu que a luz era boa. Deus separou a luz da treva. [5]Deus chamou à luz de dia e à treva chamou noite. Houve uma tarde, houve uma manhã: o primeiro dia.

[6]Deus disse: Que haja um firmamento no meio das águas, e que ele separe as águas das águas! [7]Deus fez o firmamento e separou as águas inferiores do firmamento das águas superiores. E assim aconteceu. [8]Deus chamou o firmamento de céu. Houve uma tarde, houve uma manhã: segundo dia.

[9]Deus disse: Que as águas inferiores ao céu se juntem em um só lugar e que apareça o continente! Assim aconteceu. [10]Deus chamou o continente de terra; chamou de mar o conjunto das águas. Deus viu que isto era bom.

[11]Deus disse: Que a terra se cubra de verdura, de erva que produza a sua semente e de árvores frutíferas que, segundo a sua espécie,

produzam sobre a terra frutos contendo em si a sua semente! Assim aconteceu. [12]A terra produziu verdura, erva que produz a sua semente, segundo a sua espécie, e árvores que produzem frutos contendo em si a sua semente, segundo a sua espécie. Deus viu que isto era bom. [13]Houve uma tarde, houve uma manhã: terceiro dia.

[14]Deus disse: Que haja luminares no firmamento do céu para separar o dia da noite; que eles sirvam de sinal tanto para as festas como para os dias e os anos[15] e que sirvam de luminares no firmamento do céu para iluminar a terra. Assim aconteceu. [16]Deus fez dois grandes luminares, o grande luminar para presidir o dia, o pequeno para presidir a noite, e as estrelas. [17]Deus os estabeleceu no firmamento do céu para iluminar a terra, [18]para presidir o dia e a noite e separar a luz da treva. Deus viu que isto era bom. [19]Houve uma tarde, houve uma manhã: quarto dia.

[20]Deus disse: Que as águas pululem de enxames de seres vivos e que o pássaro voe acima da terra em face do firmamento do céu. [21]Deus criou os grandes monstros marinhos e todos os pequenos seres vivos dos quais pululam as águas segundo a sua espécie, e todo pássaro alado segundo a sua espécie. Deus viu que isto era bom. [22]Deus os abençoou dizendo: Sede fecundos e prolíficos, enchei as águas dos mares, e que o pássaro prolifere sobre a terra! [23]Houve uma tarde, houve uma manhã: quinto dia.

[24]Deus disse: Que a terra produza seres vivos segundo a sua espécie; animais grandes, animais pequenos e animais selvagens segundo a sua espécie. Assim aconteceu. [25]Deus fez os animais selvagens segundo a sua espécie, os animais grandes segundo a sua espécie e todos os animais pequenos do solo segundo a sua espécie. Deus viu que isto era bom.

1. O UNIVERSO É UMA DECISÃO BENEVOLENTE DE DEUS

Segundo o relato bíblico, Deus não cria retirando uma parte de si mesmo: não saímos da perna ou do braço ou do peito de uma divindade originária, nem mesmo de uma substância prévia "coeterna" a Deus. Uma originalidade bíblica, em confronto com os contextos da época da elaboração final da narrativa, sugere que Deus não forma as criaturas retirando a substância de um caos prévio à criação. Ele cria o próprio caos, a massa informe, a matéria originária, simbolizada em grandes águas e terra informe e vazia, de onde, em seguida, se formariam gradativamente todas as criaturas. Com isso a Escritura se diferencia em relação a crenças, que eram comuns em diversas culturas, inclusive na reflexão cosmológica grega sobre o *demiurgo*.

1.1. Deus cria com a força da palavra

No princípio não está o silêncio de uma noite primordial, mas a palavra criadora de Deus, inauguradora da criação. Deus comunica sua palavra, e o que ele diz é criado. *A criação é um acontecimento que surge da palavra*. Isso tem diversas conseqüências:

A palavra, em sua autenticidade, é expressão de uma liberdade e de uma vontade. Portanto, a criação vem da *livre vontade e decisão de Deus*, não de uma necessidade ou de um impulso automático ou de uma expansão divina que tornaria o universo panteísta.

A palavra é comunicação, é uma relação, porque é "dirigir-se a alguém". Por ser criada pela palavra, a criação ganha a possibilidade de estar numa relação comunicativa com o seu Criador. Nessa relação estão o sentido e a dignidade da criação. Portanto, assim como a criação não é uma necessidade, também não é um mero acaso. À pergunta filosófica "por que há o ser e não simplesmente o nada?", a teologia bíblica responde com a criação, como um gratuito "convite a ser", a partir de uma palavra que chama a ser, que cria por pura graça de ser. Para as criaturas, "ser é bom" aos olhos do Criador. A narrativa nos indica desde o início que ser criatura não é um absurdo, mas é uma graça. A graciosidade e a bondade de ser afastam do automatismo da necessidade e do absurdo do acaso.

A palavra é, ao mesmo tempo, fonte de respeito à alteridade da criatura, que é autônoma, sem cordão umbilical, sem dependência automática, mas é também convite a responder à palavra, a fazer-se "com-criadores", companheiros na criação. Assim, pela palavra, a criação é aberta e participativa. Todas as criaturas, e não só os seres humanos, são convidadas a exercerem as potencialidades de que o Criador lhes dotou ao criá-las. Como os instrumentos musicais numa orquestra em vista de uma sinfonia, o conjunto da criação vai desenvolver uma história de estações e climas, de florescimentos e frutos. Para os cristãos, esse convite à responsabilidade pela criação corresponde ao seguimento de Jesus em vista do Reino de Deus.

Unindo o Gênesis com o Evangelho, somos criação da Palavra — *creatio de Verbo* —, e o evangelista João, no prólogo, ao imitar o poema da criação, lembra que:

> *No princípio era a Palavra,*
> *e a Palavra estava junto de Deus*
> *e a Palavra era Deus (...)*
> *Tudo foi feito por ela, e sem ela nada foi feito.*
> *Nela havia vida,*
> *e a vida era a luz dos homens.*
> (Jo 1,1-4)

Quando, então, a Palavra criadora de Deus se faz carne humana e habita entre nós (cf. Jo 1,14), manifesta a graça e a verdade de toda criatura que a acolhe e responde a ela. Novamente é preciso enfatizar: para o cristão, o seguimento de Jesus, Palavra de Deus feita carne humana, é a melhor forma de participar na criação de Deus.

1.2. Deus, o "poeta" da criação

Ilya Prigogine, ao falar do universo, sugere com um toque de inspiração: "Toda grande era da ciência teve um modelo de natureza. Para a ciência clássica foi o relógio. Para a ciência do século XIX foi o mecanismo em vias de esgotamento. Que símbolo poderia cair bem para nós? Talvez a imagem que usava Platão: a natureza como obra de arte".[1] De Deus como Criador se poderia dizer algo semelhante: no mundo pastoril, Deus foi simbolizado pela figura do "pastor". A maçonaria, que passou das construções das catedrais à cidade moderna, cunhou o simbolismo de "grande arquiteto do universo" para Deus. Com a mecânica de Newton, passa-se da representação do universo como mecanismo do relógio ao "relojoeiro". Einstein, finalmente, na esteira da filosofia com sabor panteísta de Spinoza, mas respaldado pelas suas descobertas científicas, sugeriu que Deus seria uma inteligência e "energia cósmicas".[2]

Prigogine, descortinando o universo pelas teorias do caos generativo, da dissipação de estruturas para se tornarem estruturas mais complexas, lembra a obra de arte, e podemos acrescentar, sem receio de interpretá-lo: uma "obra aberta", com o convite a que o intérprete, através de sua interpretação ativa, participe da criação da obra. A obra de arte aberta talvez seja a melhor metáfora que nos aproxima da obra criadora de Deus.

Quando o *Credo* cristão confessa Deus como "Criador", a palavra grega utilizada é *poiêtên*, poeta. O verbo *poiein* é muito amplo e pode significar simplesmente "fazer", ou então "criar". Mas, desde os gregos clássicos, *os poetas* eram criadores e reveladores de mistérios, místicos e mistagogos. No nosso caso, poeta não é quem revela Deus, mas é o próprio Deus, enquanto nos descortina o universo, nos toma pela mão e não nos exibe a si mesmo de forma narcisista e idolátrica, mas nos introduz e nos convida a participar de uma obra de arte aberta. Segundo o livro da Sabedoria, Deus é o "amante da vida" (Sb 11,26), capaz de se compadecer e de se regenerar para que tudo chegue a bom acabamento na sua obra de arte. O segredo é, então, o amor, o *eros* fecundo e criador do poeta — que pode chegar a se tornar *pathos*, compaixão e sofrimento pelas criaturas, energia potente de geração e sofrimento regenerador, tudo o que se encontra num autêntico "poeta".

A cultura nahuatl, do México pré-colombiano, acredita que Deus é um músico e um pintor. Deus cria pintando: não faz primeiro a parede para depois pintá-la,

---

[1] In: PRIGOGINE, *La nascita del tempo*, cit., pp. 12-13.

[2] JAMMER, Max. *Einstein e a religião*. Rio de Janeiro, Contraponto, 2000.

mas pinta a parede e então a parede passa a existir. Toca sua flauta e então passa a existir tudo o que se move. Assim, através da música e da pintura, ele não cria um mundo neutro para depois lhe infundir qualidade e gozo, mas já faz um mundo com a qualidade que lhe é vocação. Também para esse povo, o Criador é um "poeta".[3] No relato bíblico, Deus não se vale da flauta nem do pincel, mas põe em movimento e dá vida através da palavra pessoal, compondo assim a obra a partir de sua auto-expressão na palavra.

Na teologia escolástica medieval e no nominalismo do final da Idade Média, abriu-se uma polêmica em torno das razões e da forma da criação. Santo Tomás, o teólogo que ficaria consagrado pela escolástica posterior, simplesmente toma por sinônimos as palavras "criação" e "emanação". A mística com influências neoplatônicas preferia a palavra "emanação"; ou, como era mais freqüente nesse tempo, "difusão", sublinhando que, por meio da criação, Deus revela sua essência criadora. Fundamentados na qualidade essencial de Deus, que é o "Bem", esses teólogos utilizavam o famoso axioma *Bonum diffusivum sui*" — o Bem é "difusivo"; ser difusivo é constitutivo do Bem. A criação aparece, então, como uma irradiação da bondade.

Duns Scotus e depois os nominalistas rejeitaram tal expressão, não obstante toda a sua beleza, pois soava como um naturalismo ou essencialismo impessoal, mesmo evocando a bondade como razão última da criação. Acentuaram a deliberação, a "autodeterminação", enfim, a decisão divina de criar. Em vez de "emanação", preferiram a expressão nominalista "decreto da vontade divina". Com isso queriam salvaguardar a absoluta liberdade e iniciativa de Deus. A bondade, segundo Scotus, está no próprio querer, na "benevolência".

É possível fazer uma síntese: a bondade de Deus se revela em sua decisão de criar um universo fora de si, e vice-versa: a decisão revela a sua bondade e o modo de toda verdadeira bondade, que é a difusão, a irradiação, o dom de si sem dobras e sem cálculos, por pura expansão da generosidade, deixando livre a graça e o agraciado. Há um significado muito especial no modo da decisão, que revela também o modo da bondade: "de-cisão", etimologicamente, nos conduz à ação de um corte — uma "cisão" — e de um afastamento, uma separação — "de". Ou seja: Deus, ao criar algo absolutamente distinto de si, "de-limita-se", de certa forma, se retrai e renuncia a ocupar todos os espaços para que haja algo fora dele, um espaço de outro, o espaço da criação. Esse gesto criador, que pressupõe essa renúncia inicial por parte de Deus, não é arbitrário e sem significado, pois provém do seu amor: Deus ama o distinto de si e se esvazia, renuncia em favor do outro, dando-lhe espaço e também tempo.

A teologia rabínica já havia desenvolvido algo semelhante com o conceito de espaço como *zimzum*. Como todo poeta ou — para usar uma metáfora ainda

---

[3] Cf. Rojas Sánchez, Mario. *Nican mopohua* (de Antonio Valeriano). México, s.ed., 1978. pp. 8-9.

mais viva — como toda mãe, Deus Criador dá de si, renunciando a um espaço em que outro caiba. Cria para outro, para que outro viva e subsista. A mãe abre um espaço em seu seio para que seja espaço de outro, lugar em que outro possa ser concebido e gestado. Transforma seu corpo inteiro em seio e colo, numa curvatura que cria ao mesmo tempo uma plataforma e uma curvatura vazias, em que outro possa estar sobre seu colo como em um espaço próprio. Além do espaço, submete-se ao tempo da criatura, ao seu ritmo e desenvolvimento: dá tempo! Essa metáfora maternal ajuda a entender também o poder aliado à bondade. Só dessa forma se entende bem a potência criadora e benevolente de Deus.

1.3. Deus é criador "onipotente"

O *Credo* confessa que Deus é "Onipotente" como Criador. A palavra grega é *pantokrátor* — governador de tudo — e poderia soar de forma muito arbitrária e despótica, como eram certos imperadores conhecidos pelos cristãos como *pantokrátor*. Entretanto, examinando o contexto bíblico e cristão, é o contrário que se deve entender: além de afirmar que todo poder está em suas mãos, e não há deuses ou forças demoníacas concorrentes que rivalizem com o único verdadeiramente poderoso — como já mencionamos no capítulo anterior —, a palavra afirma o poder de Deus após e junto à sua paternidade, portanto, no seio da paternidade.

Entre os atributos divinos que se manifestam através da criação, certamente a potência, ou, ainda melhor, a "onipotência", é o mais freqüente. De novo, vale lembrar que tal título não teve a função de intimidar e de aterrorizar, mas dava segurança e esperança para a fé no Criador. Podia ter também a função de criar reverência, temor e exigir justiça. Contudo, é mais freqüente o apelo à confiança. Quem olhasse para as montanhas, os ventos, o oceano, sabendo-se criatura de quem criou tais elementos, saberia quanto poder tem aquele que o criou e o quanto poderia confiar nele. Essa é a profissão de Jó, que sofria sem explicações para tanto sofrimento inocente, mas se entregou à misteriosa Providência. Há um refrão muito utilizado pela liturgia cristã e que indica tal profissão de fé no Criador: *"Nossa proteção está no nome do Senhor — que fez o céu e a terra!"*. É o eco de muitas profissões dos salmistas, como esta:

> *Feliz de quem se apóia no Deus de Jacó,*
> *quem põe a esperança em Javé, seu Deus:*
> *foi ele quem fez o céu e a terra,*
> *o mar e tudo o que neles existe.*
> (Sl 146,5-6)

Entretanto, a cultura contemporânea tem problemas com a "onipotência". Depois da tentativa fracassada de racionalizar o poder de Deus na teodicéia e, ainda mais, depois de um século de psicanálise, a onipotência divina não é mais tão evidente nem para o senso comum. É que se descobriu, por baixo da invocação do poder, o desejo de poder e a transferência do objeto de poder. É tentação de quem, tendo crescido e precisando abandonar a infância, fica órfão de poderes protetores e transfere para o céu, para um "grande pai celeste", o que não lhe podem mais garantir os pais terrenos. É um atalho para quem tem as pontes rompidas, uma sublimação religiosa diante da dureza e da fragilidade da existência terrena, uma subsistência do desejo de poder, de se proteger sob uma onipotência.

No entanto, há mais na "onipotência" do Criador: ao lado do conceito de *zimzum*, a teologia judaica desenvolveu também o conceito de *makôm* para se referir ao espaço não da renúncia e do retraimento para que outro exista, mas da onipresença potente de Deus para que o outro seja envolvido por todos os lados, para que seja sustentado, nutrido maternalmente. É, novamente, uma metáfora mais maternal, tomada do ventre materno, do poder experimentado na gestação e na nutrição.

E há mais: pode-se observar que a linguagem corrente dos cristãos a respeito de Deus está mudando rapidamente há algumas décadas: há uma preferência pela linguagem de compaixão, piedade, ternura, acolhimento, cuidado. É linguagem maternal, que lembra a *shekináh* da teologia judaica, e que significa a presença compassiva de Deus junto às tendas do povo que peregrinava pelo deserto. Portanto, estaríamos diante de uma "grande mãe celeste", mais do que de um "grande pai celeste". A psicanálise, mais uma vez, pode advertir-nos que isso não melhora o problema do poder, mas pode ser até uma regressão simbiótica ainda mais primitiva, um desejo de retorno à beatitude do seio materno e da infância mágica e segura, circunscrita ao olhar da mãe. Também essa verdade deve ser apreendida.

Todavia, definitivamente, onipotência divina na criação se decide biblica e cristãmente, antes ainda da psicanálise, conforme o segundo artigo do *Credo*, no esvaziamento e na encarnação humilde e servidora do Filho de Deus até à morte mais vazia e humilhante de cruz. Vivendo e morrendo na fraqueza e no serviço a outros, e ressuscitado na glória, o Filho revela paradoxalmente o poder e a sabedoria de Deus desde a criação e desde a *shekináh* (cf. 1Cor 1,23-24). O poder, portanto, se revela na vulnerabilidade e na compaixão, na paciência, enfim, no socorro fiel e vitalizante, dando a própria vida, sem precisar destruir nada para reconstruir, sem *show* ou espetáculos de poder, o que era próprio das divindades em muitas narrativas não-bíblicas. O poder, como clima mais freqüente da Escritura, mais uma vez é derivado da bondade de quem é *amante da vida*. Em última análise, é mais correto dizer que "Deus é amor", conforme 1Jo 4,16, e que o amor tem seu modo próprio de poder. É uma onipotência da bondade, com que a potência da maldade não consegue rivalizar. A bondade do Criador, diante da fragilidade das criaturas, torna-se regeneradora, como sugere este trecho do livro da Sabedoria:

> *O mundo todo está diante de ti como o peso ínfimo que desequilibra uma balança, como a gota de orvalho matinal que desce para o solo.*
>
> *Mas tu, de todos tens piedade, porque tudo podes, e afastas os olhos dos pecados dos homens para levá-los ao arrependimento.*

Tu amas todos os seres e não detestas nenhuma de tuas obras:
tivesses odiado uma delas, não a terias criado.

Como teria subsistido um ser qualquer, se tu não o tivesses querido,
ou teria sido conservado, sem ter sido chamado por ti?

Tu os poupas a todos porque são teus, ó Soberano que amas a vida,
e o teu espírito incorruptível está em todos os seres!

(Sb 11,22–12,1)

1.4. Deus cria com o Espírito

Depois de abrir a Bíblia com as palavras "No princípio, quando Deus criou os céus e a terra", o segundo versículo continua:

A terra era deserta e vazia; e havia trevas na superfície do abismo;
o sopro de Deus pairava na superfície das águas.

Estamos aqui diante de imagens míticas que são impressionantes e, no entanto, comuns a diferentes culturas e religiões tradicionais. O autor bíblico, porém, toma essas imagens e dá a elas a sua interpretação, à luz de outros acontecimentos bíblicos, comprovadamente históricos. Por sua vez, a tradição cristã também tem a sua interpretação específica. Vamos examinar por partes:

A terra deserta — ou "informe", em algumas traduções — e "vazia", com as trevas que cobriam o abismo, nos sugere o conceito grego de "caos". Geralmente, a referência ao caos se dá num binômio de antagonismo, o cosmo e o caos. Cosmo como ordem e caos como desordem. Nós temos do "caos" a idéia de uma grande desordem, com violência e confusão, seja social, seja da natureza, e, normalmente, em um processo de deterioração, de degeneração e desintegração, um "retorno ao abismo". O contrário do caos, o "cosmo", significa boa forma, beleza, ordem, limpeza. Quando acontece o caos, nossa experiência é de perda da ordem e da boa forma, queda num abismo de violência. A imagem do caos como um abismo nos dá a idéia de falta de fundo e de paredes. Tal caos abissal é sem luz, sem a condição básica da ordem que é a iluminação. É escuro, sem possibilidade de orientação e de decisões ou mesmo de vida e paz, conforme a imagem das trevas. Um oceano de águas imensas e sem contornos, com massas e correntes carregadas de energias formidáveis, que se batem e se estatelam umas nas outras em vagalhões nos dão uma idéia metafórica desse abismo, que, numa definição de Platão sobre a violência, é formado de "pura matéria, sem forma".

Na Escritura, porém, ao notificar que a terra estava informe ou deserta e vazia e cheia de trevas, ou seja, uma "terra caótica", o autor da narrativa se refere a uma espécie de "pré-terra organizada", um "pré-cosmo". A palavra hebraica é *tohu-wabohu*, provavelmente uma palavra onomatopaica, referindo-se a um fundo obscuro e a um murmúrio ameaçador. Mas, na Escritura, trata-se de um caos criado por Deus, e já faz parte da criação. É uma criação inicial e condição prévia, sobre a qual Deus iria, com a sua palavra criadora, "separar" e dar forma às distintas criaturas. Portanto, é um *caos generativo,* à disposição da palavra criadora de Deus, matéria ou energia ainda sem forma, na qual, no entanto, vão surgir todas as formas. O caos original, portanto, não precisa ser temido como lugar do horror, da decadência, da violência e da morte. Se Deus o criou, também o domina, é Senhor que administra o caos em vista da própria criação.[4]

O sopro de Deus pairava na superfície das águas. É aqui que encontramos o domínio criador de Deus, que está presente no caos para dar andamento à criação. O verbo "pairar" tem a ver com "bater asas" e com "repousar". Mas a palavra "sopro" — em hebraico, *ruah* — tem a ver com ar em movimento, com vento, inclusive um vento poderoso, impetuoso, capaz de mover todas as águas do abismo. É a junção de, ao menos, duas tradições: a do pássaro da criação e a da atmosfera como ambiente vital.

Era crença partilhada por tradições pré-bíblicas da região que uma divindade feminina em forma de grande pássaro, mais precisamente em forma de uma pomba, teria originado e fecundado a vida na origem do cosmo. No mais antigo Egito, encontramos a crença em um ovo primordial do qual surgiram e a partir do qual se expandiram o mundo e a vida. Entretanto, para isso, era preciso um pássaro que o aconchegasse e lhe fornecesse temperatura. Na Escritura, há uma evocação do pássaro no verbo "pairar" ou "bater asas". No entanto, se a temperatura é uma das condições de criação e de vida, a outra é o movimento, que garante energia. É nessa direção que se move o símbolo das asas sobre as águas, e não sobre um ovo. Em conclusão: provêm de Deus Criador a temperatura e o movimento — o sopro ou vento imenso — para que do caos se forme um universo ordenado. Há, ainda, a interpretação do verbo que está na raiz da palavra feminina *ruah,* e que indicaria o respiro forte, ofegante. Seria a respiração da mulher que está dando à luz.[5] Essas diferentes nuanças de interpretação têm um fundo comum: uma forma materna de criar.

A imagem do pássaro volta em diversas ocasiões, no Antigo e no Novo Testamento. Primeiro com o dilúvio, que também é uma imagem do caos. É verdade que o dilúvio é, num primeiro momento, resultante da degradação da humanidade, imagem da violência e da decadência. Mas Deus conserva por um fio toda a criação; e, num segundo momento, do meio das águas, expande de novo, com a passagem do seu sopro ou vento, nova vida em abundância. Noé, com sua família e todos os animais, como uma semente em meio ao caos, ao serenar e baixar a água, graças ao vento enviado por Deus, solta um corvo e depois uma pomba, que, na segunda vez, volta trazendo ao bico um ramo verde.

---

[4] Cf. GANOCZY, Alexandre. *Dottrina della creazione*. Brescia, Queriniana, 1985.

[5] Cf. HILBERATH, Bernd Jochen. *Pneumatologia*. Brescia, Queriniana, 1996. p. 149ss.

É o sinal de que há ambiente de vida e já se pode assentar de novo um mundo vivível. Aqui a pomba, que sempre volta ao seu pombal, ao aconchego do seu ninho, já é símbolo da fidelidade, mas é também garantia de ambiente de vida, símbolo maternal e ecológico. Quando ela não volta mais, é Noé que deve ir adiante: abre a cobertura, e não a porta que Deus havia fechado por fora, uma alusão simbólica à ação definitiva do Criador no espaço de constituição e salvação de cada criatura. Deus faz, então, uma nova aliança com Noé, com garantias de vida para sempre (cf. Gn 7-9).

No livro do *Cântico dos Cânticos*, um poema com imagens de erotismo delicado, mas simplesmente humano, dessacralizado de forças divinas ou demoníacas, retoma o simbolismo da pomba. O amante evoca diversas vezes a figura da pomba para descrever a amada. Novamente, trata-se da imagem de aconchego, gozo de repouso, promessa de fecundidade e de fidelidade (cf. Ct 1,15; 2,14; 5,12; 6,9).

No Novo Testamento, a imagem reaparece na batismo de Jesus junto às águas do Jordão, conforme o relato dos três sinóticos e a evocação de João. Ao sair das águas — ou após, em oração, conforme Lucas — *desce e repousa* sobre Jesus o Espírito na forma de pomba (cf. Mt 3,16; Mc 1,10; Lc 3,22; Jo 1,32). Para a fé cristã, o simbolismo é claro quando se têm outros momentos do Antigo Testamento: Jesus é a criatura por excelência, "nova", plena, com capacidade criadora. Nele o Pai revela sua fidelidade à criação, e ele mesmo, Jesus, será a criação que responderá com fidelidade ao Pai. A partir daí se desencadeia a missão fecunda de Jesus, que regenera e conduz as criaturas ao Pai. No entanto, isso não seria possível se o Espírito Criador, que veio do Pai, não habitasse nele. Por essa vinda do Espírito em Jesus retirado das águas, cumpre-se o segundo versículo do Gênesis. E fica clara a interpretação do simbolismo: sopro ou vento, águas, pomba, parto são símbolos do Espírito que vêm do Criador à criação. O Novo Testamento chama simplesmente de Espírito Santo, e a Igreja confessa o Espírito Criador como a pessoa da Trindade que está nas outras, que abre as outras pessoas divinas e as enlaça ao mesmo tempo; mas, nessa abertura e nessa comunhão, cabe toda a criação junto de Deus.

Enquanto subsistiu a comunidade siríaca entre as distintas tradições cristãs, que desde cedo se diversificaram, nela, o Espírito Santo foi invocado junto com a bênção das águas do batismo cristão na metáfora de "Mãe".[6] Há inclusive indícios de que o título completo com que se invocava o Espírito nesse momento batismal, junto à fonte da água, era "Virgem e Mãe" — antes de ser um título da Igreja e, depois, de Maria como figura da Igreja. Novamente, a imagem nos remete à fecundidade criadora, agora estendida a todos os seguidores de Jesus, os que recebem o batismo. A simultaneidade de "Virgem" e "Mãe" pode ser interpretada como a simultaneidade de "fonte" e "rio": fonte inviolável e

---

[6] Cf. Ibidem.

inesgotável; e rio fecundo a se derramar por toda parte, portando, vida com as águas vivas da fonte. Mais tarde, esse título seria substituído pelo título que ficou no *Credo* para se referir ao Espírito Criador: "Senhor e fonte de vida".

1.5. Deus cria tudo "do nada": creatio ex nihilo

A doutrina cristã solidificou, no imaginário popular, a afirmação de que Deus criou tudo "do nada". É quase como uma afirmação de princípio, freqüentemente sem se interrogar sobre a profundidade e as conseqüências dessa afirmação. A doutrina da *creatio ex nihilo* amadureceu na patrística grega, especialmente com Irineu e Teófilo, em confrontação com as doutrinas gnósticas.[7]

A *gnose* afirmava uma "coeternidade" da matéria em relação com o criador ou, mais precisamente, o "formador", o "modelador" — o *demiurgo*. O cosmo proviria eternamente do seu *demiurgo* por emanação. O cosmo teria em si as "marcas" da ação modeladora do *demiurgo*, como os vestígios de suas mãos. Pode-se penetrar na profundidade ou subir na escalada dos seres até o divino. Há uma lógica e uma mística fascinantes nessa doutrina gnóstica, a descoberta e a contemplação do divino em todas as coisas, espiritualidade que retorna hoje em movimentos do tipo Nova Era. Entretanto, para a sensibilidade bíblica e cristã, é uma doutrina pagã, porque mistura Criador e criaturas numa nebulosa divina, derivando disso vários problemas: também o mal acaba sendo divinizado, e nem um Deus poderia evitá-lo. Tanto o Criador como as criaturas ficariam submetidas a uma natureza divina impessoal que abarcaria tudo e acabaria sendo um destino férreo e, afinal, inevitavelmente trágico.

A doutrina gnóstica não valorizava suficientemente a liberdade criativa, a decisão, o ato de vontade e de amor de Deus ao criar. Não conseguia também aceitar a humildade da condição das criaturas, que são finitas, limitadas, mortais. Para solucionar o problema do mal, recorria ao esquema dualista da matéria luminosa — espiritual, leve, boa — e da matéria opaca, pesada, trágica. Casa bem com o dualismo maniqueísta.

Quando, já no segundo milênio, adotaram-se as categorias de Aristóteles, evitando a palavra "emanação", consagrou-se a categoria de "causa". O Criador é sempre a *causa prima*, uma causa primeira por trás ou por baixo das causas segundas, o que, de acordo com a crítica moderna, dá num "outro mundo por trás deste mundo", um mundo espiritual mais verdadeiro e interessante por trás do mundo palpável. Nessa mesma "lógica", Deus foi conceituado como um "motor imóvel", Ser Supremo ou Substância Suprema, sempre o "Uno" que preside e governa o múltiplo, Ser Necessário em relação aos seres contingentes. Esse monoteísmo filosófico tem também seu fascínio, mas não melhora muito os

---

[7] Cf. May, G. *Creation ex nihilo;* the Doctrine of Creation out of Nothing in Early Christian Thought. Edinburgh, T&T Clarck, 1994.

problemas mencionados. Mesmo assim, a teologia escolástica sempre repetiu a teologia patrística, afirmando que Deus cria sem que haja algo eterno, preexistente, e sem tirar de si mesmo alguma substância, mas somente pela palavra.[8]

No clima da nova física, o privilégio da "energia cósmica primordial" como metáfora do Criador torna-se um novo avatar do panteísmo: uma divindade como "energia" cósmica primordial e totalizante — fica-se no mesmo esquema gnóstico.

A "criação do nada" parte de outro ponto, absolutamente inverso. Liga-se à forma narrativa da criação que está na Escritura: "Deus *disse*: faça-se... e então foi feito". A *palavra*, e não as mãos ou a essência, é a relação entre o Criador e as criaturas. Portanto, a pessoa, e não uma natureza divina ou um motor impessoal, por meio de uma livre decisão da vontade, e não de uma energia cega, é a origem do cosmo. A criação é feita a partir de alguém: na origem está a *pessoa*, não um mero caos, não uma massa informe a ser eternamente modelada. Deus não é um mero *demiurgo* amarrado à tarefa de modelação, nem o cosmo é um eterno e conflitante arranjo de elementos conectados ao *demiurgo;* ou, pior ainda, como parte essencial da própria divindade, uma espécie de "coxa de deus".

Na Escritura, ao mesmo tempo em que se mantém a relação pessoal e face a face mediante a palavra, conserva-se a transcendência e a santidade — uma separação absoluta, intocável — entre o Criador e as criaturas. Enquanto a criação provém da palavra — liberdade, decisão, vontade, amor "bene-volente" ou bem-querer —, provém "de Deus" (*apò theou*: apoteose da palavra divina!), mas, na condição de substância, começa do zero absoluto, de um início absoluto, do nada (*ek oudenós*: do *não-ser*).

Com a criação "da palavra" de Deus e "do nada", afirma-se que o desígnio da vontade livre e soberana está acima de qualquer destino cego e trágico. Embora a *creatio ex nihilo* seja uma doutrina eminentemente patrística, em confronto com a gnose, é interessante constatar seu esboço exatamente na boca da mãe dos Macabeus, que estavam sendo barbaramente mortos diante dela. Ao encorajá-los a enfrentar o aniquilamento da morte, ela lembra ao último filho:

> *Contempla o céu e a terra e observa tudo o que neles existe. Reconhece que não foi de coisas existentes que Deus os fez, e que também o gênero humano surgiu da mesma forma (...); aceita a morte a fim de que eu torne a receber-te na Misericórdia.*[9] (2Mc 7,28-29).

---

[8] É o que queria dizer a definição escolástica de *creatio ex nihilo*: *"creatio ex nihilo est productio rei ex nihilo sui et subjecti"*.

[9] "Misericórdia", em hebraico, *rahamin*, deriva de *rehem*, o ventre materno. Por isso é um nome maternal de Deus, criador e gestador, com o qual a mãe dos macabeus identifica a certeza de uma criação mais forte do que a morte.

Portanto, a criação, que provém da palavra e *do nada* — não de coisas existentes —, transcende o aniquilamento, porque mesmo aí, no nada do aniquilamento, pode ressoar sempre a palavra criadora fiel à sua decisão que retira exatamente "do nada", por mais que o nada seja aniquilador e mortal. É esse também o princípio da fé na ressurreição dos mortos, fé claramente expressa nessa condição de vítimas e de mártires, forma da justiça e da coerência do Criador, *cuja palavra faz ressurgir os mortos da mesma forma que cria do nada.* Assim, a percepção da fé de que Deus cria "do nada" corrobora a esperança na justiça do Criador para com todos os abortados e esmagados da criação. Tanto a fé na "criação do nada" como na "ressurreição dos mortos" estão no contexto da experiência da injustiça, da dor, da morte e do martírio, testemunhando um Deus em que a criação e a vida triunfam sobre o nada e a morte.

A *creatio ex nihilo* é uma experiência antropológica, antes de ser cósmica: a criatura humana tem o privilégio de não apenas ser "do nada", mas de saber-se e experimentar-se como vinda do nada. Essa é a diferença da criatura humana em relação a todas as outras criaturas do cosmo. O existencialismo e o nihilismo do século XX acentuaram muito o "nada" que subjaz à existência humana. Ficaram célebres as expressões de Sartre e de Heidegger sobre o "nada" que legitima a real liberdade humana por uma espécie de flutuação sobre o abismo do nada. O nada, e também a morte, pois há o nada no lugar de uma suposta divindade original e sustentadora, e a morte é o retorno ao nada, restando após a morte apenas provisoriamente aquilo que se fez de objetivo durante a breve existência — alguma ponte, um livro... Por isso, segundo a conhecida afirmação de Heidegger, somos "seres-para-a-morte". É uma decisão atéia e, afinal, nihilista, uma real e estonteante possibilidade humana, visível no ateísmo auto-suficiente da modernidade ocidental.

Por incrível que pareça, o ateísmo diante de deuses com os quais teríamos uma espécie de "cordão umbilical" tem uma raiz bíblica, embora nem o desígnio e nem a solução bíblica parem aí. Esse ateísmo do "nada", positivamente interpretado, é um momento de absoluta autonomia, de separação e, inclusive — segundo a etimologia bíblica de "separação" —, é uma primeira "santidade" das criaturas: elas não estão unidas ao Criador por algum cordão umbilical ou pelas marcas de seu ato criador, mas são "por si mesmas" e valem por si mesmas. São "consistentes" em sua autonomia gloriosa, que glorifica um Criador capaz de criar "do nada". São um santuário inviolável que o próprio Criador respeita.

Somente uma mística gnóstica ou romântica, com sabor panteísta, poderia ver "o Criador nas criaturas", ainda que em vestígios ou emanações, início de "com-fusão". Valorizar uma criatura por ter atrás de si um "criador" tem algo de humilhante, passando além dela, até usando-a e dispensando-a. A criação em forma de hierarquia emanadora, segundo o esquema neoplatônico, tentou a teologia cristã, de santo Agostinho aos medievais agostinianos, como são Boaventura. Até hoje se escuta a afirmação romântica de reconhecer o Criador nas criaturas, de subir a escala das criaturas para chegar finalmente ao Criador. Isso não faz justiça nem ao Criador nem às criaturas.

A criação "do nada" permite uma absoluta separação e, portanto, uma espécie de "santo ateísmo", que valoriza a natureza, as coisas criadas e inclusive a nós mesmos, por nosso próprio valor: nada tem cordão umbilical com uma divindade; somos autônomos, *consistentes em nós mesmos*. Mesmo sem sermos "causa" e princípio de nós mesmos, somos uma "maravilha" no sentido mais profundo da palavra, um fenômeno sem causa, que supõe, mas encobre em seu esplendor, um "problema de origem". O esplendor dessa maravilha, que encobre a questão da origem, permite ao menos até certo ponto viver contente em si mesmo, sem obrigações para com um Criador. A relação que poderá se estabelecer com o Criador virá por outro lado, pela palavra de revelação histórica, que convida à liberdade e à responsabilidade. Por falta de origem, por vir do nada, o ser humano pode tomar a decisão de se colocar como origem de si, como "causa de si mesmo" (*causa sui*), ao "decidir" por si mesmo a respeito de si mesmo. Como "deuses" (cf. Sl 82,6; 58,2; Jo 10,34).

Só assim, como *ex nihilo* e com liberdades decididas sobre o nada, poderemos ser parceiros e interlocutores de Deus, de forma verdadeiramente esponsal, livre, face a face. Não ser "decidido", não assumir o "nada" de origem, é permanecer protegendo-nos contra a autenticidade de nossa existência ou de nossa natureza "naturalmente atéia", refugiando-nos num infantilismo místico, numa ideologia pagã, num desejo de onipotência, mesmo sob capa cristã.

Hoje são as explicações de ordem científica — sociológicas, históricas, biológicas, psicológicas, culturais — que podem recriar esse mesmo pano de fundo pagão ao qual estamos amarrados pelo cordão umbilical. É quando as ciências pretendem encerrar toda explicação de nossa existência na construção social, familiar, de classe, histórica, cultural, estruturas anteriores a nós mesmos, das quais a subjetividade, a liberdade, até o amor são produtos e sintomas. Embora tenham muita verdade, é também cômodo aceitar explicações fora de nós, fora de nossa liberdade e decisão. É difícil ser *ex nihilo*.

Tais considerações podem parecer chocantes. O choque é necessário para a maturidade da criatura humana. Sua fé e sua ligação com Deus serão efetivadas então de forma "não-natural", não pela fatalidade de alguma necessidade natural, de um contexto externo, de um cordão umbilical que acaba violentando e sufocando a dignidade da liberdade e do companheirismo, mas mediante uma relação inteiramente pessoal, um ato de fé e aliança absolutamente livre, com inteiro respeito pela "separação-santidade" mútua entre Criador e criatura.

A verdade da *creatio ex nihilo* está bem expressa naquilo que positivamente acontece: o Criador não abandona suas criaturas no ateísmo de nascença, mas põe-se em sua palavra, como companheiro da liberdade e das decisões humanas ao longo da aventura histórica, no exemplar caminho de Abraão, de

Israel — e de Jesus. É que o Criador, antes mesmo de ser apenas um Criador, é um "Pai", é *pessoa* que cria em seu bem-querer. É na qualidade de Pai que se deve entender bem o Criador.

À luz de um *Pai pedagogo,* que cria espaços de autonomia, renunciando a invadir os espaços da liberdade, da decisão, do ato de fé, da palavra da criatura; e que se põe na humildade e na paciência como companheiro dos mais humildes, para fazê-los crescer e se colocar ombro a ombro, face a face, palavra a palavra, no diálogo da criação, como criaturas e filhos adultos e participantes criativos. Assim se entende bem a revelação de Deus como aliança e como Criador.

Não é indo para trás, para as origens, por um pretenso cordão umbilical, que encontramos o Criador, porque, como no caso de Abraão, de Israel e de Jesus, ele não está lá atrás — viemos "do nada". Ele se coloca à frente, na palavra que continua a ser criadora, convidativa, vocacional, chamando para o passo criativo da liberdade, do êxodo, do dom, até à consumação da morte, da ressurreição e glorificação. "Maravilha", como já acenamos, é uma realidade diante da qual não há explicação de origem, mas apenas o pasmo, o assombro. A criação surge desde a "maravilha" do *ex nihilo* e se encontra exaltada em responsabilidade esponsal até à glória, na maravilha da revelação da Palavra criadora.[10]

1.6. Criação com energia e palavra, simultaneamente: Creatio de Spiritu, Creatio de Verbo

Podemos agora juntar duas características essenciais da modalidade pela qual Deus cria todas as coisas: com *dabar*, ou seja, a palavra que cria relações, e com *ruah*, ou seja, com presença de espírito, força, energia, vitalidade e poder. Os atuais conhecimentos de física preferem falar de energia no lugar em que antes se teria falado de matéria. Pode-se falar de uma "energia primordial", da qual se estrutura o universo. Essa linguagem se aproxima muito do primeiro relato da criação, mas também pode criar alguma confusão. Pode sugerir algo impessoal.

De fato, pode-se entender por *ruah*, além do que foi dito anteriormente — o pássaro que aconchega e dá temperatura ou que bate as asas, provocando movimento no ar, vento impetuoso, ou ainda o respiro forte da mulher em trabalho de parto —, simplesmente "força" e "poder" ou "energia primordial". Há, porém, para os cristãos, algo de específico e decididamente importante, que é o fato de essa energia não ser impessoal, mas uma das pessoas divinas, com nome próprio e presença própria, absolutamente discreta e maternal, envolvente, energizante e, no entanto, despojada de si mesma a ponto de não revelar face, mas somente seio de criação: o Espírito Santo.

---

[10] O tema da *creatio ex nihilio*, até o "ateísmo" da criatura "naturalmente atéia", foi desenvolvido por Emmanuel Lévinas em seu livro *Totalité et Infini*. Uma síntese pode ser encontrada em: Susin, Luiz Carlos. *O Homem messiânico*; uma introdução ao pensamento de Emmanuel Lévinas. Porto Alegre, EST/Vozes, 1984. pp. 46-50; 105-110.

Só se entende bem a *ruah* divina simultaneamente ao *dabar* divino, a palavra, pois de Deus, de sua "boca", em termos simbólicos, ou de seu íntimo, provêm simultaneamente, no mesmo ato, *ruah* e *dabar*, potência e forma criadora.

O termo *dabar* como "expressão", "palavra", poderia ser comparado à fachada, que é a expressão de uma casa. Entretanto, é mais do que isso. Na verdade, é, antes, a parte do fundo, a estrutura da casa. É a estrutura firme que dá a forma da casa e a possibilidade de a fachada, expressão da casa, se sustentar. A palavra é a estrutura que dá estabilidade e consistência à expressão. Isso é o *dabar* que vem de Deus e dá a estrutura, a forma e a expressão ao cosmo.

Dabar, palavra da qual provém o verbo "criar", tem conotações masculinas, enquanto *ruah* tem conotações femininas. Nesse sentido, o relato bíblico, novamente, se aproxima de outros relatos de criação em que há dois princípios ou divindades primordiais, um feminino, facilmente identificado com águas primordiais, e outro masculino, que dá forma à substância primordial caótica. Mas novamente há uma reinterpretação decisiva a marcar a diferença, de acordo com a fé no único Deus Criador, sem desvalorizar os dois princípios fundamentais da criação, o feminino e o masculino. A *ruah*, que entendemos mediante metáforas femininas, e o *dabar*, que nos sugere metáforas masculinas de criação, não estão indicando sexualidade em Deus: a sexualidade faz parte da criação, do reino da vida, dos seres vivos sexuados, como uma vocação modelada por Deus. Somente criaturas corporais são sexuadas. Quando dizemos que Deus é "Pai", queremos dizer que é o "Princípio", não que é masculino. Como metáfora, podemos dizer que é também "Mãe".

A partir das relações entre os seres vivos mais complexos, que são os sexuados, nós podemos compreender metaforicamente todos os dinamismos da criação e, inclusive, da relação do Criador com a criação. Assim, também os céus e a terra podem ser compreendidos com a analogia esponsal do masculino e do feminino; e todos os outros binômios surgem na dinâmica sempre simbólica, metafórica, da fecundidade entre masculino e feminino. Nós voltaremos a esse assunto. Agora, porém, é importante sublinhar a lição implícita: tudo na criação é "esponsal", e quando é respeitada essa esponsalidade, tudo é fecundo e imagem de Deus criador.

A fé cristã, que porta sempre uma marca trinitária de Deus, iria identificar, como já vimos, *ruah* como atuação do Espírito Santo e *dabar* como o Verbo que se fez carne e tomou historicamente o nome de Jesus. Reúne, assim, as pontas entre o mais excelso e o mais humilde, tanto na criação como na história.

2. O UNIVERSO COMO AMBIENTES E TEMPOS DE VIDA DAS CRIATURAS

A palavra "mundo" lembra mais freqüentemente um espaço total com uma variedade de criaturas. Os séculos de modernidade acentuaram o tempo, e "mundo" começou a significar também um tempo, uma época da história. Espaço e tempo são vetores que se reclamam entre si, são dimensões da mesma realidade. Não há espaço para cima ou para baixo sem a profundidade do tempo, e vice-versa. Agostinho intuiu bem tal unidade quando afirmou: "O mundo foi feito com o tempo e o tempo, com o mundo".

Hoje, a palavra "mundo", como a palavra bíblica "terra", pode designar o universo inteiro com todos os corpos e toda matéria. A antiga palavra "céu" foi designando sempre mais o espaço espiritual, invisível, infinito. E a "alma", que, na Escritura, é a vitalidade que está no respiro e na circulação do sangue, torna-se uma espécie de espaço espiritual interior e aberto ao infinito, adequando-se bem ao céu espiritual, de tal forma que céu e alma se invocam: o céu seria um estado de alma. Ou à alma é que cabe ir ao céu! O corpo e a terra seriam provisórios e, afinal, desprezíveis. Resvala-se de novo para o dualismo que afasta do fundamento bíblico. Convém esclarecer.

2.1. Criação como céu e terra

Ao abrir o Gênesis, se descortina o primeiro binômio esponsal, o primeiro "casamento", estrutura básica de toda a criação: *céu e terra*. O *Credo,* em ambiente grego, acrescentaria uma interpretação: "visível e invisível". Em termos mais gerais, talvez pudéssemos dizer também: corporal e espiritual. Cosmologicamente, o binômio esponsal mais imediato é mesmo "céu e terra". Da relação de céu e terra, de tudo o que desce da abóbada celeste e de tudo o que se ergue da terra, surge a biodiversidade fantástica da criação. O céu está simbolizado na abóbada generosa ou, às vezes, tenebrosa que cobre a paisagem terrestre. Hoje, com séculos de instrumentos e tecnologia, temos uma percepção mais longa e desencantada de um céu com bilhões de anos-luz de distâncias e com incontáveis galáxias. Mas precisamos voltar à simplicidade e à maravilha dos céus a olho nu para entendermos bem a narrativa bíblica e sua permanente significação simbólica.

Imaginando a cosmologia bíblica em duas metades, uma voltada para a outra — o céu infinito inclinado poderosamente sobre a terra e a terra estendida generosamente para o céu —, então podemos entender as outras metáforas que povoam céus e terra: do céu provém toda a potencialidade para fecundar a terra: o calor e a luz do dia, as nuvens e as águas das chuvas, a lua e as estações, tudo o de que a terra precisa de variedade de temperaturas e de umidade, para que do húmus da terra brote, verdeje e floresça, até frutificar e amadurecer, diferentes formas de vida vegetal e animal com seus frutos e filhotes.

O céu é o ambiente das potencialidades que se irradiam e se derramam sobre a terra, das "potências celestes" que trazem vida à terra. Tais "potências" são os mensageiros do Criador, enviados de junto de Deus.

Com o refinamento e a espiritualização da cosmologia e da biodiversidade, é nessa metade celeste que habitam os "anjos", mensageiros de Deus como seres espirituais, com corpos celestiais ou espirituais.

Porque os céus são a metade "aberta" da criação, são o lado imenso em que Deus pode vir morar na criação, em que ele coloca seu "trono". São abundantes as expressões bíblicas que se referem aos céus como morada de Deus, lugar de seu trono, desde onde ele vela por toda a criação. Os "anjos" ou mensageiros, como potências celestes, ganharam também outros nomes, tomados da cultura da época: "tronos, dominações, potestades, autoridades". Estão junto de Deus, fazem parte da sua corte, do seu tribunal, da sua administração. Evidentemente, estamos sempre apelando para a linguagem simbólica, carregada de significados, como convém à narrativa bíblica.

Uma conclusão importante é que o céu, e não somente a terra, faz parte da criação. A primeira página da Escritura não se refere a um céu preexistente, uma morada eterna de Deus, mas a um céu como a primeira metade da criação. É a parte "aberta", ilimitada, virtualmente infinita, em que Deus, como Senhor, Soberano, em sua grandeza excelsa e incontida, pode "sentar-se em trono" e olhar por sua criação. Quando se esquece de que o céu também faz parte da criação, começa um verdadeiro divórcio entre céu e terra. O céu, por sua conotação espiritual, passa a ser considerado "eternidade", em contraposição ao tempo e a terra fica sozinha com o tempo, perdendo fecundidade e orientação transcendente, tornando-se curvada sobre si mesma, sinônimo de lugar de tudo o que é efêmero e decadente. A ecologia da terra precisa começar na ecologia do céu.

Todavia, o segundo versículo deixa, de forma definitiva e impressionante, o céu apenas como um pressuposto, como que "nas costas", e olha doravante somente para a terra. Do que realmente os céus estão povoados acima da abóbada visível? De habitantes do céu, de criação de seres ou espíritos celestes, disso nada sabemos diretamente pela Bíblia. Há um pudor e um velamento que podem nos constranger num primeiro momento, mas levam a uma conclusão também importante sobre o céu: por ser o lugar da criação em que Deus mesmo "coloca seu trono", o céu está voltado para fora de si, para a terra, e todo o seu cuidado está voltado para a terra; tudo nele é potencialidade ou poder para que a terra seja fecunda.

Ao céu, como morada de Deus, não lhe interessa a si mesmo, não há espetáculos celestes, não há narcisismo. Só se revela o que vem para servir e ajudar a terra, as visitas das potências celestes. Essa é a lógica própria de Deus. Deus não precisa de espetáculos que provoquem terror ou fascínio para ser adorado, pois seria um ídolo, um Deus que precisaria de nossos aplausos e atenções, um Deus "carente" de algo, que nos cobraria, exigindo nossos sacrifícios. Este seria um Deus pagão, que se agradaria com sacrifícios, sangue e holocaustos. Não seria mais o Deus de Abraão, o Deus que dá generosamente vida e que é um Deus da vida. Por isso o segundo versículo da Bíblia esquece o céu e se volta decididamente para a terra, onde, ainda vazia e sem forma, está o sopro vitalizante de Deus, o Espírito criador. Na cosmologia bíblica, inclusive a luz ou o "firmamento" devem ser entendidos como ambiente da terra. A palavra "firmamento", como teto firme em que se podem fixar os luzeiros ou os reservatórios de águas, pode ser também traduzida por "expansão" do espaço ou do ambiente em que surge a vida na terra.

2.2. A luz

O primeiro elemento a ser criado, como ambiente para a vida na terra, é a luz. Talvez se possa observar com humor que parece uma inversão sem lógica o fato de que a luz é criada no primeiro dia, separando o ambiente em luz e trevas, dia e noite, e somente no quarto dia sejam criados o sol, com a lua e as estrelas. É algo parecido com a criação na narrativa *nahuatl*, no antigo México: com um pincel o Criador vai pintando as flores e as montanhas, e elas surgem do seu pincel. Ou seja, no caso dos indígenas mexicanos, o que importa é a qualidade concreta de cada criatura, e esta é sua substância. É como se o Criador não precisasse primeiro criar uma parede para depois pintá-la, mas cria a parede ao pintá-la, cria a partir das qualidades com que a criatura irá enriquecer a criação. No caso da Bíblia, a luz abre um espaço de existência e de vida, é a "condição fundamental" que inaugura a possibilidade do resto, é a aurora da criação. Até hoje, tanto na linguagem religiosa como na linguagem comum, a luz é o símbolo por excelência, a condição e a alegria máxima da vida.

Na Escritura, no entanto, a própria luz forma um par com as trevas, alternando dia e noite: as trevas acabam integrando-se à alternância da vida, como o sono e o descanso. E até a morte, semelhante ao sono ou ao descanso, é função da vida, para que esta se retome e siga seu curso.

2.3. As águas

Ao longo da Escritura, contudo, há alusões para se compreender não simplesmente um binômio primordial — céu e terra —, mas um esquema tripartido, com três ambientes vitais: o céu, a terra e também o mar. As águas, desde a primeira narrativa, formam os limites ou as paredes da terra: há águas embaixo, nos mares, mas há também em cima, e há inclusive colunas de águas que unem as fontes de baixo com as de cima. Portanto, o elemento enxuto, que também leva o nome mais geral de "terra", e o ar, que "expande" o ambiente da terra, estão cercados de águas. Os mares, praticamente sem limites, formam, ao mesmo tempo, a linha de limitação da terra. Em outras palavras, enquanto o céu é a parte da criação aberta ao infinito, a terra é a parte finita, onde todas as criaturas ganham consistência e vida, ao mesmo tempo que ganham seu lugar próprio e seu limite. A limitação é inerente às criaturas terrestres, corporais, visíveis. Não é defeito, mas possibilidade de existência. A transgressão dos limites, na tentação de ser diferente do que se é como criatura, é o começo da desordem e da violência.

2.4. As criaturas em espécies e em ambientes vitais

Cada espaço, no primeiro capítulo do Gênesis, é entendido como um ambiente específico de vida. Mas disso se fica sabendo quando se tem notícia das diferentes criaturas que começam a povoar e a multiplicar-se em espécies variadas nos diferentes espaços. Na terra, vida vegetal e vida animal, grãos e sementes, alimento e fecundidade, tudo está numa disposição "esponsal", em forma de aliança e de companheirismo, inclusive entre animais em geral e humanos em particular: todos ganham dos grãos a sua alimentação, todos vegetarianos!

Somente na aliança com Noé, depois da degradação e da crise gerais do dilúvio e de uma espécie de segunda criação, Deus daria licença para comer animais, mas com um limite e com uma conseqüência: o ser humano não poderia "comer a alma", ou seja, o sangue do animal, e tornar-se-ia "o medo e o pavor de todos os animais" (Gn 9,2). O ser humano tornou-se o verdadeiro animal feroz. Sobre a relação altamente simbólica e complexa, freqüentemente perigosa e sacralizada entre humanos e animais, voltaremos a falar mais adiante. Por ora, guardemos a harmonia esponsal e fecunda entre as diferentes espécies de criaturas na origem da biodiversidade.

Hoje, com uma visão científica evolucionista das espécies, poderíamos perguntar-nos se o relato detalhista do Gênesis ainda merece atenção, se ainda há algum sentido. Podemos afirmar que há diversos sentidos. O primeiro é que as criaturas, em cada espécie, em cada detalhe, são queridas pelo Criador assim como são e assim como estão. Numa visão evolucionista, podia-se tentar reconhecer Deus no primeiro ato de criação, que poderia conter em si tudo o que a criação precisasse, para daí evoluir com recursos internos, próprios. Se o relato bíblico faz cada coisa estar sob a palavra criadora de Deus, talvez teologicamente devamos entender desde a outra ponta: cada coisa, assim como é, assim como se apresenta, é querida por Deus. Trata-se aqui da dignidade de cada espécie e de cada ser. Aos olhos de Deus, tudo porta dignidade. Mesmo uma árvore ou um animal inútil aos nossos olhos, mesmo um ser que parece deficiente ou uma aberração segundo a nossa classificação, tudo tem a ver com o bem-querer de Deus; e nada merece desprezo.

Costuma-se afirmar que a evolução se interessa mais pela espécie do que pelos indivíduos. Há uma crueldade natural para com os seres individuais. Só as espécies têm longa vida. Na criação, sob a palavra detalhada do Criador, cada ser, cada indivíduo, tem valor e merece cuidado. Quanto mais perfeita é a qualidade da criação, mais vale o indivíduo. Por isso a tradição chegou a afirmar que anjos não têm sexo, porque os indivíduos e as espécies coincidem: cada anjo é, ao mesmo tempo, um indivíduo e uma espécie, absolutamente único. Esta unicidade de cada criatura, a ponto de valorizar cada indivíduo como uma espécie, dá a cada ser um valor "especial", absolutamente raro, portanto, um tesouro incomparável. Claro, o ser humano não é anjo, não é criatura puramente espiritual, é sexuado, e cada indivíduo faz parte da espécie. No entanto, por que a justiça ao indivíduo só acontece quando ele é considerado "especial"? Havia a tradição de que os anjos eram também modelos celestes. Então, isso pode significar que entre nós, espécies terrenas, a verdadeira evolução é aquela que valoriza cada indivíduo, mais do que a espécie.

Trata-se, portanto, de uma visão teológica e ética, não de uma visão biológica. Mesmo cientificamente falando, as ciências humanas que se interessam pela identidade de cada pessoa ganham mais em se aproximar dessa teologia bíblica do que de uma biologia. Esta, ao valorizar mais as espécies do que os indivíduos, se parece com a filosofia medieval que acentuou os universais em detrimento dos seres particulares, acabando em abstrações. No entanto, a biologia mostra que pode interessar-se pela riqueza única que possui cada indivíduo.

2.5. As criaturas como espaços e tempos da criação

Na criação há espaço e tempo conjuntamente, mas essa única realidade em dois aspectos deve ser compreendida a partir da vitalidade das próprias criaturas. Não há primeiro um espaço vazio como condição prévia, para depois surgirem as criaturas adaptadas ao ambiente. Até mesmo a luz, que dá a idéia de um espaço iluminado para possibilitar a vida, é anunciada, no Gênesis, desde a sua origem, como uma criatura — não uma emanação ou um raio divino, um seio iluminado da própria divindade, como acontece em algumas religiosidades cósmicas. Aqui, tudo o que é cósmico é simplesmente criatural. A luz é criatura que se alterna com as trevas. E estas, com o abismo do caos, também são criaturas, e não alguma ameaçadora presença de divindade tenebrosa. A luz é, ao mesmo tempo, criatura e espaço para outras criaturas.

As criaturas formam, em suas relações criaturais, espaços de criação umas para as outras. Em outras palavras: cada criatura é e recebe como sua vocação própria ser um espaço de criação para que outra criatura também exista. Essa compreensão é ética, vocacional, extremamente importante para o que vem depois: tudo o que é vital é decidido nas relações entre criaturas, e o verdadeiro lugar de cada uma não é um espaço neutro, uma paisagem impessoal; mas é "alguém", uma criatura que acolhe — que se faz luz e calor, ternura e nutrição, espaço maternal, regaço para as outras criaturas.

O espaço é ambiente organizado pelas próprias criaturas para que cada criatura encontre, desde alguém e junto a alguém, um "lar". Tornar-se um "espaço" para outras criaturas é uma possibilidade e é uma vocação que tornam desnecessárias a reivindicação e a luta pelo "meu lugar ao sol", expressado por Pascal como "o início da usurpação de toda a terra". O Gênesis nos oferece uma inspiração humana, ética, quando relata que tudo é, ao mesmo tempo, criatura e espaço para outras criaturas. O caso mais fantástico é a luz. A cosmologia não se dissocia da antropologia: humanamente, "ser luz" para as outras criaturas é colocar-se na condição de espaço que possibilita a vida das criaturas.

Da mesma forma se pode compreender biblicamente o tempo. Há muitas formas de abordar a intrigante questão do tempo. Santo Agostinho confessa com certo humor: se ninguém lhe pergunta, ele sabe o que é o tempo, mas se alguém lhe pergunta, já não sabe mais! No entanto, foi o mesmo Agostinho quem afirmou lapidarmente que "o mundo foi feito com o tempo e o tempo, com o mundo". De fato, a simbologia das tardes e das manhãs, compondo a sinfonia dos dias e dos tempos da criação, é muito rica.

Conforme o Criador vai diferenciando e dando ser a cada criatura, todas vão, por sua vez, ganhando seu tempo e seu ritmo de vida — da atividade e do sono, da nutrição e da fecundidade, do trabalho e das festas. Não há primeiro um tempo para depois as criaturas se disporem no tempo, mas há um ritmo de nascimento e de crescimento, um ritmo de relacionamento entre as criaturas; e dessa relação ganha consistência o tempo como abertura ao futuro da fecundidade e como memória das heranças recebidas. Em última análise, o tempo é a direção irreversível e cada vez mais complexa do universo, em direção ao seu amadurecimento como entrelaçamento das criaturas.

Insistiremos ainda: o tempo resplandece em toda a sua maturidade e beleza no Sábado da criação, que é o tempo da festa, do banquete e da alegria, da conversa, de estar face-a-face no repouso do olhar de uns nos outros. Novamente concluímos que o tempo é uma relação que abre cada criatura às outras, e cada uma das criaturas escande para a outra tempos de responsabilidades e de trabalhos, mas também de convites e de danças, de esperança e de júbilo.

2.6. As diferentes qualidades dos tempos

Para tudo há momento,
e tempo para cada coisa sob o céu:
tempo de dar à luz e tempo de morrer,
tempo de plantar e tempo de arrancar o que se plantou.
(...) Deus faz tudo belo a seu tempo,
e dá ao coração humano até o sentido do tempo,
sem que o homem possa descobrir
a obra que Deus faz do começo ao fim.

(Ecl 3,1-11)

Agostinho compara Deus a um cantor ou a um "modulador" de uma imensa sinfonia cujos acordes ou dissonâncias não podemos ainda compreender em sua plenitude, porque estão em andamento; mas compreenderemos quando ressoar o acorde final.[11] Desde dentro dos tempos, e dos ritmos da criação, vamos desvendando os diferentes tempos, de acordo com as diferentes qualidades que as criaturas oferecem como tempo. Como já mencionamos, o tempo é qualidade das criaturas.

---

[11] Cf. MAMMÌ, Lorenzo. Deus Cantor. In: BAVCAR, Evgen et alii. *Artepensamento*. São Paulo, Companhia das Letras, 1994. pp. 43-58.

a) O tempo das estações e o "eterno retorno"

Talvez a primeira percepção do tempo nos tenha vindo dos ritmos das estações e das luas, aos quais se integram também os movimentos da vida sobre a terra. As estações do ano criam um ciclo de plantio e de crescimento, de amadurecimento e colheita. Aprende-se a ver nos diferentes tempos o *kairós* de cada coisa ou ação. *Kairós* é o tempo oportuno ou favorável, o momento adequado para semear ou para colher, como também para casar, para trabalhar, descansar ou viajar. *Kairós* ou *Horas*, que nós dizemos na expressão "É chegada a hora...".[12]

Kairós e *Horas* são tempos originalmente ecológicos e cíclicos, que possibilitam pensar o tempo como um "retorno" e, mesmo em diferentes etapas, ser o retorno ao *mesmo* tempo, o tempo das origens. Apesar da beleza de cada tempo, há, na sua repetição contínua, uma certa melancolia crescente. Dentro dele, à medida que se envelhece e se assiste à repetição, apesar de todas as "festas de primavera" ou "festas de colheita", há a percepção de que a vida equivale à morte, a beleza termina em aborrecimento sem novidade, a juventude termina em velhice. É a grande lição do Eclesiastes, que repete a sabedoria grega: "Nada de novo sob o sol". Essa falta de real novidade é também falta de real futuro, pois na repetição volta-se sempre à origem, triunfa a "mesmice", o conservadorismo, o conformismo. Chega-se, finalmente, à busca das origens como um tempo áureo diante da decadência do tempo presente, um paraíso ou um seio maternal do qual se foi expulso e se está à deriva. Há uma nostalgia — uma luta de recuperação, de restauração, de redenção da queda no tempo da decadência.[13]

b) O tempo cronológico

Na Escritura, freqüentes alusões à "ira", ao "dia da cólera", da vingança — normalmente atribuídas a Deus — aproximam-se muito da experiência do tempo inexorável, do *cronos* grego, o deus que devora os filhos que ele mesmo gera. Mas aqui o tempo é entendido como a "mão esquerda" do Criador, que cria, mas também castiga, desfazendo o que andou torto. É um recurso da justiça; e torna-se uma esperança das vítimas das injustiças, ainda hoje resumida em ditos populares: "Deus tarda mas não falha", "Deus escreve direito por linhas tortas", "Deus não mata mas achata". Na verdade, é um ato de confiança e de entrega da justiça nas mãos de Deus; dá-se a ele toda a agressividade da vingança, e evita-se, com isso, ser

---

[12] *Horas*, na mitologia grega, eram filhas de Zeus com Têmis, a personificação da justiça. As *Horas* eram o Desabrochar, o Amadurecer e o Frutificar, marcando as estações do ano, e, depois, também os períodos da política. Como *Kairós*, significam o momento próprio de cada acontecimento, constituído pelo acontecimento e por seus desdobramentos: tempo de desabrochar, tempo de amadurecer, tempo de frutificar.

[13] Esse é também, segundo os gregos, o tempo como "Destino" — a *ananké*, a Necessidade, ou a roda de fiar das Moiras, a "roda do destino".

corroído pelo mesmo mal que se deseja destruir, vencendo a tentação de fazer justiça com as próprias mãos: o tempo, nas mãos de Deus, irá fazer justiça.

Essa verdade, no entanto, fica incompleta e até perigosa, pois pode-se manipular ideologicamente a invocação divina de uma intervenção futura. Quando se esperou para receber a justiça "no outro mundo", deixou-se freqüentemente este mundo para o governo dos injustos. É uma das características da modernidade voltar a lutar com o tempo, apropriar-se do tempo e pretender fazer justiça no tempo, inaugurar um tempo novo através do progresso.

O tempo do relógio e o cronômetro caracterizam a modernidade. Os relógios de sol que os monges aperfeiçoaram escandiam os tempos da Liturgia das Horas, consagrando o tempo na oração. Os métodos da ciência moderna, porém, foram aplicados ao tempo, desencadeando uma luta moderna, mas de titãs contra cronos, para dominar o tempo. Na verdade, trata-se de uma luta heróica e trágica: a quantificação e a divisão dos tempos, a matemática do movimento, a mecânica do relógio podem ser compreendidas como uma tentativa de esquartejamento de Cronos, um grito de guerra e de libertação, uma domesticação e uma colocação do tempo a favor da economia e do progresso.

Teoricamente, pelas leis da mecânica determinista acima do tempo, em que tudo é igual tanto no passado como no futuro, chegou-se à negação do tempo, negando a sua irreversibilidade, com o alívio momentâneo de se pensar um mundo onde tudo pode ser reversível. Até reencarnações seriam possíveis. E tudo, então, pode ser experimentável sem conseqüências irreversíveis. A mecânica determinista, no entanto, se revelou verdadeira somente em níveis "médios" e provisórios da realidade. Só a mecânica quântica dá conta da micro e da macrofísica, e nesses níveis tudo é processo.

O relógio, contudo, migrou das torres das Igrejas, que convocam à oração, para as torres das fábricas, para repartições e canteiros de trabalho, enfim, para os pulsos, na forma de quantidades de trabalho, tempos de administração — *time is money*. E, economicamente, o tempo torna-se cada vez mais veloz, fugaz, estressante, características do tempo como modernização: velocidade, aceleração, compressão, estresse. Pode-se dizer que, na modernidade, Cronos continua a devorar com maior voragem o que cria, casado com uma velocidade — Réia — nunca antes suspeitada.

c) O tempo da consciência e a consciência do tempo

Foi o genial Agostinho quem penetrou a fundo na relação entre o tempo e a consciência. Na linguagem agostiniana, o tempo humano está na "alma". É pela alma que nos desdobramos no tempo e conseguimos a unificação dos tempos. Pela alma somos salvos da decadência do tempo. Nada de luta de deuses e mortais — a Moira Átropos, que corta a linha e executa o destino, contra Ántropos. Simplesmente *memória* como passado na consciência, *contúitus* como intuição e visão do que está presente, como passagem do futuro que escorre em direção ao passado e ao esquecimento; e *expectatio*, a abertura da expectativa e da esperança na revelação do novo que vem como futuro. A memória, a visão intuitiva e a expectação — dimensões do tempo — são acontecimentos e dimensões da alma. O tempo, enfim, é uma dimensão da alma: *dimensio animae*.

Segundo Agostinho, na criação cósmica o tempo é uma determinação dos seres criados, em que as criaturas ganham consistência temporal, de tal forma que "o mundo é criado com o tempo e o tempo, com o mundo"; e ambos são determinações saídas da Palavra do Criador, palavra que redime as criaturas temporais pela Encarnação e pela Graça. Pode-se resumir Agostinho afirmando que, quanto ao "tempo humano", este é tempo criado com a alma, e a alma é criada com o tempo humano da memória, da intuição e da expectação. Por um lado, o tempo da alma permite que esta progressivamente se una ao seu Criador e se eleve a ponto de ser salva da decadência do tempo do mundo. Por outro lado, há um pessimismo quanto ao mundo, criação de Deus, mas condenado à mortalidade pela própria temporalidade, da qual só a alma, elevada acima do tempo do mundo, pode ser salva.

A subjetividade moderna, inaugurada pelo marco referencial do *"cogito ergo sum"* de Descartes, reforçada pela racionalidade crítica de Kant e levada à exacerbação na "egologia" do século XX, opera com as categorias agostinianas de forma cada vez mais secularizada. A consciência conhece o tempo com "intencionalidade": recupera o passado, projeta o futuro e "re-presenta" tudo desde o presente, trazendo tudo ao presente, na secreta intenção de poder e domínio sobre o tempo. O presente da consciência é um trono diante do qual devem "a-presentar-se" o passado através da pesquisa, da análise e da crítica histórica, o futuro através da prospecção e da projeção, do planejamento estratégico.

A soberania do presente da consciência, que já não se refere a um Criador, mas a si mesma, chega a ser patética: coloca a si mesma em causa, na auto-análise, autocrítica, na busca de domínio de sua mortalidade que insiste em triunfar através dos condicionamentos, do imprevisto, da fadiga. "É necessário não dormir, é necessário filosofar" — uma fina ironia de quem, através da vigilância exacerbada da consciência, transforma a lucidez em loucura. A loucura é, então, o excesso de consciência na luta para conquistar e administrar o tempo. Esse tipo de subjetivismo é um abismo que jamais devolve os cadáveres que engole, um subjetivismo que se torna suicida, *cruel como Cronos*. A consciência suave ou menor da pós-modernidade é um amordaçamento e uma tentativa de renúncia à consciência exacerbada do tempo.

d) Os tempos de Deus: "Uma vez para sempre" — *o tempo histórico da criação à escatologia*

Vamos voltar ao contexto bíblico do tempo. Há na Escritura dois grandes modelos do tempo: o *êxodo* e o *sábado*. Tempo de trabalho e tempo de festa, de peregrinação e de dança, de saída da escravidão e de entrada na terra prometida. Tempo de mediações — as leis, os mandamentos, os serviços — e tempo de imediatez, do lar e do lazer. Enfim, ambos os paradigmas se aplicam ao cotidiano do povo, mas também à trajetória do universo — o tempo é um êxodo do universo em direção ao seu Sábado, uma saída do caos em direção a um universo bem formado.

Uma das características fundamentais da fé de Israel é o *kairós,* não mais de forma circular e repetitiva, mas como *acontecimentos irreversíveis, únicos e para sempre.* Assim, a Páscoa de Israel, que não é mais o fato anual e a festa anual de primavera, em que saíam pastores e ovelhas para as novas pastagens, protegidos dos excessos de energias primaveris com os sacrifícios e o sangue nos portais dos apriscos. Israel faz memória de um *acontecimento único*: a saída irreversível, única e para sempre, da condição de escravidão, da perigosa passagem pelo mar e pelo deserto, em direção ao futuro. É um *efápaks* — de uma vez por todas! É irrepetível, porque a repetição se tornou desnecessária. Haverá memória anual, numa festa que se repete, mas para lembrar o fato único que modificou para sempre a condição do povo.

De certa forma, está aqui a *descoberta da história*, que para ser real deve comportar sempre novidade irrepetível. Para ser história, deve ser *irreversível.* Israel, no entanto, não faz ciência ou filosofia da história. A fé num Deus que é Criador fiel e eficaz, que continua criando, e a experiência do tempo como criação continuada, como história da criação, dão a consciência de uma história irreversível como sinal da fidelidade "irreversível" do Criador. É fé comprovada pelos acontecimentos. Até mesmo as circunstâncias não voltam nunca exatamente como em outros tempos, os contextos são sempre novos, mais complexos e desafiadores. E, portanto, as decisões eficazes também só podem criar algo novo.

O mais importante da história, porém, não está na decisão ou na capacidade humana de criar algo novo, pois o sujeito primeiro e principal da história, dos acontecimentos novos, é o Criador: é Deus quem faz novas coisas (cf. Is 43,18-19). A novidade, que traz o futuro ao tempo criando história, é ação criadora de Deus. O sujeito da criação é também o sujeito da história, o mesmo Deus Criador.

Na obra criadora de Deus, não se separa a criação inicial da criação última, escatológica e plena. O tempo é uma história em direção à sua escatologia, uma *predestinação escatológica.* A causa primeira da história não está propriamente no início, mas no seu final. Por isso o desígnio ou a intenção escatológica do Criador é a causa que atrai para si um povo, um mundo, um universo começado com sua palavra.

Essa forma de conceber a história como um processo com desígnio último, como gestação e parto, rompe o historicismo natural que liga o futuro ao presente e o presente ao passado, fazendo do passado o tempo que dá origem aos tempos. Ao contrário, na teologia da história, conforme a Escritura, é o desígnio escatológico, futuro que atrai o presente e redime o passado. O futuro é o tempo que dá origem. É uma revolução incalculável não só do tempo, mas de tudo o que vive historicamente, sobretudo do modo como as criaturas humanas são chamadas a viver a história: a partir dos desígnios escatológicos do Criador.

Não há necessidade de se defender leis e "constantes" na evolução do universo, ou um princípio antrópico quase mágico conduzindo as vicissitudes da criação, para acertar e entender a intenção escatológica do Criador. É suficiente a metáfora mais cotidiana das relações pessoais: quem ama faz coisas novas, maravilhas, para atrair e realizar finalmente o amor. Por isso o Deus Criador, na Escritura, não se revela por algum cordão umbilical que tenha ficado na memória lá na origem: não deixa rastros dos seus passos (cf. Sl 77,20). A criação vem "do nada". O Criador só se deixa reconhecer pelos acontecimentos "novos" em favor de suas criaturas, por via indireta e discreta, o que alguns biblistas chamam de "passivo divino".

O "passivo divino" tem dois níveis: o da palavra e o dos acontecimentos. Tanto na linguagem como nos fatos, Deus só pode ser abordado indiretamente: de Deus não se pode fazer uma imagem adequada nem se pode pronunciar um nome adequado, mas também não se pode ter uma revelação direta, que seria um espetáculo de divindade, o que é próprio dos ídolos. Não está nele, de modo narcisista e egocêntrico, o foco de sua luz, e sim nas suas criaturas. Por amar as criaturas, o Criador renuncia a ser simplesmente o Altíssimo, e se torna *shekináh*, presença humilde e discreta, peregrina junto às tendas dos peregrinos, acompanhando sua fragilidade e assumindo compassivamente suas fraquezas em direção a um futuro novo. Só pode ser percebido pelos fatos de libertação e vida nova que inaugura para seu povo, marcando irreversivelmente os tempos.

Deus não é um Criador que teria permanecido na longínqua origem da criação e teria deixado a criação no cotidiano atual, sob os cuidados de poderes segundos, deuses ou espíritos especializados, como crêem alguns mitos não-bíblicos. Também não é alguém que apenas episodicamente intervém na história dos seres humanos ou a auxilia. Tampouco é alguém que comodamente confiou tudo às leis da natureza, que a ciência pretenderia detectar como que lendo a mente de Deus. A filosofia moderna insistiu, com bastante soberba, no ser humano como "sujeito da história". Acabou numa confissão de humildade ao redescobrir a historicidade do próprio ser humano, historicidade humana tecida de condicionamentos em todos os níveis, um humilde "ser-no-mundo". A teologia bíblica moderna pediu timidamente licença para explicar que Deus intervém na história e na historicidade, mesmo extremamente condicionada, dos seres humanos. No entanto, é necessário ser justo para com a tradição bíblica: o *sujeito principal* da história, como de uma criação continuada em direção à predestinação divina, é o próprio Deus em sua Providência. Entretanto, o Criador é o Deus da Aliança, que se revela de face, de frente, como interlocutor na proposta de um pacto com o ser humano. Nisso consiste então o ser humano: ser um companheiro de aliança, um *partner*, que o torna único e co-responsável pela história humana e terrena, junto com o Criador. Voltaremos a essa condição de companheirismo do ser humano na criação. Israel deve tal consciência, sobretudo, aos profetas.

Os profetas, em tempos difíceis, obrigaram o povo a levantar a cabeça, a olhar para frente, a fim de manter a esperança, e, para trás, a fim de refrescar a memória e fundamentar bem a esperança. *A profecia constitui o tempo como fé no futuro apoiada nos sinais do passado.* Assim como Deus criou coisas absolutamente novas no passado, assim irá criar coisas ainda maiores e absolutamente novas no futuro.

Há, é bem verdade, um passado de dores e traumas que, ao ficar sempre na lembrança, pode paralisar o tempo e não permitir que se olhe para o futuro, como aconteceu com a mulher de Lot, que virou estátua olhando o passado em chamas. Por isso, no sofrimento do exílio, com a tentação da descrença e do desespero, o profeta insiste:

> *Não fiqueis a lembrar coisas passadas, não vos preocupeis com acontecimentos antigos. Eis que vou fazer uma coisa nova, ela já vem despontando: não a percebeis?* (Is 43,18-19)

A memória, no entanto, tem uma função criativa, para sustentar a esperança em acontecimentos novos e abrir os olhos da fé para reconhecê-los. Mas o que importa mesmo é o que vem, a novidade que vai criar novos acontecimentos, pois a história é irreversível por ação sempre criadora de Deus. Não se trata de um destino já traçado, como um *libreto* já escrito a ser executado com *performance* de ator. Nada está inteiramente decidido nem inteiramente escrito, mas o autor e o ator principal estão em pleno ato de criação, e os demais atores, na verdade, são co-autores, decidindo cada momento, na certeza de que é o amor criativo que garante o sucesso antecipadamente.

O amor criador "atrai" o universo e provoca a "amorização" e finalização felizes de todas as criaturas, conforme sugeriu Teilhard de Chardin. Estamos longe, aqui, da mera explicação científica das leis egoístas das células e das espécies que seguem a seleção dos mais adaptados e, afinal, na qual sobrevivem os mais fortes.

A teoria de Darwin não dá conta da realidade. E aplicada socialmente — o darwinismo social — é uma visão sombria e trágica sobre as verdadeiras possibilidades de justiça entre os seres humanos. Embora o ser humano possa renunciar a seu estatuto humano e seguir uma espécie de "cadeia alimentar" em que os maiores e mais fortes ou mais inteligentes vivem da morte dos mais frágeis, a verdadeira condição humana surge fora da rede biológica e da vitalidade puramente animal.

Também a teoria da auto-organização da vida — *autopoiese* — não dá conta de tudo o que a Escritura afirma sobre a vida. Embora tenha aspectos fascinantes, pode ser enriquecida com inspiração bíblica: seguindo o profeta e depois o apóstolo, é a solidariedade que cria o futuro, a solidariedade permanente e fiel do Criador, testemunhada na solidariedade das criaturas, solidariedade que se pode decidir ao dom da própria vida para que os mais frágeis vivam. A solidariedade rompe com a fatalidade que está neste ditado: "a tua morte é a minha vida" — *mors tua vita mea!* A aliança possui como termos de compromisso o "cuidado" e o "mandato" da vida sobre o abismo da morte, a decisão positiva diante da bênção e da vida, afastando-se irreversivelmente da maldição e da morte (cf. Dt 30,15-20).

Tendo presente a profecia e a memória, pode-se passear pelas Escrituras: pode-se lembrar a figura fundacional da história de Israel, Abraão. Foi quem escutou uma palavra nova, surpreendente, e decidiu obedecer à nova palavra, o segundo mandato religioso, transgredindo o primeiro: não mais sacrificar, mas salvar o que havia sido prescrito para sacrificar. Dessa forma, Abraão experimenta que Deus está no futuro, na promessa, e não simplesmente no passado. Quando o passado é sacralizado em nome de Deus, o tempo se torna sufocante, o equilíbrio se consegue com o sacrifício. Só a novidade pode salvar e criar futuro.

Os patriarcas de Israel, seguindo o estilo de Abraão, ao contrário dos deuses e heróis gregos, não entram em conflito com os filhos, mas colocam na geração e na descendência a sua bênção e o seu futuro. Os filhos também não precisam superar e eliminar os pais, como ocorria na explicação grega, como se a maturidade e a realização só chegasse quando se ocupasse o lugar do pai. Ao contrário, os filhos levam adiante a memória dos pais. A geração e a família são uma bênção do tempo, uma saída, ainda que provisória e frágil, das paredes estreitas e efêmeras da individualidade. A rivalidade e o risco de fratricídio entre Esaú e Jacó, quase repetindo Caim e Abel, terminam em renúncia à rivalidade e à guerra, dando espaço à reconciliação. Ambos são filhos de Abraão e têm futuro.

O verdadeiro problema que está nas origens da humanidade é a luta fratricida pelos espaços de poder, que, desde Caim, leva ao dilúvio, ao caos. Não há uma luta real com o pai e com o passado — o famoso "parricídio" da cultura grega e da psicanálise —, porque o Criador, que é o Pai de todos, não necessita rivalizar com suas criaturas, zelando cioso por seu espaço. Assim também Abraão, Isaac, Esaú e Jacó, e José com seus irmãos, terminam por se desarmar, por perdoar, dando espaço para que aqueles que iriam morrer pudessem ter futuro. Essa é a concepção de tempo que o rei Saul, diante de Davi, e o próprio Davi, diante do filho rebelado Absalão, devem aprender: o outro é o seu futuro, deve viver, e não ser sacrificado. O mesmo Elias, pai dos profetas, aprende com a viúva o que não praticou com os sacerdotes de Baal — *"misericórdia, e não sacrifício".* E Salomão aprende com a mãe disposta a renunciar ao filho para que viva. Finalmente, a mãe dos sete irmãos macabeus, na mais trágica dor diante dos filhos martirizados pelo poder do rei, ensina-os que a vida que o Criador lhes concedeu "do nada" no seu ventre será, com mais facilidade, transfigurada pelo Criador na ressurreição dos mortos. Ela proclama, assim, evocando a criação "do nada", o futuro absoluto, com justiça e verdade, na "ressurreição dos mortos". Essas figuras todas são aliadas do Criador do futuro, do sustentador da vida, que abre para a novidade. São figuras messiânicas, que anunciam o tempo abençoado.

O tempo, na história bíblica, aspira ao *Messias*. E o Messias está associado ao amadurecimento, à plenitude dos tempos. De certa forma, ele representa a plenitude da criação, porque traz consigo os bens mais preciosos da criação: a justiça e a paz, o tempo do *shalom* e do *Sábado*. Por isso o Messias é o Senhor dos tempos e Senhor do Sábado, em quem se deposita a esperança de um tempo bom, abençoado. O Messias, conforme indica a palavra hebraica, traduzida em grego por *Cristo*, é o "ungido", o abençoado ou bendito. Traz o tempo messiânico, ungido e abençoado pelo próprio fato de sua desejada presença e atuação criadora.

Tanto na esperança judaica como na cristã, o Messias é humano, enviado por Deus em condição humana. Para os cristãos, Jesus é Cristo, o segredo da criação e dos tempos da criação, dos ritmos e desdobramentos até à plenitude escatológica, antecipada nele através de sua Páscoa, de sua morte e ressurreição. Por isso, na vigília pascal, ao abençoar o fogo novo, símbolo da criação no meio das trevas, se benze o Círio Pascal, que representa Cristo ressuscitado e irradiante de luz com a profissão de fé: *"Senhor do tempo e da eternidade"*. Assim também cantam os hinos da Liturgia das Horas, os hinos pascais. No entanto, para que não se confunda com um herói da mitologia, é necessário sempre voltar à condição terrena e humilde do Filho de Deus: Jesus, assumindo-se como *"Senhor do Sábado",* administrador dos tempos, se importava mais em libertar os oprimidos das amarras do passado, com seus costumes que os adoeciam e endemoninhavam, para abrir um futuro feliz, verdadeiramente sabático.

O Messias, que os cristãos confessam como Filho de Deus, é o administrador dos tempos em condições humanas, inteiramente humanas. E isso tem repercussões antropológicas: todo humano que se abre para o Criador e que vem do Criador, relacionando-se com outras criaturas, pode inaugurar um tempo abençoado, o tempo messiânico. Assim é a chegada da mulher amada na vida de um homem, a criança que chega na vida dos adultos, a Palavra que congrega em comunidades novas. Todo humano que se abre ao Criador, que escuta a Palavra, também é constituído como seguidor do Messias, para criar um tempo novo por meio da evangelização, do cuidado e da compaixão, erguendo os abatidos, promovendo a justiça e a paz. Isso é ser "com-criador" do tempo messiânico, *partner* na aliança cristã para que a criação se abra ao Sábado.

Em conclusão, os tempos de Deus são tempos abertos porque é o futuro escatológico — último e pleno, como um horizonte em que se levanta o sol ou o arco-íris —, o tempo privilegiado que constitui a história, atraindo-a, apesar de tudo, erguendo e incitando ao caminho as criaturas que são continuamente criadas e recriadas. O presente é um caminho, o passado é uma memória, mas decisivo é olhar face a face aquele que chama e predestina. São tempos abertos porque a Palavra, a responsabilidade, a decisão e a liberdade marcam as vicissitudes da história. Deus renuncia à mão de ferro para se tornar simplesmente *shekináh*, despojando-se até mesmo de saber antecipadamente o que responde a decisão livre dos companheiros de aliança, de êxodo e de história. Deus está à frente como quem cria hoje e amanhã, mas também como quem espera a novidade e a criação humanas. A esperança de Deus, em última instância, é a fonte de esperança humana e convida a andar em direção ao futuro. A esperança de Deus atrai e faz caminhar como a criança caminha em direção ao Pai que a espera lá na frente de braços abertos. A humildade de Deus é a fonte da liberdade e da dignidade humanas no tempo, como também de sua responsabilidade histórica perante Deus e seus desígnios. Enfim, o amor de Deus é o segredo do tempo e da história.

e) O Sábado da criação

O Sábado é o tempo com qualidade escatológica, o tempo da Nova Criação, para o qual caminham os tempos de êxodo e de criação histórica. É, portanto, o segredo e a promessa da criação. O relato inicial da criação, no Gênesis, deságua no Sábado. Há, contudo, uma história do Sábado que convém lembrar antes de depararmos com a novidade do Sábado da criação.

O costume de ter um sétimo dia especial parece ser pré-bíblico; no Oriente Médio há testemunhos de dias enumerados como especiais. Normalmente, são marcados pelo perigo e pela má sorte, como ainda hoje há o dia treze ou certas conjunções do calendário (no Brasil, por exemplo, o dia treze de agosto, sobretudo se for sexta-feira). Seriam dias nefastos, ameaçadores, por isso, na velha Suméria, os grandes responsáveis pelo bem comum deveriam abster-se de qualquer atividade nesse dia: o rei, o sacerdote, o médico e o vidente; nada de governo, de culto, de cura e de previsões. A grande massa de gente, porém, continuava suas fadigas de sempre. Poderíamos constatar, embora de forma estranha e negativa, que havia um sinistro sábado como estranho privilégio de uma elite. *Shabatu* parece ter sido também um tempo de interrupção dos trabalhos para levantar lamentações pela fadiga da vida trabalhosa.

Em Israel, o sábado é uma das leis mais antigas e originais do Código da Aliança, que ganhou o estatuto de universalidade ao se dirigir, como lei, aos senhores para que a cumprissem em favor dos outros: tu, mas também tua filha e teu filho, teu servo e tua serva, o estrangeiro que mora contigo, teu animal de carga e de canga farão uma interrupção, ou seja, um sábado, depois de seis dias de trabalho (cf. Ex 20,8). É o dia de descanso "para todos", sem privilégios, uma santa greve. Essa lei se entronca com as leis sabáticas e jubilares mais amplas: no sétimo ano se estende essa interrupção também à terra, para que desfrute do direito de descansar. E, depois de mais de sete vezes sete anos, no qüinquagésimo ano, no ano jubilar, a interrupção sabática se estende, inclusive, às posses das terras: os bens voltam às origens (cf. Lev 25). O sábado é uma formidável lei de igualdade social, reconhecimento até dos direitos ecológicos, dos animais e da terra, e de reequilíbrio e redistribuição de bens. No sábado de descanso da terra, quem é dono vive de suas provisões, e quem não tem terras pode comer o que qualquer terra dos outros dá espontaneamente. E depois de tempos de compras e vendas, com riscos de acúmulos e perdas irremediáveis, devolve-se aos que, desde o início, ali têm suas raízes e os túmulos de seus antepassados. Pois a terra, afinal, é inalienável, seu senhor é o Criador dos céus e da terra; somos hóspedes e filhos da terra, "somos nós que pertencemos a ela", como dizem biblicamente os guaranis na América do Sul.

O Sábado ganha, em Israel, um sentido positivo, não mais nefasto, mas de festa. É uma afirmação da bondade da vida humana sobre a terra, uma interrupção não para cultos de lamentações, como se conhecia entre os sumérios, mas para culto de reconhecimento, louvor e agradecimento. Exatamente no exílio, quando se tinha razão para lamentações, tal como se afirma a criação do nada e a ressurreição dos mortos na boca da mãe dos macabeus, também se afirma o Sábado como resistência da bondade e da positividade da existência como criaturas e família de Deus.

No exílio, o desaparecimento do templo e da cidade santa, Jerusalém, e a falta de espaços para os ritos devidos reforçaram ainda mais a experiência de um tempo santificado, e não mais um lugar santificado, para ser reservado ao culto. Interrompendo os trabalhos e erguendo as cabeças, podia-se reconhecer através de um tempo especial a dignidade da pessoa acima da servidão; podia-se encontrar o olhar dos outros, da criação que se estendia em horizontes de esperança para além do tempo de gemidos e trabalhos.

Por isso o Sábado está no final do relato mesmo da criação, relato inserido também no mandamento sobre a lei que obriga os chefes à sua observação em favor de todos (Gn 2,2-4):

> *2Deus terminou no sétimo dia a obra que havia feito. Ele cessou no sétimo dia toda a obra que fazia.*
>
> *3Deus abençoou o sétimo dia e o consagrou, pois tinha cessado, neste dia, toda a obra que ele, Deus, havia criado pela sua ação.*
>
> *4Este é o nascimento do céu e da terra quando da sua criação.*

Assim, depois de criar, em cada tempo, em cada "dia" escandido pelas tardes e manhãs, os elementos todos em duais fecundos, o Criador "cria" um tempo sem ações e sem criações. Já não são as criaturas os conteúdos que formam os tempos, mas o próprio tempo, subsistente em si mesmo, sem criaturas novas. Não se trata, porém, de um tempo vazio: é tempo que ganha a bênção antes reservada às criaturas, quando Deus as enviava à fecundidade complementar. E ganha também uma consagração especial: o Sábado é, em primeiro lugar, um tempo que Deus cria para si mesmo na criação, como o céu é um espaço virtualmente aberto ao infinito em que assenta sua morada. No tempo sabático, Deus é o primeiro a "cessar" seu trabalho de criação e a entrar no repouso sabático, na contemplação de sua obra.

O repouso contemplativo de Deus nas suas criaturas, face a face, constitui o Sábado. Para o Sábado, para estar face a face com o seu Criador, as criaturas são convidadas e por isso existem. Toda criação, depois do percurso da fecundidade e da multiplicidade, da biodiversidade e da dispersão, depois da fadiga dos processos de crescimento e amadurecimento, depois do êxodo em direção à promessa, está destinada à face de Deus e à reunião e reconciliação pacificadoras do Sábado sob o seu olhar sabático, repousante.

Sábado como repouso de Deus com suas criaturas: esta é a vocação ecológica e humana da criação. O tempo da graça mais pura, da bênção e consagração é constituído pela relação contemplativa do Criador em face da criação e das criaturas na face do Criador e face a face entre si. É o tempo por excelência, tempo de êxtase e de eternidade.

No Sábado escandido periodicamente ao longo dos processos históricos, apren-de-se a estar face a face com Deus e uns com os outros, inclusive os animais e todas as criaturas que estão sob a servidão. Estar gratuitamente face a face constitui e antecipa o tempo sabático. No Sábado se reconhece a dignidade e a fraternidade das criaturas, pode-se gozar da presença e da imediatez escatológicas, tempo sem fim, sem relógio, sem consciência de tempos que passam, sem exigências de trabalhos e produção, simplesmente no prazer de existir face a face, em comunhão e amizade criatural, tempo de convivência gratuita, de conversas e canções.

O conteúdo constituinte do Sábado é essa presença gratuita e afirmativa que parte do próprio Criador e se estende à comunhão das criaturas. É o tempo como "relação" no seu sentido mais alto. Nele, não é o cultivo da terra, mas o culto das relações gratuitas, de louvor e prazer, o que constitui o tempo.

Sábado como mandamento jubilar e como coroação da criação é o mesmo tempo. Saborear o fim no meio do caminho, como uma "greve" antecipatória, para lembrar a dignidade da vocação última das criaturas na festa, não é um luxo, mas um direito natural, criacional e um mandato de justiça, conforme a Escritura.

O mandato de observar o Sábado, no entanto, se complicou em uma legislação pesada, em tradições detalhistas, a ponto de se tornar uma proibição de quase tudo, um peso para os mais frágeis. Por isso, no tempo de Jesus, temos uma observação adulterada do Sábado, em que esse tempo parecia ser de novo nefasto, um risco para os que precisassem de comida e de cuidados com a saúde. Jesus se entende como quem busca o espírito original do Sábado e renova as possibilidades de entrar no Sábado mediante a cura, a reconciliação, a devolução do gosto de viver. Ele é o profeta e o Senhor — administrador — do Sábado (cf. Mc 2,27-28), aquele que traz o tempo jubilar da graça (cf. Lc 4,19).

Com a Páscoa de Jesus, muito lentamente, os cristãos "personalizaram" o Sábado, não só como presença de Deus no repouso e na gratuidade sabática: o próprio Jesus ressuscitado é a figura escatológica da criação, portanto, o Sábado em pessoa. Ele é, ao mesmo tempo, a Nova Criação, o sol do primeiro dia, e também o fim último de toda a criação, o Sábado desejado. No primeiro dia se celebrou, por muito tempo, o culto eucarístico da ressurreição, continuando-se a observar o Sábado junto com os judeus não-cristãos. No primeiro dia da semana, Cristo ressuscitado iria lentamente substituir o culto ao deus Sol do império romano. E iria também "concentrar o Sábado" judaico, distinguindo cada vez mais cristãos e judeus que não se tornaram cristãos. Todavia, com isso se correu um risco: ao distinguir, também se separou, e até se diminuiu o sentido do sábado escatológico para os cristãos e para a cultura do Ocidente cristão.

É bem verdade que, conforme Gregório de Nissa, o Sábado e o Domingo permanecem como duas festas irmãs entrelaçadas. A "concentração dominical do sábado" — o Dia do Senhor — é um direito natural da fé cristã, contanto que não esqueça o caminho bíblico e judaico no qual amadureceu a experiência dominical dos cristãos.

O Sábado é um tempo profético numa época de descaracterização da sua santidade e gratuidade por causa da secularização e do deslocamento do significado do tempo. Vivemos tempos em que centrais são a produção e o consumo. O sábado e o domingo passam a ser "fim de semana" e "feriado", sem qualidade própria. O Sábado é também profético ecologicamente, atestando a dignidade das criaturas, inconsumíveis e com direito ao seu tempo como ao seu espaço na criação.

O Sábado cristão ganha mais clareza e profundidade se, além da concentração em Cristo ressuscitado, no Domingo, também for compreendido de forma trinitária: Sábado do Pai "que será tudo em todos" (cf. 1Cor 15,28), do Filho "quando entregará o Reino a Deus Pai" (cf. 1Cor 15,24) e do Espírito Santificador, selo de garantia ou "caução" como primícia sabática em nossos corpos (cf. Rm 8,23).

Enfim, *uma boa teologia da criação só pode ser bem compreendida à luz de uma boa teologia do Sábado*. O Sábado é o horizonte escatológico do tempo que reunirá os espaços e os tempos, os céus e a terra, com todas as criaturas na face do Pai, na fraternidade do Filho e no regaço do Espírito. Desde já, é o horizonte que irradia promessa de bem-aventurança, de reconciliação e comunhão, que dá orientação às criaturas e pode ser antecipadamente saboreado em cada boa festa.

Resumindo

• *A narrativa do Gênesis deve ser compreendida no contexto da época: exílio e ameaça à vida de Israel por falta de terra, de filhos. A narrativa está marcada pela fecundidade, pela esponsalidade e pelas boas relações entre as criaturas e seus ambientes.*

- *O Criador é um poeta, cria através da palavra. Na primeira teologia da Igreja, utilizou-se a expressão "criação do nada", para afirmar que Deus não retira a criação de sua essência divina nem de uma matéria prévia e coeterna ao Criador. Pelo contrário, positivamente, afirmar que Deus cria através da palavra é confessar que a criação é fruto da vontade, da decisão benevolente. Cada criatura existe a partir do bem-querer do Criador.*

- *O Criador é, antes de tudo, o Pai. De sua paternidade se explica a sua onipotência, paternidade e bondade sem rivalidades e sem conflitos de poderes. É pai e poeta: forma cada criatura com qualidades para corresponder a uma grande família de criaturas.*

- *Deus cria com a presença materna de seu Espírito e com a forma da sua Palavra. A presença do Espírito criador — a ruah Yaweh — e a forma ou substância da sua Palavra deram aos primeiros teólogos cristãos a possibilidade de entender a criação de forma trinitária: Criação do Pai, por meio do Filho no Espírito Santo.*

- *O universo é meio ambiente e tempo da vida das criaturas em que as próprias criaturas se tornam espaço e tempo da vida para os outros.*

- *Os tempos da criação e de sua história são orientados e atraídos pelo desígnio escatológico, a comunhão sabática de Deus com a criação.*

Aprofundando

Diante da riqueza de informações que decorrem da narrativa bíblica da criação, destacar as que podem ser consideradas mais inspiradoras para o atual momento de crise ecológica.

Perguntas para reflexão e partilha

1. Qual o sentido místico e prático, para nossos dias, da afirmação de que tudo é criado "do nada" e "da palavra", ou seja, da pura benevolência do Criador?

2. O que significa, para nossos dias, a afirmação de que cada criatura é espaço, meio ambiente vital, para as outras criaturas?

3. Qual a importância prática da afirmação de que o futuro, a promessa, o horizonte escatológico são o princípio do tempo, os seus pontos de "atração" sabática?

Bibliografia complementar

João Paulo II. *Carta Apostólica*. Dies Domini. 2. ed. São Paulo, Paulinas, 1998.

Martinez de Oliveira, Flávio. *Bíblia, mito, ciência e literatura*. Pelotas, Educat, 1998.

Moltmann, Jürgen. *Doutrina ecológica da criação;* Deus na criação. Petrópolis, Vozes, 1992 (trad. espanhola: Salamanca, Sígueme).

Ruiz de la Peña, Juan Luis. *Teología de la Creación*. Santander, Sal Terrae, 1986 (ed. bras.: São Paulo, Loyola, 1989).

Trigo, Pedro. *Criação e história*. São Paulo, Vozes, 1988. (Col. Teologia e Libertação.)

Capítulo quarto

O SER HUMANO NA CRIAÇÃO

Um grande equívoco humano foi considerar-se o centro e o topo da criação. É o "antropocentrismo". Como já mencionamos, há analistas apontando para o cristianismo e para a Bíblia como responsáveis principais por tal desvio de rota da história que hoje nos ameaça globalmente. Podemos constatar, no entanto, um "seqüestro interpretativo", uma forma seletiva, descontextualizada e forçada de utilização de textos bíblicos ao longo do cristianismo; seqüestro esse sob o manto da teologia, que está nas origens da modernidade e exacerbado de forma secularizada nos últimos cinco séculos.

Contudo, não basta denunciar e desconstruir. É inclusive um novo equívoco considerar simplesmente que somos parentes dos macacos com mania de grandeza. Esvaziar o sentido e a vocação específica do ser humano atenta, em primeiro lugar, contra a dignidade dos humanos mais frágeis, os que já são considerados pelos outros sem nenhuma importância. E não irá abater os que se arrogam o despotismo e os benefícios exorbitantes de uma criação devastada. Além disso, a mera desconstrução que pretende retirar do ser humano as armas da prepotência contra as outras criaturas não é suficiente para dizer positivamente o que compete ao ser humano, quais as suas responsabilidades neste pequeno ponto do universo que chamamos de terra.

A concepção pós-moderna do ser humano como um ser vazio de substância, um *desejo em espelho*, pode ser compreendida como reação dialética à racionalidade forte dos tempos modernos, ao sujeito empreendedor e sistematizador, ao pensamento cartesiano com pretensão de ser "senhor e possuidor do universo". Mas a mera reação permanece no círculo vicioso, exposta a novas concepções irresponsáveis, mesmo quando voa para o esoterismo.

Até mesmo o "vazio" pós-moderno da condição humana, no entanto, pode ter um sentido de abertura e disponibilidade às responsabilidades que lhe cabem. Partindo dos relatos bíblicos do Gênesis, passando pelas concepções do humano no Primeiro e no Novo Testamento, vamos ordenar aqui uma reflexão sobre a criação do ser humano e seu lugar e responsabilidade no universo.

1. CRIATURAS ANGÉLICAS E CRIATURAS HUMANAS

Pode parecer estranho, mas para falar com mais propriedade do lugar do ser humano, convém começar pelos anjos, não pelos macacos! A crença nos anjos depõe o ser humano do lugar mais alto da criação, mas também o torna companheiro daquilo que o chama para cima e não para baixo, como queria a etimologia grega *ántropos* — o que está inclinado para o alto. A aliança do ser humano, feito de terra, com o anjo celeste dá o sentido bíblico dessa atitude voltada para o alto, sem que seja arrogância e soberba. Diferente do anjo, o ser humano parte da terra, do pó da terra, da região da terra em que tudo — raízes, folhas, restos orgânicos, umidade — se revolve e sofre metamorfoses em vista da fecundidade, o "húmus" da terra, o ser humano.

Não há, nas Escrituras, nenhuma narrativa de criação de anjos ou de qualquer espírito celeste. Depois do primeiro versículo do Gênesis, o Criador imediatamente se volta para a terra, dando-lhe o mar ou as águas em torno como limites. Na terra se expande o espaço da criação, com o ar em que voam criaturas aladas, mas isso não é propriamente o céu. Mesmo utilizando a palavra "céu" com diferentes significações, as Escrituras designam mais freqüentemente como "céu" o ambiente aberto ao infinito em que Deus vem estabelecer morada na criação. A criação do céu permanece anunciada no primeiro versículo, sem nenhum detalhe de criação. Do céu não sabemos propriamente a topografia ou a população. O céu permanece velado, no pudor sem ressaibos de narcisismo por parte do seu habitante maior, o próprio Criador.

Todo arrebatamento aos céus permanece na discrição do mistério. Quando Jesus foi elevado, e uma nuvem, símbolo da entrada no céu, o escondeu, os discípulos tentaram desvendar, com olhos fixos, algum sinal lá em cima. No entanto, ironicamente, enviados celestes repreenderam-nos. Não era para os céus, para o alto, que eles deveriam olhar, mas para frente, para o futuro da terra: no horizonte da sua missão eles encontrariam o mesmo Jesus que está no céu (cf. At 1,10-11).

A Escritura não é um livro de curiosidades espirituais. Só sabemos das coisas do céu "indiretamente", na forma de "passivo divino": sabemos algo do céu quando alguém dele desce à terra, quando um "anjo" ou uma inspiração ou força celeste cruza os caminhos humanos na terra.

Santo Agostinho definiu os "anjos" de forma simples: *em si mesmos, são "espíritos", em sua função, são "anjos"*. Nós os chamamos simplesmente de "anjos" porque é só assim, como enviados, missionários celestes, que sabemos algo deles. Assim, o "Anjo do Senhor" pode ser o portador da Palavra de Deus, da inspiração, do esclarecimento, da orientação — e nós o chamamos "Gabriel", "Deus fala". Essa experiência angélica, ao longo da Escritura, é a mais recorrente. Mas também pode ser o companheiro de Tobias, que ajuda a recuperar a saúde — e nós o chamamos "Rafael", medicina de Deus ou "Deus cura". Ou pode ser a potência libertadora de Deus junto à fraqueza do povo diante de forças malignas e ameaçadoras – é "Miguel". Cada nome de anjo corresponde, na verdade, à missão divina junto às criaturas.

Assim também para os nomes mais genéricos: Serafins, Querubins etc. Trata-se do amor incendiado pela visita celeste, da inteligência e da beleza iluminadas pela luz celeste, sempre em vista de um testemunho ou de um serviço. Não há espetáculos. Jesus recusa mostrar um sinal vindo dos céus (cf. Lc 11,29) e não satisfaz à vontade de uma religião de sucesso, triunfalista, mas, afinal, idolátrica. O Novo Testamento iria inclusive tomar para si a crença difusa em "Dominações, Potestades, Autoridades", que infundiam angústia como poderes celestes ou "nos ares", para afirmar simplesmente que qualquer poder celeste foi despojado de seu poder próprio no despojamento mesmo de Cristo; e está, desde então, alinhado com o serviço de Cristo (cf. Cl 2,15; 1Pd 3,22).

Toda vez que, na tradição bíblica ou na mística cristã, se invoca um anjo, querendo saber seu nome, querendo certificar-se de sua pessoa, ele simplesmente desaparece: não está disponível dessa forma. Isso tem um significado: tudo o que vem do céu, de junto de Deus, participa da mesma renúncia de espetáculo que daria numa religião de ídolos. Os céus estão inclinados sobre a terra: alegram-se por um pecador que se converte (cf. Lc 15,7) e se compadecem com o sofrimento da terra, vindo em seu socorro. Por isso, na tradição da Comunhão dos Santos, "invocamos" os anjos e os santos, mas a "evocação" e a curiosidade seriam manipulação e violência ao pudor celeste. Além disso, é simplesmente lógico que nem Deus nem os céus precisam de nossos aplausos e reconhecimento, pois seriam exatamente o que um ídolo é: carente e necessitado de nossos tributos e sacrifícios.

Uma primeira conclusão ou advertência a respeito da existência e do significado de anjos celestes ou espirituais na criação é de que "há mais mistérios entre o céu e a terra do que pensa a nossa vã filosofia" (Shakespeare). É uma primeira atitude de deposição da arrogância humana que se pretende o topo da criação e a medida de todas as coisas: acima do humano há mais, com desígnios maiores. Inclusive acima do saber humano, pois as ciências ou os olhos humanos não têm método suficiente para comprovar a existência ou não de seres espirituais.

Teólogos da estatura de são Boaventura e santo Tomás escreveram tratados sobre anjos. Boaventura, mais influenciado pelo neoplatonismo, chega a uma especulação refinada sobre hierarquias celestes em grande estilo. Aliás, as hierarquias celestes, modelos platônicos do bem e da verdade, seriam os protótipos perfeitos a serem seguidos pelas hierarquias terrestres. Num mundo feudal fortemente hierarquizado, freqüentemente abusivo por parte de uma nobreza militar e eclesiástica, as irradiantes hierarquias platônicas dos espíritos não seriam simplesmente legitimações das hierarquias terrestres, mas também a sua crítica. Afinal, na sua raiz bíblica e não-platônica, os céus sempre se inclinaram sobre a terra para proteger os mais frágeis. Nesse sentido se desenvolveu a crença no "anjo da guarda".

A crença num espírito como "duplo" da condição humana não é exclusividade bíblica. Nas Américas, por exemplo, os guaranis dos pampas do Sul e os "náhuas" mexicanos tinham a convicção de que os humanos são imagens de seres divinos, são seus "duplos" na terra. É exatamente o que significa a palavra mexicana *náhuatl*. Nos Atos dos Apóstolos, quase como um ato falho, aparece a mesma convicção quando Pedro, ao ser libertado da prisão, bate à porta, e os que estão dentro resistem em abrir. Dizem a quem escutou a voz de Pedro do lado de fora que seria a voz do seu duplo espiritual: "É o seu anjo!" (At 12,15).

De modo ainda mais agudo, o evangelho, trazendo observações do próprio Jesus, lembra que o escândalo diante dos pequeninos tem a ver imediatamente com Deus, pois *"os seus anjos nos céus vêem continuamente a face de meu Pai que está nos céus"* (Mt 18,10). Essa expressão nos ajuda a compreender, afinal, o que significa o "anjo da guarda". A palavra "pequenino" é utilizada em quatro formas nos evangelhos: 1) os que estão diminuídos ou esmagados e humilhados pela doença, pela fome, pela pobreza, que são insignificantes, sem importância (Mt 25); 2) os que necessitam de pedagogia e criação, as "crianças", que não devem ser proibidas de se acercar ao mestre (Mt 19,14); 3) os que são inocentes em confronto com os sábios deste mundo (Lc 10,21); 4) os que estão ainda numa condição de fragilidade, como embriões de vida (Mt 18,6;10; Lc 17,2). É em relação a estes últimos, pequenos e frágeis embriões, que Jesus afirma estarem seus anjos na face do Pai nos céus.

Em termos metafóricos: quanto mais frágil é a vida na terra, mais seu "cordão umbilical" está ligado ao céu. Na tradição popular, quanto menor é a criança, mais precisa de um anjo, de uma proteção celeste. É claro que toda criatura, por mais que se pretenda adulta, precisa de proteção divina. A crença em anjos da guarda proliferou para anjos que guardam uma cidade, uma ponte, uma muralha, uma igreja, uma irmandade, uma congregação etc. Até mesmo as estrelas teriam seus anjos, que guiam suas rotas.

Uma mentalidade moderna e secularizada sorri diante de crença tão inocente. Mas pode-se perguntar seriamente se os adultos, mais do que necessitarem de anjos da guarda, não devam ser eles mesmos "anjos da guarda" para as suas crianças e para a ecologia. Tudo o que se disse no parágrafo anterior ganha um novo sentido a partir disso. Não se trata de reduzir a crença em anjos a uma referência puramente antropológica — seria um sutil retorno da soberba antropocêntrica —, mas de encontrar a relação justa que pode haver entre anjos celestes e "anjos terrestres". A terra precisa da aliança esponsal do céu, o chão precisa das nuvens, as flores precisam do sol, e os humanos precisam dos anjos. Entretanto, na terra precisam chegar à maturidade, sendo eles mesmos, os humanos, os "anjos da terra" ou "anjos terrestres", de carne e osso.

Nesse sentido, a Escritura nos oferece uma delicada inspiração: anjos, como tudo o que há nos céus, trazem revelação, orientação, consolo, socorro, mas nunca realizam eles mesmos aquilo que deve ser feito na terra. Eles não atuam, não intervêm, substituindo a ação humana. Permanecem discretamente "na moldura" da cena. Quem deve fazer acontecer, praticar, agir na terra é o ser humano. Pode-se concluir que, do primeiro ao último livro da Escritura, o anjo é companheiro e aliado celeste do ser humano. Quando os humanos agem em comum com os anjos, ganham capacidade, têm uma ação "poderosa". Aplica-se aqui o que disse Hanna Arendt a respeito do que é o poder: "capacidade de ação em conjunto". Onde há essa capacidade, o poder é democrático, é soma e sintonia de forças. E onde não há ação em conjunto, a ação se torna violência, e não propriamente poder. Pode-se dizer isso de Deus conosco: só age em conjunto, em sintonia, sem nos fazer violência. O mesmo se pode dizer dos anjos ou dos santos que estão junto de Deus: não agem na terra sem os anjos ou os santos da terra.

Então os "anjos de carne e osso", os missionários ou pessoas que se dedicam não só com seu espírito, mas com o corpo, com as mãos, com o afeto e a mente, com o tempo, com seus sacrifícios a socorrer, a praticar obras de misericórdia, a educar, a proteger, promover, nutrir as outras criaturas, são verdadeiros anjos. São "enviados" que permitem aos beneficiados dizerem com singeleza: "Foi Deus que o mandou!". Não é preciso apelar para a Madre Teresa de Calcutá, porque há bastante gente assim. Basta abrir os olhos, como Tobias e sua família, na Escritura, abriram os olhos diante do anjo Rafael.

O cuidado da terra, do meio ambiente, da sociedade, da política, tudo isso feito como aliados dos desígnios do Criador torna os seres humanos aquilo que só eles podem ser: *os anjos da terra*. Para isso é que existe a aliança com os *anjos celestes*, com tudo o que, mesmo sem se saber direito, sem precisar e sem dever saber, é experiência de acréscimo de poder e de capacidade para cumprir a própria missão na terra. Experiências de que "algo maior" anima, inspira, impulsiona na hora certa e ajuda a perseverar; enfim, a superar as próprias forças, sempre limitadas, são experiências angélicas: alguém da parte do Criador perpassa nossas vidas.

A exegese moderna se perguntou sobre a hipótese de que tantos anjos atravessando de um canto a outro a Escritura, inclusive o Novo Testamento, em particular os evangelhos e a vida de Jesus, sejam apenas uma "linguagem", um gênero literário para falar de forma amena sobre a presença de Deus conservando zelosamente a sua transcendência. Deus se conservaria além, na transcendência absoluta de sua divindade, e enviaria representantes! Seria, portanto, um "modo de falar de Deus", da sua revelação ou presença. Essa é uma escolha reducionista, minimalista, que pode ser anêmica e empobrecedora.

É mais digno de Deus e mais coerente com o conjunto da narrativa dual e fecunda sobre céus e terra respeitar a lógica da abundância, e não da redução. E, sobretudo, da aliança esponsal que há entre criaturas da terra com criaturas celestes. O ser humano não ganha sua dignidade por estar no topo da cadeia alimentar, por ser um pretenso final bastante feliz de um processo de evolução cósmica e animal, mas por *ser o irmão e a irmã das outras criaturas da terra que têm missão em aliança com as criaturas celestes*: agir em conjunto, para que céus e terra cheguem à maturidade de sua aliança esponsal.

Outra objeção sobre a crença em anjos advém da constatação de que a crença é pré-bíblica, tem uma proliferação de anjos na cultura zoroástrica persa, de caráter dualista — espíritos bons e espíritos maus, anjos e demônios, o bem e o mal. Seres alados encontram-se também na literatura grega e nos monumentos romanos. Todavia, a Escritura se comporta, em relação a essas crenças, da mesma forma que se comporta com os mitos e os mitologemas, já mencionados: utiliza as figuras e os símbolos para reconstruir, reinterpretar, de tal forma que a diferença torna-se maior que a semelhança. Sobre anjos, em confronto com o dualismo zoroástrico, *não coloca na mesma altura anjos e demônios. O dual dos anjos não são os demônios, mas os humanos.* Tanto anjos como humanos podem tornar-se diabólicos, perversos e demoníacos. Contudo, é necessário destacar a sobriedade da Escritura em confronto com as crenças das religiões da época. É notável a concentração do anjo na *palavra* e no *diálogo*, no companheirismo dos anjos com os seres humanos.

A ausência de narrativa de criação de anjos deixa a curiosidade sem resposta: ou fazemos, como humanos adultos, a nossa parte angélica, e então poderemos saber quando discretamente um anjo está conosco, ou ficamos pobremente no sorriso irônico sobre tão poética e estranha crença. É a nossa prática que decide. A verdade da Escritura é prática e não especulativa.

No *Credo* cristão não há menção de anjos, como também não se professa crença em demônios. O *Credo* se atém ao eixo central da revelação na Escritura. Portanto, crer em anjos não é essencial. Numa hierarquia de importância, é uma verdade ou crença "derivada". Mas as crenças "derivadas" não são inúteis. Pelo contrário, enriquecem e dão mais clareza, e até praticidade, à fé naquilo que ela tem de essencial. Dão abundância ao essencial. Por outro lado, apesar da contrastante sobriedade em confronto com os exageros de crenças contemporâneas em espíritos bons e maus, as narrativas bíblicas em que se atravessam anjos na Escritura são tantas que simplesmente desconhecer e simplificar tal freqüência pode soar como irresponsável. Mesmo o Novo Testamento tem como moldura da vida terrena do Filho de Deus e da comunidade de Jesus um contínuo ir e vir de anjos que dão, além da moldura, a perspectiva exata dos acontecimentos: *o que se faz aqui na humildade da terra tem ligação com o céu, tem ajuda e comunhão celeste.*

2. SER HUMANO: CRIATURA DA TERRA E IMAGEM DE DEUS

Talvez devêssemos evitar a afirmação de que o ser humano é um ser "especial", uma vez que esta palavra faz deslizar para o vício do antropocentrismo. No entanto, podemos também partir do pressuposto de que toda criatura tem algo de especial, de muito específico e carismático na complementaridade cósmica. A criatura humana ganha vitalidade da água, do chá de ervas, da pedra com sua química e seus remédios, dos raios do sol etc. Cada criatura é especial.

O ser humano, porém, tem uma relação específica com a água e com a pedra que está em sua responsabilidade sem reciprocidade. Não pode exigir da água ou da pedra, de forma recíproca, as responsabilidades que lhe cabem em relação a elas. Não é buscando "algo mais" que vamos distinguir o ser humano das outras criaturas, mas buscando a forma específica de sua relação com as outras criaturas. É essa a maneira com que os primeiros capítulos do Gênesis tratam a criatura humana.

É hora de lermos o poema da criação do ser humano, na abertura da Escritura. Há dois relatos, o primeiro mais centrado no conjunto do cosmo, e o segundo centrado na formação e vocação do homem e da mulher. Ambos se complementam e se interpretam mutuamente:

Gênesis 1,26-31:

26Deus disse: Façamos o homem à nossa imagem, segundo a nossa semelhança, e que ele submeta os peixes do mar, os pássaros do céu, os animais grandes, toda a terra e todos os animais pequenos que rastejam sobre a terra!

27Deus criou o homem à sua imagem, à imagem de Deus ele o criou; criou-os macho e fêmea.

28Deus os abençoou e lhes disse: Sede fecundos e prolíficos, enchei a terra e dominai-a. Submetei os peixes do mar, os pássaros do céu e todo animal que rasteja sobre a terra!

29Deus disse: Eu vos dou toda erva que produz a sua semente sobre toda a superfície da terra e toda árvore cujo fruto produz a sua semente; tal será o vosso alimento. 30A todo animal da terra, a todo pássaro do céu, a tudo o que rasteja sobre a terra e que tem sopro de vida, eu dou como alimento toda erva que amadurece. Assim aconteceu. 31Deus viu tudo o que havia feito. Eis que era muito bom. Houve uma tarde, houve uma manhã: sexto dia.

Gênesis 2,4b-25:

4bNo dia em que o Senhor Deus fez a terra e o céu, 5não havia ainda sobre a terra nenhum arbusto do campo e ainda não havia germinado nenhuma erva do campo, pois o Senhor Deus não havia feito chover sobre a terra e não havia homem para cultivar o solo; 6mas um fluxo subia da terra e irrigava toda a superfície do solo.

7O Senhor Deus modelou o homem com o pó apanhado do solo. Ele insuflou nas suas narinas o hálito da vida, e o homem se tornou um ser vivo.

8O Senhor Deus plantou um jardim em Éden, a oriente, e nele colocou o homem que havia formado. 9O Senhor Deus fez germinar do solo toda árvore de aspecto atraente e bom para comer, a árvore da vida no meio do jardim e a árvore do conhecimento do que seja bom ou mau.

[10]Um rio corria de Éden para irrigar o jardim; dali ele se repartia para formar quatro braços. [11]Um deles se chamava Pishon; é ele que rodeia toda a terra de Havilá, onde se encontra o ouro [12]e o ouro dessa terra é bom assim como o bdélio e a pedra de ônix. [13]O segundo rio se chamava Guihon; é ele que rodeia toda a terra de Kush. [14]O terceiro rio se chamava Tigre; ele corre a oriente de Assur. O quarto rio era o Eufrates.

[15]O Senhor Deus tomou o homem e o estabeleceu no jardim de Éden para cultivar o solo e o guardar.

[16]O Senhor Deus prescreveu ao homem: Poderás comer de toda árvore do jardim, [17]mas não comerás da árvore do conhecimento do que seja bom ou mau, pois desde o dia em que dela comeres, tua morte estará marcada.

[18]O Senhor Deus disse: Não é bom para o homem ficar sozinho. Quero fazer para ele uma ajuda que lhe seja adequada. [19]O Senhor Deus modelou do solo todo animal dos campos e todo pássaro do céu, que levou ao homem para ver como ele os designaria. Tudo aquilo que o homem designou tinha o nome de ser vivo; [20]o homem designou pelo seu nome todo gado, todo pássaro do céu e todo animal dos campos, mas para si mesmo o homem não encontrou a ajuda que lhe fosse adequada.

[21]O Senhor Deus fez cair num torpor o homem, que adormeceu; tomou uma das suas costelas e voltou a fechar a carne no lugar dela.

[22]O Senhor Deus transformou a costela que tirara do homem em uma mulher e levou-a a ele. [23]O homem exclamou: Eis, desta vez, o osso dos meus ossos e a carne da minha carne! Ela se chamará humana, pois do humano foi tirada.

[24]Por isso o homem deixa seu pai e sua mãe para ligar-se à sua mulher, e se tornam uma só carne. [25]Ambos estavam nus, o homem e sua mulher, sem sentirem vergonha um do outro.

2.1. Ser humano: do pó da terra e do sopro de Deus

No primeiro relato, o humano é a criatura do sexto dia, não porque está num topo hierárquico.[1] Não é sem significado o fato de o humano não ser o primeiro

---

[1] Quem criou a hierarquia em forma de pirâmide foram a tradição militar, tão bem exemplificada na Ilíada de Homero ("que um só comande sobre nós") e na legião romana, e as metafísicas platônica e aristotélica, sobretudo a neoplatônica das emanações graduais.

na criação. Chega depois, num espaço já habitado e cheio de vida. Isso pode sugerir que o ser humano é um hóspede e não um proprietário. Mas é também verdade que é convidado a estar numa terra em que lhe é confiado o serviço da passagem da criação ao Sábado. O sexto dia é a passagem da semana para o Sábado, é "véspera", é preparação para o Sábado. E aqui começa a aventura humana, a missão angélica do "anjo da terra": conduzir a criação ao Sábado.

a) Equívocos

Uma das interpretações mais árduas do primeiro relato bíblico está nos verbos "submeter" e "dominar". No segundo relato, que é mais antigo e mais centrado e detalhado na criação do ser humano, o verbo é outro: "cultivar" um jardim. O segundo relato e o contexto histórico do primeiro ajudam a corrigir um dos erros de interpretação mais desastrosos da história do Ocidente, erro com conseqüências funestas para a ecologia até hoje.

Tanto os verbos do primeiro relato como algumas expressões dos salmos lembram o "rei". A criatura humana teria surgido para ser o "rei da criação". Tal reinado foi interpretado de diferentes modos, conforme diferentes contextos históricos: o cristianismo conheceu o Imperador bizantino governando inclusive a Igreja, ou o Imperador franco e do Sacro Império romano-germânico, também interferindo em todas as esferas institucionais e nas vidas particulares. Mas foi o absolutismo, no início da era moderna, que transmitiu aos modernos a idéia de um governo do "legislador acima da lei" (*Princeps legibus solutus est*), criador da lei sem se submeter à lei, aplicação de um axioma anterior a respeito de Deus, mas agora também ao rei. "O Estado sou eu", dizia o Rei Sol, Luís XIV, da França. Para Hobbes, o teórico inglês do poder forte do rei, "a autoridade, e não a verdade, faz a lei" (*auctoritas, non veritas, facit legem*). A democracia moderna, reagindo a tal absolutismo, volta, por meio do contrato social, àquilo que os gregos, mediante a natureza, ou a Lei de Moisés, mediante o reinado de Deus, haviam estabelecido: todos são iguais perante a lei, inclusive os que governam.

No entanto, o estrago na interpretação bíblica e na "aplicação" de tal figura absolutista do rei já estava decolando pelos caminhos da secularização, da ciência, da técnica, da economia: o homem é a medida de todas as coisas, "legislador acima da lei", capaz de modificar e criar, colocando-se acima da criação; e ao homem, na relação com a natureza, tudo fica permitido experimentar sem que nada o afete irreversivelmente, até mesmo a bomba nuclear, as armas biológicas, as criações transgênicas: a verdade se estabelece como fruto da pesquisa por ensaio e erro, é conquista humana.

Os efeitos desse seqüestro interpretativo parecem irreversíveis, e talvez tenham mais a ver com o terceiro capítulo do Gênesis, a transgressão dos limites em direção ao saber — hoje não sabemos apenas que somos mortais, que o trabalho e a dor acompanham a existência, mas sabemos também que somos vazios de qualquer determinação natural, de qualquer "lei natural", e flutuamos numa incondição, sem casa na criação auto-regulada, jogados na angústia da insignificação, angústia que a língua alemã diz com a expressão "sem casa" — *unheimlich*. Sem poder voltar atrás, com uma espada proibindo o retorno ao jardim das origens, a casa hospitaleira e acolhedora só pode ser buscada adiante, numa relação criativa em vista também de uma reconciliação.

A teologia escolástica foi um pouco mais cuidadosa, mas não conseguiu sair do engessamento da metafísica grega. Segundo o ensinamento escolástico medieval, o homem deve obediência ao mandamento de Deus, a alguém que lhe é superior. Mas, numa visão hierarquizada da criação, conforme o esquema neoplatônico seguido por Agostinho e pela influente Escola de São Vítor, na Idade Média, *as outras criaturas devem obediência ao homem*. Assim consagram a hierarquia das criaturas, com o homem no topo, cuja vocação é o domínio das demais criaturas numa ordem de valor. Quem dá o valor está no topo, conforme o ensinamento neoplatônico: de cima, dos arquétipos ideais, por emanações e degradações, descem o ser e o bem de cada coisa. O que está na base só recebe, não dá nada de si como valor. Com tal metafísica, a narrativa bíblica fica aprisionada pelo mal-entendido. É necessário recontextualizar.

b) Reinterpretação

Quando examinamos a vocação do rei em Israel, mesmo quando praticamente quase todos os reis, de fato, tenham fracassado em cumpri-la, fica bem mais justo e coerente o que se pode entender pelos verbos "dominar" e "submeter". No primeiro livro de Samuel (cf. 1Sm 8), há uma "crise" de governo. Samuel, que era juiz das tribos de Israel, estava envelhecido, e seus filhos não correspondiam à missão de juízes — deveriam ser defensores e pacificadores das comunidades, seja nas relações com os estranhos, seja nas relações entre si. Diante disso, houve duas correntes divergentes: uma, à qual pertencia o próprio Samuel, queria continuar com a espontaneidade vocacional dos líderes que Deus quisesse suscitar para Israel. Outra, porém, pedia um "rei" para se sentirem mais organizados, como os povos vizinhos que os ameaçavam.

Ora, também nessa época o rei era uma figura com tendência ao absolutismo, senhor da vida e da morte. Em Israel, isso se chocava com a única verdadeira realeza, a de Javé. Não faltavam a experiência e a memória dolorosa da escravidão sob o rei do Egito, o faraó. Nem faltavam os exemplos dos reis dos povos vizinhos. Por isso havia resistência à constituição da realeza em Israel. Samuel advertiu contra os perigos de se ter um rei, e o pedido para ter um rei foi até considerado um pecado grave de rejeição a Deus. Mesmo assim, o próprio Deus concedeu um rei ao povo. Houve, porém, um pacto em que a função de rei, em Israel, deveria ser substancialmente modificada em confronto com os outros reis.

O rei, em Israel, deveria ser ungido para cumprir os desígnios de Javé em favor do seu povo. É um representante de Deus, um administrador eficaz das leis de Deus, zeloso em cumprir e em fazer cumprir a vontade de Deus. Portanto, deveria estar longe da tentação de se arrogar vontade própria e fazer o que seu coração desejasse. A concepção de reino absoluto, em Israel, só cabe a Deus. Repetia-se nos salmos, na liturgia, na oração diária, que "só Deus é rei". Portanto, ao rei humano caberia uma mediação, e poderia ser um sinal do reinado de Deus à medida que administrasse com sabedoria em seu nome.

Saul, seguindo a lógica da figura de "rei" acabou exorbitando seus limites e foi rejeitado por Deus, sobrando-lhe apenas um resto praticamente inválido na descendência de Jônatas. Davi foi a figura que mais alcançou o cumprimento religioso de sua administração. Embora também tenha errado, aprendeu a voltar ao seu limite através do arrependimento e da penitência. Ele se tornou, assim, a figura do autêntico rei, figura messiânica que seria idealizada em vista do futuro Messias, descendente de Davi. Salomão pediu sabedoria para exercer bem seu ministério de rei, e tal pedido é comovente até nossos dias. Entretanto, não foi fiel até o fim, fazendo pesar sua mão sobre o povo. Em seguida, vieram, com seus filhos, a divisão, a corrupção e a opressão de Israel.

Salvando-se exceções, que praticamente confirmam a regra, os reis de Israel e de Judá fracassaram um após outro, o que leva autores como John Mackenzie a concluir que era a própria lógica do "rei" que conduzia necessariamente ao fracasso.[2] No entanto, a originalidade da concepção "mediadora" de rei e a figura ideal do rei Davi são os cânones que explicam tal fracasso e insistem em manter o ideal de rei. O Novo Testamento vê tal figura inteiramente realizada em Jesus, o profeta de Nazaré, filho de Maria. Diante de Pilatos e no alto da cruz, há uma irônica, tremenda e permanente confissão sobre quem é o verdadeiro rei.

Para o nosso relato, não precisamos chegar ao Novo Testamento. Após o exílio, amargando a dura lição do fracasso dos reinados de Israel e de Judá e mantendo a alta dignidade da vocação do rei, o primeiro relato da criação faz entender, por meio dos verbos "dominar", e "submeter", que podem ser muito bem traduzidos por "reinar", o que é o desígnio de todo ser humano: exercer um sábio governo junto a toda criatura, de tal forma que se cumpra nelas o desígnio do Criador, e se harmonizem — se submetam — todas as forças das criaturas da terra, graças à administração do ser humano, que assim poderá conduzir a terra ao Sábado.

O nosso problema, diante da crítica atual à exorbitância do ser humano na má administração do ecossistema terra, é que até os verbos "dominar" e "submeter" estão de tal forma viciados que nem vale a pena tentar resgatá-los. É necessário outra tradução, com conotações não agressivas. Para isso nos socorre a segunda narrativa da vocação humana, mais antiga que a primeira narrativa, portanto, coexistente com a primeira quando esta é elaborada. Por sua anterioridade, é referência hermenêutica para entendermos melhor a primeira.

---

[2] Cf. MACKENZIE, John. *Os grandes temas do Antigo Testamento*. Petrópolis, Vozes, 1970. p. 143ss.

A segunda narrativa utiliza um verbo mais agrícola do que político: "cultivar". Nela, o ser humano não é a criatura do sexto dia, que leva a semana ao seu término e à entrada no Sábado do Criador, mas é companheira do Criador desde o início. A terra, uma vez criada, permanecia sem vida porque necessitava de dois elementos, um do céu e outro da própria terra: a chuva para irrigar e o ser humano para cultivar.

"Cultivar", portanto, é um verbo que esclarece os outros. A vocação humana é a de cultivar a terra ou o jardim. A cosmovisão helênica, hierarquizando refinadamente os trabalhos, tornou-se, para nós, fonte de novo mal-entendido: distinguiu os trabalhos nobres, de ordem intelectual, dos trabalhos servis, manuais. Até hoje, essa tendência permanece na hierarquização entre os trabalhos que produzem obras mais imperecíveis e os trabalhos cujos resultados desaparecem, como o trabalho doméstico e repetitivo. Para Aristóteles, até executar a música de uma flauta, que deforma a perfeição do rosto, era trabalho adequado aos escravos, não aos homens livres. Além disso, tanto a cultura como o culto iriam se hierarquizar e se afastar da natureza, até o ponto de opor cultura e natureza. Quanto mais próximo da natureza, mais rude seria o trabalho e o ser humano que dele se ocuparia. Quanto mais culto, mais abstraído da espontaneidade natural. Tal caminho chega ao exagero de valorizar não só o teórico, mas também o produto artificial ou a prótese, mais do que o original e o natural, o virtual mais do que o real existente.

A reação holística e ecologista nos ajuda a entender o segundo relato da criação: todo autêntico cultivo ou cultura e toda pessoa sábia e culta começam com o cultivo da terra, do chão, das condições fundamentais para a existência da vida sobre a terra. Reinar ou governar, administrar ou assessorar é realizar com sabedoria o pacto de companheirismo com o Criador em vista da vida sobre a terra. Tal interpretação não é um oportunismo, mas uma dura lição do grito do ecossistema terra, uma oportunidade que esse grito oferece para ler com mais justiça os dois relatos da criação no seu conjunto e no contexto da vocação do verdadeiro governo em Israel.

c) A formação do ser humano

O segundo relato do Gênesis nos ajuda a entender melhor também a constituição do ser humano. Assim como o rei ou o messias era retirado do meio do povo para ser o administrador em favor do povo, o relato do ser que deveria cultivar a terra lembra que ele é retirado da própria terra, é filho da terra. Os físicos contemporâneos diriam que somos poeira estelar, mas o texto bíblico não é ainda tão grandioso ou espantoso: somos pó da terra. Nem sequer húmus orgânico da terra, como dizem os latinos, mas ainda mais hùmilde do que o húmus, simplesmente pó. Ou "argila", porque o Criador é descrito como o ceramista que toma barro para modelar o ser humano.

Uma das impressões fortes que se tem, quando se levam em conta os mitos semíticos e babilônicos da criação humana, é que há uma clara decisão do Criador, em linguagem dialogal, ao criar o humano, conforme o primeiro relato. E, no segundo relato, a calma de um trabalho artesanal, e não uma luta entre elementos divinos e caóticos, masculinos e femininos. O ser humano é uma obra de artesanato, modelada com o húmus da terra. É *Adam*, formado do solo — *adamáh*. E nisso é também participante da sorte das demais criaturas, irmão de tudo o que é terreno, da água e da pedra, do pássaro, do boi e da flor. Participa da fragilidade e da mortalidade da erva do campo, da flor de um dia, das folhas de outono.

Formada de argila, como vaso de um pacato ceramista, a criatura humana recebe o sopro ou hálito divino. No primeiro relato, de caráter mais cósmico, o vento divino move o caos cheio de energia em direção às diferentes regiões e criaturas, canalizado na palavra divina que talha e dá forma. Quanto ao ser humano, é também a palavra que o torna "imagem e semelhança". Entretanto, no segundo relato é a própria vida de Deus, o seu sopro vital, que faz surgir o humano do húmus da terra. É o Espírito de Deus, inspirado no ser humano, que o torna realmente humano.

Para entendermos melhor a relação específica do Espírito do Criador com a criatura humana, convém lembrar o contraste com o mito babilônico em que o ser humano, *Gilgamesh*, além de provir da carcaça da grande mãe vencida e morta — *Tiamat*, a divindade feminina primordial, representando o caos imenso e perigoso —, também é feito de argila, mas penetrado de sangue da divindade criadora, de *Marduk*. Em *Gilgamesh* circula uma alma divina. O humano, segundo esse mito, é uma mistura de terra e de divindade, o que lhe acarreta o conflito e a luta entre sua condição limitada e sua vitalidade ilimitada, conflito entre a realidade e o desejo. O segundo relato bíblico utiliza, em vez do sangue, o respiro ou o hálito, como símbolo da presença do Criador no ser humano. Com isso consegue distinguir cuidadosamente a alteridade, a diferença absoluta entre o Criador e a criatura. Ao receber e inspirar o sopro, o ser humano começa o ritmo da respiração, o intercâmbio de vida com quem lhe adveio de fora e está nele hospedado, mas sem se confundir, sem misturar. O ser humano pode receber o Espírito, como a Palavra, que são anteriores ao seu próprio espírito e palavra, e que podem ir mais longe. O sopro divino está no humano, mas numa relação de alteridade, não como parte do humano. Podemos dizer que Espírito e Palavra são energia vital e forma de vida, mas cujo princípio permanece sempre exterior, antes e depois do humano, estabelecendo com o humano um diálogo vital.

À imagem do vaso de cerâmica, modelado da argila sem drama, sem incidentes e sem rivalidade, a Escritura acrescenta a imagem do pulmão, da garganta e da boca para falar da condição humana. O pulmão também é um vaso, um órgão eminentemente receptor. Ao abrir a boca e a garganta e ao acolher o fluxo do ar que lhe é inspirado desde fora, entra no ritmo e no intercâmbio da vida, torna-se um "vivente". Com o fluxo do ar devolvido pela garganta e pela boca, modula o som e a sua própria palavra, a resposta. Todo vivente humano é uma palavra de resposta, um *nephesh*. Por isso, em última análise, *o ser humano é a criatura que se auto-apresenta diante de quem a inspira, dizendo como primeiro som, primeira palavra, não um "eu" mas um "eis-me"*. Desde o início, é resposta e responsabilidade diante de quem o chamou à existência antes mesmo de ser.[3] Assim, chamado antes de existir, ao responder, começa a existir. Esse é um paradoxo e uma aparente falta de lógica: responder antes de ser, e começar a ser ao responder — sendo responsabilidade desde o início. Neste ponto decisivo a experiência vai mais longe do que a lógica.

A palavra *nephesh*, vivente, e a palavra *ruah*, potência e movimento, sopro e espírito, convêm ao ser humano de forma receptiva, porque ele é sempre também *bazar*, carne frágil e efêmera, mas capaz de receber e de ser sensibilizada por *ruah*, carne que pode se fazer palavra. *Nephesh* pode significar também boca, palavra e desejo, todas formas de comunicação e de autotranscendência em direção a quem chamou e espera resposta e responsabilidade.

O Salmo 104, um dos mais belos poemas da criação, sugere que todo vivente, inclusive os animais, porta o sopro que vem do Criador. Tem um enfoque mais participativo e mais inclusivo da vida. Não ocorre aos autores perguntarem por distinções entre humanos e animais. Só no contexto da violência e da idolatria é que deve se designar a distância do ser humano em relação ao mundo animal. Mais tarde, em plena escolástica medieval, conservam-se conceitos como "alma vegetal", "alma animal" e "alma humana" ou espiritual.

Somente a alma humana seria imortal, segundo uma linguagem amplamente adotada pela teologia e pela doutrina da Igreja. Na verdade, os textos bíblicos mais antigos desconhecem qualquer forma de imortalidade para a criatura humana. O Salmo 104 afirma o contrário: todos os seres vivem porque respiram com o sopro de Deus e, *"se retiras sua respiração, eles expiram, voltando ao seu pó; envias teu sopro e eles são criados, e assim renovas a face da terra"* (Sl 104,29). A vida é mortal, é um equilíbrio frágil, eminentemente ecológico, que depende da relação fiel, constante, do Criador com a criatura. Não há uma região imortal, um piso superior de um edifício dualista — corpo e alma — pelo qual o ser humano seria mortal pelo seu corpo e imortal pela sua alma. Diante da pretensão helênica de uma alma imortal, Taciano, o Sírio, por volta do ano 120, no *Discurso contra os gregos,* n. 13, afirma sem rodeios: "Gregos, a nossa alma não é imortal por si mesma, mas mortal; ela, porém, é também capaz de não morrer. Com efeito, ela morre e se dissolve com o corpo se não conhece a verdade".[4]

---

[3] Essa é uma das análises refinadas de Emmanuel Lévinas, que parte da antropologia bíblica de tradição profética e coloca tal antropologia em termos de subjetividade moderna: a subjetividade como criatura da alteridade. Cf. SUSIN, *O Homem messiânico*, cit., p. 309ss.

[4] In: PADRES APOLOGISTAS. São Paulo, Paulus, 1995. p. 79. Coleção Patrística.

Se quisermos manter a palavra alma para falar do ser humano, como sinônimo de vida ou vitalidade, de interioridade ou intimidade, de princípio formador e centro irradiador da vida humana etc., sempre teremos de manter seu caráter receptivo de uma relação, de uma hospedagem e de uma visitação portadoras de vida. Se o hóspede que inspira mantém fidelidade "eternamente", então a vida humana será eterna, mas não por um princípio de natureza que estaria no ser humano, uma alma em si mesma imortal, que seria, então, algo confusamente divino. Tudo, no humano, é criado, recebido, começado desde um Criador. Portanto, tudo pode ter fim.

Em síntese: além de ser *Adam*, feito da terra, do pó e da argila, o ser humano é *basar, ruah* e *nephesh*:

- *Basar* significa literalmente "carne". Todo humano é carne! — exclamam os sábios para indicar a fragilidade, a efemeridade e a fácil desintegração e corrupção da criatura humana. Até a mesa que faz o artesão poderá durar mais do que a sua carne. Esse aspecto da condição humana lembra a participação na mortalidade e humildade de toda criatura.

- *Ruah* significa "respiro", vento ou sopro, ar da atmosfera que se torna também ar do pulmão e vitalidade circulante, enfim, "espírito". É a vida e a força ou energia que caracterizam a criatura humana. *Ruah* pode designar também "Espírito de Deus" (*Ruah Yaweh*) ou a vitalidade de qualquer criatura vivente — de todo animal —, como no Sl 104,30, e inclusive a vitalidade de Deus em todo o universo, inclusive no caos, como está em Gn 1,2.

- *Nephesh* é a palavra mais rica, que inclui as duas anteriores, traduzida freqüentemente por "Vivente". É argila ou carne cheia de vitalidade, de espírito. Ou pulmão que acolhe inspiração e respira ao ritmo de uma relação e de um intercâmbio, tendo um começo na boca que se abre como um puro desejo, para terminar o compasso novamente na boca que expressa a palavra de resposta com o ar e o som em retorno. E, para continuar no ritmo de uma relação vital começada desde fora, da boca do Criador.

2.2. Humano: imagem do mundo, imagem de Deus

A expressão latina é esta: *imago mundi, imago Dei*. Provém de uma bela tradição patrística. Sob o signo de Adão, o ser humano é, em primeiro lugar, uma criatura de Deus em conjunto com as demais criaturas, participando da mesma existência criatural. Mas, pelo sopro do próprio Deus, é "elevada" a ser imagem de Deus. Então, torna-se uma "criatura aberta ao Espírito e, mais ainda, "criatura habitada pelo Espírito"; ou, parodiando a decisiva afirmação joanina sobre a Palavra que se fez Carne (Jo 1,14), a criatura humana é "Carne que se faz Palavra". Permanecendo fiel à narrativa bíblica, essa condição específica, que caracteriza o ser humano, não o retira do seio das demais criaturas, mas lhe permite ser o representante de toda a criação em face de Deus, a sensibilidade da terra tocada pelos céus e em face dos céus; ou, conforme expressão de santo Agostinho, a "boca do universo" que se abre em louvor ao Criador. Assim é "imagem do mundo" diante de Deus.

Como "imagem de Deus", a relação se inverte: o ser humano é o representante e administrador do Criador junto às demais criaturas, o cultivador do jardim em parceria com os céus, com as potências celestes que vêm de Deus, que trazem a palavra e o espírito à terra. A vocação e a responsabilidade humanas portam a marca do divino sobre a terra. Por isso as criaturas deveriam sentir-se aconchegadas à sombra do ser humano, protegidas e cultivadas, aproximadas ao próprio Criador, exatamente o oposto da inquietação, do medo e do terror.

A antropologia cristã, centrada na "Imagem de Deus", "imagem de Cristo" e "imagem da Trindade", tem seu ponto de partida exatamente na expressão "imagem e semelhança" de Gn 1,26. Interpretou-se de múltiplas maneiras essa aparente repetição ou sutil diferença. Por exemplo, a interpretação de que "imagem" seria a totalidade e "semelhança" seriam os detalhes — da liberdade, da inteligência, da vontade. Ou então "imagem" estaria voltada para o interior, para a alma, enquanto semelhança seriam as múltiplas expressões de ordem corporal da mesma imagem. Há quem simplesmente tome como sinônimo, repetição que visa reforçar a peculiaridade do ser humano, enquanto tem a ver com a sua configuração a Deus, morada finita de uma presença infinita. Finalmente, há quem advirta que ser imagem é constituir-se numa relação íntima com Deus, mas a semelhança advertiria que não se é Deus, apenas semelhante, pois a imagem está sempre a ponto de se tornar ídolo ao esquecer-se de que é apenas semelhança. No entanto, nesse campo, há uma infinidade de aspectos, e todos sem muita chance de serem decisivos. Importante é a direção que toma tal expressão: o humano espelha Deus, e ser esse espelho é a sua substância, a sua vocação maior do que sua natureza.

Segundo a tradição patrística, tal "imagem e semelhança" foi potencializada e realizada com a figura de Cristo. Nele Deus mesmo se fez humano para que a criatura humana seja elevada à condição divina. É a afirmação da "divinização" do humano em reposta à humanização do divino. Somos *theomorfoi* (em forma divina) porque somos *christomorfoi* (em forma de Cristo) pelo batismo, pela participação na comunidade cristã, pela Comunhão dos Santos. Somos, enfim, participantes da comunhão divina. Essa tradição patrística sublinhou a forma relacional em que o humano é *ántropos*, ou seja, "voltado para o alto": pela graça do Criador e Redentor. Essa dignidade diz respeito a todos e pode-se tornar uma fonte de saudável auto-estima e de responsabilidade fraternal e sororal em relação a todos, sobretudo ao humano mais humilde e frágil, que continua a ser imagem destinada à divinização.

Hoje, depois dos mestres da suspeita, depois de um século de psicanálise, de desconstrução histórica, filosófica e sociológica, a expressão "divinização" do humano parece sugerir mais uma patologia, a mania de grandeza que nega a humildade e a mortalidade para se sublimar pelo desejo de onipotência. Não é, contudo, a única razão da estranheza daquilo que foi uma antropologia patrística de afirmação da dignidade humana. Persiste o problema da tendência ao isolamento e ao privilégio antropológico, que pode encobrir a relação de mediação e de responsabilidade para com as demais criaturas. Pode acabar numa distinção unilateral do ser humano em confronto com a humildade e opacidade do resto da criação.

Cada vez mais, no sincretismo bíblico com a cultura filosófica, tal condição e vocação mediadora deslizaria para o dualismo de matriz helênica e iria desembocar na antropologia do "natural e sobrenatural", com ênfase no sobrenatural, assim como, no dual "corpo e alma", a ênfase se daria na alma. A antropologia sobrenatural, no melhor momento escolástico, manteve o equilíbrio da relação e da mútua complementaridade ou mútua exigência entre o natural e o sobrenatural, e não tanto a distinção ou a separação. No entanto, não conseguiu situar a criatura humana no conjunto da criação e, sobretudo, não conseguiu expressar adequadamente a vocação do humano em face das outras criaturas. Na melhor das hipóteses, as demais criaturas devem obediência e submissão ao humano, segundo a forma feudal da hierarquia. Por essa razão, é muito complicado manter a linguagem do "sobrenatural" e mesmo da "divinização" para se referir à condição específica do ser humano. Até mesmo a expressão "elevação" já não parece apropriada para marcar o lugar do humano no universo. Hoje as responsabilidades humanas reclamam a metáfora do "suporte", do "servidor" ou, diretamente, a metáfora ecológica da narrativa bíblica: "cultivador" do jardim-terra, enfim, o "anjo da terra", guardião e cultivador do ecossistema terra, aliado dos céus, de tudo o que é espiritual e que vem de Deus para ajudá-lo a cumprir suas responsabilidades na região do universo que lhe cabe servir, a terra.

2.3. Humano: corpo-alma

O dual corpo-alma ou corpo-espírito como duas partes do ser humano, visível e invisível, marcou tanto e por tanto tempo a história do cristianismo, que não pode ser desconhecido ou desprezado sem novos problemas. As distorções históricas de marca dualista, hierarquizando — alma como piloto ou senhora do corpo — ou distinguindo e opondo corpo e alma como dois elementos antagônicos entre si e separáveis pela morte, parecem tornar irresgatável tal maneira de se referir à condição humana. Por isso não faltaram os que sugeriram a abolição desse esquema cheio de equívocos. O que faz surgir mais dificuldade não é a complexidade do corpo, mas o estatuto da alma.

O dualismo helênico, atribuído geralmente a Platão e à sua tradição, de modo particular aos neoplatônicos dos primeiros séculos do cristianismo, influenciou e cristalizou a linguagem de corpo-e-alma. A tradição começa na noite dos tempos helênicos, bem antes de Platão. A busca de salvação consistia, desde que se sabe, na salvação da alma. O corpo é a parte mortal, mas a alma seria imortal. Pela alma, segundo a mística grega, se ingressa no reino dos mortos, onde se pode entrar em comunhão com o que é inteiramente espiritual e ideal, imortal e feliz, embora o mundo do além fosse representado com graduações entre o pior e o melhor. No entanto, neste mundo, no corpo, ela está aprisionada e decaída. Esse dualismo tem raízes mais antigas, como já mencionamos, entre os persas e o culto zoroástrico, baseado nos dois grandes princípios antagônicos da matéria luminosa e da matéria obscura. É um velho dualismo ao mesmo tempo metafísico e moral: o que é luminoso, espiritual, imponderável e imortal é bom; o que é opaco, corporal, pesado e mortal é mau. Tudo isso desemboca no maniqueísmo do tempo de santo Agostinho.

Agostinho suaviza tal dualismo. Toda realidade é criação divina, abençoada na criação e, portanto, é boa. Inclusive o corpo e a matéria em geral. O mal é uma carência, uma defecção ou perversão do bem, uma desordem. Mas Agostinho pensa uma hierarquia de bondade e de ser, uma "ordem". A alma deve ser o "piloto" do corpo, governadora, disciplinadora e ordenadora. A ordem se mantém hierarquicamente, com cada coisa e movimento, inclusive o corpo e a alma, indo para o seu lugar final.[5] É pela alma que entramos em comunhão com Deus, com o que é eterno, imutável e imortal. Como alma, em última instância, subsistimos para sempre. Por isso, conforme seu programa intelectual, o que afinal interessa é "Deus e alma", somente isso.

Santo Tomás, surpreendentemente, também faz uma séria objeção à utilização da palavra "alma" para indicar o núcleo espiritual-pessoal que caracterizaria o ser humano. Segundo Tomás, "a alma não é o eu" (*anima non est ego*). Contudo, o maior dos teólogos escolásticos parte do conceito aristotélico de alma, afirmando que "a alma é a forma do corpo" (*anima corporis forma*). Tomás, na verdade, coloca tal afirmação dentro de um horizonte criacional: "a alma *nos é dada* como forma do corpo". E, finalmente, torna sua definição bem concisa com o acréscimo do advérbio "unicamente": "a alma é *unicamente* forma do corpo".

De Aristóteles, que dedica um tratado inteiro sobre o assunto, a Tomás de Aquino, o que significa a categoria "*forma*", já que a alma é *forma*? É o princípio ou categoria que atribui ordem, estrutura orgânica e beleza à *matéria*.

Dito negativamente, conforme Platão, o caos é *matéria sem forma*, matéria em estado puro. Assim também a "violência": pura matéria, sem articulação, em estado bruto, vitalidade desordenada, potência "sem forma". A completa desordem de uma casa ou de uma sociedade ou de um depósito de lixo seria matéria sem forma. Os excessos de vitalidade, desbordando a boa forma, seriam violência. Nas grandes imagens primordiais do caos, que é *informe,* está normalmente o mar com suas ondas gigantescas, matéria potencialmente violenta, batendo-se ameaçadora contra as rochas que defendem a terra firme do caos.

---

[5] *Confissões* XIII, 10.

Então, agora positivamente, *forma* é o princípio de realização de um ser com organização, articulação e configuração. Constitui o "organismo". A forma é o princípio que confere o contorno, a distinção, o limite, a expressão, a beleza. E beleza é, simplesmente, "boa forma". É nesse sentido que a "alma" é, em relação à matéria corporal humana, o que lhe dá forma, uma configuração determinada e distinta de outros corpos animais. A alma é um "princípio formal" que dá aos elementos que integram o corpo humano a sua boa forma, a organicidade e a vitalidade tipicamente humanas.

Segundo Aristóteles, a alma é um princípio de subsistência, porque é o princípio da vitalidade corporal. No entanto, contrariamente a Platão, não subsiste independente do corpo, pois ela é o próprio corpo na sua "forma" orgânica. Se desaparece o corpo, a matéria informada pela alma, desaparece também a alma, a forma do corpo. Ou melhor: só desaparece ou se desorganiza o corpo porque desfalece a alma que lhe dá vida orgânica. O corpo humano, entretanto, não é apenas um amontoado de matéria, mas tem organicidade, vitalidade e expressão, porque está "informado" de alma. Para tentar enunciar essa intrínseca e mútua exigência de corpo e alma com uma expressão da informática, a alma é a formatação do corpo, e o corpo é a alma formatada. Assim, pode-se ver a alma, seus sentimentos de tristeza ou alegria no rosto, nos olhos, na curvatura ou no erguimento do corpo. Pode-se, pois, ver e tocar a alma, que é o próprio corpo numa certa forma. A "intimidade" é, ao mesmo tempo, um conceito de alma e de corpo, pois diz respeito ao núcleo interior, central e profundo da "alma". Pode-se, contudo, tomar contato com a intimidade ou até violentá-la ao contatar o corpo, violentando-o. A realidade humana como interioridade e corporeidade é uma só.

Tomás não extraiu todas as conseqüências de sua opção por Aristóteles, pois tal acepção concluiria que a alma é mortal. Não haveria subsistência da alma após a morte. A morte tampouco seria uma "separação" de corpo e alma, após o que a alma partiria para a eternidade, à espera da escatologia universal, para receber, então, o corpo ressuscitado. Tomás apenas afirma que, entre a morte e a ressurreição, subsiste a alma como memória do corpo em vista de sua ressurreição futura. Na verdade, trata-se de um esforço para permanecer dentro da ortodoxia doutrinal da Igreja. A solução poderia estar em outro aspecto da concepção de alma.

Tomás aproveita também de Aristóteles esta preciosa afirmação: "*A alma são formalmente todas as coisas*".[6] Mas, novamente, o horizonte de Tomás é o sopro divino recebido na criação, quando indica sutilmente a diferença: "A alma *nos é dada* como sendo formalmente todas as coisas". Em palavras mais compreensíveis, *a alma é a maravilha de sermos um corpo com expressão e com comunicação aberta virtualmente a todas as coisas!* A "forma" espiritual não é apenas interioridade, é também "abertura", capacidade de acolhimento e de conheci-

---

[6] *Pneuma êide panta* — no latim de Tomás, *anima quaemadmodum omnia*.

mento ou reconhecimento, capacidade de comunhão com as criaturas, inclusive as celestes e invisíveis. É, portanto, eminentemente relacional. Alma é relação; alma se ganha e se dá numa relação. Esse aspecto relacional infinitamente aberto do ser humano, que o caracteriza como humano, é o conceito de pessoa na teologia trinitária e na antropologia de Agostinho: pessoa é relação que pressupõe o outro (*persona relatio ad alium*). Esse acento relacional supõe *alteridade*, supõe o *outro* com quem se pode entrar em comunhão, de quem se recebe vitalidade e a quem se devolve ou se doa vitalidade. Assim, voltamos ao segundo capítulo do Gênesis: o ser humano é corpo vitalizado pelo sopro do Criador.

A "alma", então, é essa abertura e relação virtualmente infinita, relação com o divino, que não se pode esperar de uma pedra ou de uma estrela nem de um animal. O ser humano se relaciona com a pedra e com a estrela no âmbito dessa "alma", estendendo-lhes a sua alma, mas não adianta esperar que a pedra ou a estrela façam o mesmo. Todas as criaturas entram na comunhão, no êxodo em direção ao Sábado da criação, no descanso face a face da criação com o Criador, graças à mediação dessa "alma" humana, desse ser aberto e relacional ao infinito.

A subsistência eterna, ou a imortalidade do ser humano, não é, pois, resultante de um privilégio de natureza, mas sim uma permanência dessa relação vitalizante do sopro do Criador. Em última análise, como já mencionamos, é a fidelidade do Criador, enviando o seu Espírito transfigurante e glorificante, que torna virtualmente incorruptível, portanto, eterno o ser humano. O Espírito do Criador é a "garantia de eternidade", apesar da "eterna mortalidade" da criatura, como sugere o Salmo 104,29. Não é possível, então, falar de imortalidade de uma alma humana ou pensar separadamente corpo e alma. Imortal é o sopro ou a alma divina, o Espírito do Criador que habita o corpo humano e o torna eterno.

Depois de toda essa reflexão, nossa conclusão é esta: não parece apropriado falar, de acordo com a melhor experiência bíblica e cristã, de um corpo humano sem alma e, menos ainda, de uma alma humana separada e subsistente sem corpo. Uma alma subsistente sem corpo acabaria num espiritualismo, e a ressurreição seria algo como uma reencarnação. Na verdade, a ressurreição é a plena e última transfiguração do corpo humano, por graça do sopro fiel e transfigurante do Criador, que *glorificou Jesus em seu corpo mortal* (cf. Rm 1,4; 8,11). O ser humano é um "corpo animado" e será um "corpo glorificado", não propriamente uma "alma encarnada" ou "espírito encarnado".

Numa feliz expressão de Emmanuel Lévinas, "a alma é o outro em mim": a relação que me advém de fora, de outro, me bate, me fere, me abre, me habita, me inspira, vitaliza, exalta, enfim, "anima". Na relação com o outro, também posso ser alma para outro, e esse é o segredo de toda ética e de todo cuidado ecológico.

Em 1979 e 1992, a Congregação para a Doutrina da Fé emitiu declarações em que afirma a necessidade de se manter o vocábulo "alma" para designar a subsistência da individualidade, mesmo após a morte, de forma tradicional. A declaração arrisca voltar aos mal-entendidos do passado, contrapondo-se à atual busca de unidade do ser humano e de melhor valorização da corporeidade.

Talvez devamos simplesmente utilizar o vocábulo da forma como o fazem os últimos livros do Primeiro Testamento e todo o Novo Testamento: como sinônimo de vida, desde o núcleo mais essencial da vida, que é sempre mistério (cf. Mt 10,28), o que corresponde bem à palavra hebraica *Leb,* que tanto pode ser traduzida por alma como por vida, sangue, respiro, metáforas de vitalidade e de relação.

O atual estágio da biologia nos ensina que a vida é continuamente auto-organização com troca de informações, portanto, em comunhão. Mesmo a vida individual depende de teias cada vez mais complexas de informações e alimentação. Entretanto, a expressão "alma", que sempre foi muito usada em recenseamentos para designar simplesmente "pessoa", também indica interioridade inviolável, o mistério mais íntimo, o núcleo mais profundo ou mais alto da pessoa ou do "eu". É *a parte pelo todo*, mas que tem a capacidade de unificar, de irradiar ou de comunicar o todo, como, por exemplo, quando o salmista convida a si mesmo: *"Louva, minh'alma, ao Senhor — que todo o meu ser louve seu santo nome!"* (Sl 103,1).

No entanto, a forma narrativa bíblica, por afirmar que o humano é argila — filho da terra e irmão das criaturas, criado sob a Palavra formadora e designadora do Criador e sob o impacto e a penetração da vitalidade do próprio Criador, do seu sopro ou Espírito —, torna-se mais rica e exata do que todas as definições teológicas posteriores e, ainda hoje, é fonte de inspiração para o ser humano, para sua vocação e responsabilidade.

3. SER HUMANO: HOMEM E MULHER, PAIS E FILHOS, IRMÃOS E IRMÃS

As origens do ser humano, no Gênesis bíblico, além de não apresentarem nenhuma luta prévia de poderes, com mortes e vitórias, entre forças caóticas e cósmicas ou entre humanos e deuses, também nos inspiram um sentido do ser humano como "homem e mulher" de maneira relativamente nova sobre o pano de fundo patriarcal dominante na época. Todavia, para entender melhor a novidade na forma como o relato inicial descreve o surgimento do homem e da mulher, convém seguir a inspiração do autor: há uma relação entre o ser humano e os animais, que é qualitativamente diferente da relação entre o homem e a mulher. A relação entre os humanos e os animais ajuda a entender o que há de qualitativamente diferente na relação entre homens e mulheres e, afinal, nas relações entre seres humanos.

3.1. Animais: seres de convivência

Seguindo o pacato desígnio de cultivador da terra e de administrador da vida sobre a terra, conforme Gn 2,19-20, o ser humano é convidado a "dar nome" aos animais. Nomear, designar é uma forma de dar significado, de interpretar e de dar uma direção às vidas dos que são nomeados, integrando-os no universo da linguagem com que o ser humano nomeia. É uma certa forma de vocacionar. Há, portanto, entre os seres humanos e os animais — "selvagens e aves", diz inicialmente o trecho de Gn 2 em estudo — uma relação qualitativamente distinta daquela que há entre seres humanos e as ervas e árvores, terra e água. Uma vez nomeados, o autor acrescenta que há "animais domésticos" ao lado de animais selvagens e aves. A "domesticação" dos animais é um dos maravilhosos efeitos da linguagem, da "nomeação", da aproximação entre humanos e animais. Contudo, não se trata inicialmente de domesticação com fins de provisão de alimento animal; longe disso. Os seres humanos e os animais haviam ganhado a mesma alimentação: as ervas e os grãos, sementes e frutas (cf. Gn 1,29). No jardim do Éden, o humano não é carnívoro, não come animais. O seu governo sobre os animais é o da domesticação pela linguagem e por um certo companheirismo em compartir os mesmos alimentos. Somente mais tarde, já em situação degradada, há um pacto de tolerância com Noé, que permite ao homem comer animais, mas sem sangue — sem a "alma" animal —, com o preço do pavor e da fuga dos animais, que verão no homem não mais um companheiro doméstico, mas o grande animal feroz.

Enfim, nomeação, domesticação, companheirismo, mesmo nos trabalhos e no lazer sabático, em que o boi descansa ao lado do trabalhador, tem a ver com convivência: os animais são seres de convivência no concerto das criaturas viventes. Com os animais há uma paisagem cheia de sinais de vida, de sons e movimentos de vida. Há uma convivência, mas há ainda uma solidão: um ser humano sozinho não encontra entre os animais, por mais feliz que seja a convivência, uma "correspondência". A diferença aqui entre "conviver" e "corresponder" é decisiva. A "ajuda" de que todo ser humano precisa provém de alguém que seja como ele, alguém que também o ajude a cultivar, a administrar, a nomear, companheiro na mesma aventura de ser *Adam*, de forma não só complementar, mas também "suplementar", que não signifique apenas um complemento para suas carências e satisfações, mas um suplemento de abundância que o abra à transcendência entre seres humanos. É bom que tenha alguém com quem partilhar sua própria experiência, que, de certa forma, *também o nomeie*, em mútuo acolhimento e mútua responsabilidade.

Alguém solitário não suportaria a responsabilidade por todas as criaturas sem descansar também ele na responsabilidade de outra criatura. Tudo isso está relacionado com a solicitude por uma "ajuda" ao ser humano. A reciprocidade, o enriquecimento da correspondência, o vigor e o acréscimo ao infinito de energia que a reciprocidade infundiria, é a razão do ser humano em plural e em gêneros distintos, a distinção entre homem e mulher. Animais estão aí para a convivência, doméstica ou selvagem. Humanos estão uns para os outros para a correspondência.

3.2. Homens e mulheres: seres de correspondência e co-responsabilidade

Vale a pena ler de novo a narrativa da criação do ser humano, conforme a feliz tradução da "Bíblia na linguagem de hoje":

> *Então Deus disse: — Agora vamos fazer os seres humanos, que serão como nós, que parecerão conosco (...) Assim Deus criou os seres humanos; ele os criou parecidos com Deus. Ele os criou homem e mulher, e os abençoou.* (Gn 1,26-28a)

Nessa primeira versão, que é do primeiro relato, o ser humano é, desde sempre, pensado e tratado em plural e na distinção de homem e mulher, como forma de semelhança com Deus.

As duas palavras hebraicas têm uma raiz comum: *ish* e *isháh*. Gastou-se muita tinta para interpretar essas palavras. Chegou-se a interpretar de forma patriarcal e machista: a raiz seria o masculino, o varão, e a mulher seria um derivado. Alguns antropólogos, analisando os papéis de homens e de mulheres em outras culturas, afirmam que aqui temos, na linguagem mítica, uma explicação compensatória numa inversão da realidade, pois, de fato, é o homem que nasce, que sai, que deriva da mulher. A sociedade patriarcal, entretanto, teria precisado dessa inversão compensatória para se equilibrar. Inversamente, em algumas sociedades matriarcais, o homem deve também sentir dores de contração de ventre enquanto a mulher está dando à luz, e a quarentena é mais do homem do que da mulher. Isso seria outra forma de compensação.

Há, porém, outras interpretações mais coerentes com o contexto literário e, sobretudo, histórico da Escritura. Numa criação sem embates, portanto, sem confrontos pela auto-afirmação em espaços de poder mediante a derrota de outro ou duras negociações de espaços, é mais coerente pensar logo "esponsalmente", assinalando a diferença em vista da "ajuda" (*ezer*) que humaniza cada um dos diferentes.

Isso pode ser melhor esclarecido aventurando-nos pela etimologia, tão ao gosto da teologia judaica, por meio de um exemplo paralelo: em êxodo pelo deserto, o povo precisava morar em "tendas" — em hebraico, *shekina*. Junto a elas, em sua fragilidade, tornava-se presente a ajuda (*ezer*) do próprio Deus no simbolismo de uma nuvem baixada do céu. Essa presença frágil e poderosa ao mesmo tempo foi chamada de *shekináh*. A raiz é a mesma, como em *ish* e *isháh*. Da mesma forma se apresenta o feminino *ruah*, forma feminina de se referir à vitalidade que vem de Deus como "ajuda" para todo vivente.

O que parece um simples derivado para a palavra feminina, na verdade revela muito mais do que isso. Trata-se de uma *alteridade que se torna presente, criando assim a maravilha de possibilidades novas* para quem, com essa presença, levanta-se de sua impotência e imobilidade, que o inclinariam para a morte. A relação com uma alteridade se revela vitalizante e fecunda. A esponsalidade de *ish* e *isháh* é a culminância de toda esponsalidade de céus e terra, de todos os elementos da criação, da biodiversidade que povoa o universo.

O homem e a mulher são, inversamente, os modelos da masculinidade e da feminilidade que enchem o universo de vida em relações cada vez mais ricas. A sexualidade é, desde a origem da vida sexuada, um salto de qualidade na forma da vida. A reprodução assexuada — até mesmo a moderna clonagem — só reproduz cópia, sem nenhum enriquecimento nem complexificação. Entre os seres sexuados, a clonagem ou cópia assexuada representaria, a longo prazo, um empobrecimento, uma "des-criação" ou uma degradação da riqueza dos cruzamentos que agregam originalidade e tornam complexos os seres vivos na reprodução sexuada. No entanto, na criação do ser humano como homem e mulher, há mais do que um desígnio de reprodução sexuada: eles são, diferentemente dos animais sexuados, os que se "co-respondem", os que se assumem na co-responsabilidade mútua e na ajuda quanto à responsabilidade pelas demais criaturas; e, finalmente, na responsabilidade pelas criaturas da terra diante dos céus, como interlocutores de Deus.

O segundo relato, tomando mitologemas como o "sono profundo" e a "nudez", explica narrativamente aspectos que o primeiro diz de forma demasiado sintética. Em primeiro lugar, o "sono profundo" conduz à condição anterior a qualquer consciência de sujeito por parte do homem. Não é o homem o sujeito, o que tem o domínio, na criação da mulher. Não é o homem quem vai dar à luz a mulher. Trata-se de uma criação que escapa ao poder humano. Quanto à famosa "costela", embora contenha uma pitoresca referência etiológica sobre a diferença de costelas entre o homem e a mulher, seria, segundo bons biblistas, uma modificação posterior, com intenções etiológicas — para explicar por um mito a origem de algo presente. Na verdade, trata-se da "coluna", da "espinha", o que é bem diferente de uma mera costela (pior ainda, costela "torta", segundo a amarga meditação anti-feminista de alguns séculos de medo de mulheres[7]). Em busca de uma tradução adequada para "coluna", podemos dizer simplesmente "lado": é do lado, e não mais da argila ou de alguma parte específica do ser humano que surge outro ser humano, distinto e, ao mesmo tempo, igual em essência e estrutura. Alguém que está "ao lado" é alguém que se põe "ombro a ombro", em parceria.

Por isso o homem, em vez de nomear a mulher, a *saúda*. A saudação é inteiramente distinta da nomeação em que o homem designa um lugar aos animais na criação. A saudação é reconhecimento da chegada de alguém capaz de interlocução. Ao serem "apresentados" um ao outro por parte do Criador,

---

[7] Sobre o medo em relação às mulheres, cf. DELUMEAU, Jean. *O medo na história do Ocidente — 1300-1800*; uma cidade sitiada. São Paulo, Companhia das Letras, 1989. p. 310ss.

portanto, ao serem colocados face a face, o homem saúda a mulher, reconhecendo nela sua "consorte", que os animais não podem ser: *"Esta sim, é carne da minha carne e osso dos meus ossos"* (Gn 2,23). O Criador não apenas forma a mulher, mas é o mediador que a conduz e apresenta a ambos. Não há aqui ressaibos de rivalidade, de ciúme e de roubos, como freqüentemente ocorrem em narrativas míticas.[8]

Há um acréscimo, no final do relato bíblico, que fundamenta um mandamento decorrente: o homem e a mulher têm a vocação de se unir, formando uma só carne. Mas nada se diz sobre o fato de que o homem e a mulher seriam, em si mesmos, seres incompletos ou, conforme uma tradição helênica, partes de um andrógino castigado pela separação das metades e impelido a buscar o que lhe falta. A união é celebração de abundância, e não satisfação de carência e, por isso, é portadora de fecundidade. Visa, portanto, a que eles se encaminhem para além de si mesmos no tempo. Finalmente, o simbolismo da nudez tranqüila, não envergonhada, tem um significado simbólico marcante: exposição sincera, inocência em relação à mortalidade, auto-estima e auto-afirmação sem medo e sem culpa, em distinção harmonizada com outro, diante de outro. Tudo isso pode ser evocado por essa nudez primordial.

Podemos examinar o conjunto do texto em contraste com a cultura patriarcal da época, em que a mulher era considerada propriedade do homem, facilmente descartável e exposta à exploração, à marginalização e à prostituição. Em culturas circunstantes, enquanto a sexualidade era sacralizada por meio da sacralização da fecundidade, com ritos de fecundidade em templos com prostitutas sagradas, a mulher como tal, a de carne e osso, era objeto de menor valor, colocada ao nível dos servos. *Baal* era a palavra para designar, ao mesmo tempo, a divindade, o senhor e o marido. Aqui, a sexualidade humana ganha uma dimensão somente humana e está integrada a uma vocação de companheirismo na correspondência mútua e na co-responsabilidade pelas criaturas.

Da relação fecunda entre homens e mulheres decorre a história no seu melhor sentido. Os patriarcas bíblicos não seriam patriarcas sem as matriarcas. Segundo um comentário rabínico, Abrão, ao ter seu nome mudado por sua vocação para Abraão ("pai abençoado"), ganha a bênção em seu nome porque Sarai dá algo de si, esvaziando-se e tornando-se Sara. Abraão, assim, ganha um "seio", é um patriarca maternal, que ecoa até dentro do Novo Testamento (cf. Lc 16,23), graças àquela que serviu os hóspedes em sua tenda: Sara é a condição para Abraão chegar a ser o que é chamado a ser. Rebeca, em relação a Isaac, e Raquel, em relação a Jacó, têm desígnios parecidos: o patriarcado supera criativamente sua dureza e seus limites graças ao matriarcado. As mulheres, em

---

[8] Bastaria lembrar, em contraste, os clássicos raptos de Europa, de Helena, das Sabinas, troféus políticos de astúcias e de guerras por hegemonia.

Israel, não são mediadoras do famoso "parricídio", a trama para assassinar o pai com a cumplicidade da mãe.[9] Ao contrário, elas colaboram para que a bênção passe adiante e se cumpra. E isso vale inclusive, de forma aparentemente muito estranha, para a genealogia de Jesus, segundo Mateus: três mulheres — a prostituta Tamar, a cúmplice do pecado de Davi e Rute, a amiga fiel —, em situações extremas e irregulares, salvam a continuidade genealógica masculina, de Abraão a Jesus.

O Cântico dos Cânticos, por sua vez, decanta na forma de poema erótico a relação entre o Amado e a Amada, sem que *eros* se torne uma energia arrasadora ou uma paixão trágica como a flecha de Cupido. Deus não é sequer nomeado em todo o poema. *Eros* é puro humanismo. É *estética*, *atração* e *ternura*, os três aspectos que se enlaçam numa visão humanista de *eros*. Gênesis e Cântico dos Cânticos, além de mostrar as figuras de mulheres que acompanham a história de Israel, são uma fresta luminosa que se alarga, em direção a um desígnio de relações que o Novo Testamento completa ao fazer memória de discípulas ao lado de discípulos, elas como testemunhas da cruz e da ressurreição de Cristo em primeiro lugar.

Nas primeiras comunidades cristãs, as mulheres tinham o direito de palavra. E falavam tanto, com tal libertação e falta de repressão, que Paulo, utilizando as armas do patriarcalismo resistente, ordena que se calem. Paulo retoma, nesse caso, a teologia rabínica em que o homem é a cabeça da mulher, embora afirme que o homem deve cuidar da mulher como sua própria carne. Em outro momento, porém, Paulo afirma que, homens ou mulheres, como servos ou livres, cidadãos ou estrangeiros, todos são iguais, são "um" em Cristo (cf. Gl 3,28). Essa é a real novidade do Novo Testamento. Entretanto, acima de toda teoria, Paulo saúda mulheres que são hospedeiras de comunidades.

Os dois mil anos de cristianismo têm extremos, situações e textos doutrinais em que a relação de gênero é constrangedora e humilhante: a mulher vista como "homem incompleto", segundo uma tradição aristotélica, e como mero "vaso" receptor e gestador da nova vida; ou como perigo diabólico enquanto suscitadora unilateral do desejo. Há situações em que, mais na prática do que na teoria, a mulher ganha seu verdadeiro lugar e se revela, superando a dureza do contexto.

A relação de gênero, entre homens e mulheres, ganha há um século uma nova chance: a da participação da mulher nas instâncias públicas, de trabalho, de governo e decisão, de condução dos destinos dos povos, além de ser cada vez mais reconhecida como chefe de família. É um bom contexto, com possibilidade de superação do patriarcalismo e de releitura mais adequada das fontes bíblicas da criação.

---

[9] O caso da rivalidade que se estabelece entre Esaú e Jacó, em disputa pela primogenitura, e a mediação da mãe favorecendo Jacó para, astuciosamente, extorquir a bênção do pai, parece uma exceção. Conduz perigosamente ao fratricídio. Na verdade, a narrativa tem em vista o contrário no seu final: a reconciliação, e não a vitória fratricida.

3.3. Pais e filhos: seres de fecundidade e filiação

Eva, como Adão, é um nome muito rico de significado. É o nome de quem gera vida e a dá à luz e, por isso, uma tradução simples é "mãe". A raiz etimológica aproxima o nome *Havvah* ao verbo viver, *hayah*. Podem-se juntar os nomes Eva, Abel e Babel, cada nome com um significado diferente, mas com uma raiz comum, o "vazio". No caso de Abel, seria o vazio da sua fragilidade, do seu quase nada em confronto com a potência de Caim. No caso de Babel, a sua pura aparência ou idolatria, vazia de substância. Mas no caso de Eva, é o vazio do ventre materno, que se abre para que outro venha à vida e seja gestado nesse espaço de auto-renúncia. É o desígnio da maternidade. Por isso, com Eva têm início a fecundidade e o paradigma de toda fecundidade e de todo *eros* da criação: a filiação e a biodiversidade.

Como já foi mencionado, *eros* não é uma fatalidade, uma paixão provocada por deuses, por alguma flecha de Cupido, que arrastaria a um destino de choque e de insatisfação, conflito entre o princípio do prazer e o princípio da realidade; ou, pior ainda, entre amor e morte — *eros* e *tánatos*. Não é o que se lê na Escritura, diferente dos gregos e da psicanálise de Freud. Eros, integrado à fecundidade, à paixão pela vida, à abundância e multiplicação de vida, expande a realidade e integra em seu desígnio a própria morte. A palavra adequada para entender *eros* na Bíblia é a "bênção". O testemunho da bênção são os filhos. E os filhos levam adiante, para além da morte dos pais, a bênção em direção ao seu cumprimento: eros tem uma dimensão escatológica irreversível e significa uma energia criativa que perpassa a criação e o tempo, de geração em geração, abrindo caminho para a vida plena, messiânica. Em Israel, toda mãe é, por participação, mãe do Messias.

Por isso, em última análise, o Primeiro Testamento tem grande interesse por genealogias, e o Novo Testamento começa por elas. É que a relação erótica entre o homem e a mulher se supera na relação de fecundidade entre pais e filhos. Há um "eros paterno" e um "eros filial" que atravessam diacronicamente a relação erótica sincrônica entre homem e mulher. A sexualidade manifesta todo o seu esplendor na fecundidade e na capacidade de atravessar os tempos para frente e para trás. A ternura pelas crianças e pelos anciãos é seu testemunho concreto. A ternura e o enternecimento dobram a dureza do ser e cavam o "vazio" do seio que se inclina para proteger, sustentar e cultivar a vida de outro. Não há, em toda a criação, objeto mais digno de ternura do que uma "criança" — que é para ser criada — que se carrega ao colo.

A mesma ternura atravessa os tempos em recuperação do passado; é ternura pelo ancião que se carrega às costas, como fez Enéias com seu pai ao desembarcar na Itália para começar uma nova civilização (conforme o mito itálico dos romanos). Há, porém, uma tradição bíblica ainda mais forte nessa direção: os pais fazem sobreviver a si mesmos, de certa forma, na bênção que passam aos filhos. Com a bênção, passam-se a si mesmos, o que há neles de melhor. E os filhos, em vez de sacralizar o lugar da sepultura de seus pais, carregam seus ossos consigo em êxodo, como no caso de José. Não há túmulo para Elias, não se conhece o de Moisés, e o de Jesus está vazio: o importante são a bênção e a fecundidade ainda atuantes da profecia de Elias, da Toráh dada a Moisés e, no caso dos cristãos, da ressurreição de Cristo.

A biodiversidade é um desígnio da criação desde as origens. Os povos todos aprenderam o significado da riqueza da biodiversidade. Biologicamente, ela requer a forma sexuada de transmissão de vida, porque a reprodução sexuada agrega riqueza ao cruzar diferentes origens. É bem verdade que o ser humano não é apenas um organismo biológico, mas um ser biologicamente enriquecido e moldado pela cultura. Contudo, a sexualidade é um verdadeiro paradigma do enriquecimento de vida, antes mesmo do surgimento da vida humana.

Foi necessário aprendizagem milenar para o ser humano estabelecer em suas bases culturais algumas decisões fundamentais, protetoras da sexualidade e da vida enriquecida, como a repugnância pelo incesto, pela violência representada pela "cadeia alimentar", sobretudo pelo assassinato; enfim, por formas de indiferenciação e diminuição de vida. Toda vida se direciona à diversidade, à diferença, à originalidade, à biodiversidade cada vez mais rica.

O Criador não faz cópias, mas originais. Ainda que um gêmeo univitelino seja um clone natural, os irmãos, mesmo gêmeos, caminham em direção à diferenciação e à originalidade. É nesse sentido que a paternidade e a filiação integram a criação: a mesma criação se auto-organiza com a troca de vida, de tal forma que se torna cada vez mais complexa e rica. O fato de a sexualidade, mesmo no ser humano, ser considerada anterior à inteligência abstrata e ser um paradigma de vida mais amplo do que a inteligência, tem um significado profundo: a sexualidade revela melhor a vida como dom e acolhimento, como relação e partilha, enriquecimento e abertura de futuro. A inteligência é menos do que isso.

A inteligência pode ser considerada uma forma peculiar de *eros* e de fecundidade, mas também nesse caso a Bíblia fica longe de Prometeu, o trágico herói grego que roubou o fogo da inteligência dos deuses. Com a aquisição da inteligência, Adão e Eva não se tornam soberbos nem abocanham a imortalidade. Pelo contrário, sua primeira sabedoria foi reconhecer sua mortalidade, com suas fadigas e dores, com os desequilíbrios possíveis da vida e das relações humanas. A inteligência pode ser o início da sabedoria e da busca por melhores condições de vida. Ela se agrega à sexualidade para criar e se desenvolve na adaptação criativa do meio ambiente. Chega ao *eros* da sabedoria, da teoria, da ciência que supera o imediato meio ambiente, mas sua raiz é cultural, em vista do cultivo do meio ambiente para viver. A inteligência e a sabedoria levam à relação de mestres e discípulos, uma forma particular da filiação, a *filía*. Trata-se de uma participação na sabedoria e na experiência de vida. *Filía,* portanto, junta-se a *eros.*

O Novo Testamento insiste, porém, num passo a mais em termos de fecundidade, a relação criativa de *ágape*, na qual todas as criaturas se tornam irmãs.

3.4. Irmãs e irmãos: "aproximação" de toda criatura

O Novo Testamento funda-se numa experiência nova de relação criatural. É crucial entender essa novidade nas perguntas *"quem são meus irmãos e minhas irmãs?"* (cf. Mt 12,46-50) e *"quem é meu próximo?"* (Lc 10,29) e nas respectivas respostas: é irmã e irmão todo aquele que escuta a Palavra de Deus e põe-na em prática. É próximo aquele que pratica o que Jesus dá como exemplo na parábola do Bom Samaritano: a aproximação sem defesas, saindo do seu próprio lugar, expondo-se à ferida e ao clamor de outra criatura, pensando suas chagas e encarregando-se de seu cuidado, a ponto de tomar em relação ao outro uma atitude regenerativa, maternal. É ser próximo e *irmão sem fronteiras*. Numa boa teologia da criação, entende-se que não há sequer como estabelecer fronteiras entre a criatura humana e as demais criaturas: o lobo feroz, ferido e violento, foi objeto de aproximação sem defesas por parte de Francisco de Assis e se tornou o "irmão lobo".

A família e a nação foram, freqüentemente, linhas divisórias para a fraternidade e para a proximidade. Os laços de sangue reúnem o clã, a etnia. Quando a tribo vive ameaçada, a família precisa ser multiplicada, os irmãos de sangue e de etnia precisam ser muitos. Daí o cuidado para com o mandato do Gênesis: *"multiplicai-vos e povoai a terra"*. Essa é também uma das razões para os cuidados genealógicos, para os casamentos, para a pureza étnica em alguns textos do Primeiro Testamento. Em outros, nem tanto: ao estrangeiro e ao hóspede se exigem os mesmos tratamentos que aos filhos e irmãos. A piedade e a boa obra podem dirigir-se também aos outros em tempos de exílio. Predomina, no entanto, a obsessão pela consangüinidade.

O Novo Testamento desloca-se decisivamente para um novo laço familiar: a Palavra de Deus. Por isso se desloca da sexualidade e da genealogia étnica para a mesa eucarística e para a genealogia apostólica. O Novo Testamento se refere 61 vezes à mesa, à comida, ao comer e beber como momento privilegiado. Jesus, antes de fundar uma Igreja, fundou a "comensalidade", mereceu dos adversários o título de "comilão e beberrão" (cf. Mt 11,19), tornou a mesa uma referência de encontro, de inclusão, de regeneração, enfim, de aproximação. Também os gregos conheciam as comunidades de mesa, os "simpósios" onde se destilava sabedoria, como o banquete de Platão, seguido por movimentos helênicos de espiritualidade filosófica. Mas ninguém levou tão longe como Jesus a inclusão à mesa, à convivência. Isso precisava supor a atitude do Bom Samaritano, a aproximação do hostil e do impuro, do indigno e do incapaz, ou seja, uma *aproximação sem fronteiras*. É a forma universal da fraternidade, forma eucarística e discipular.

Os casos são bem conhecidos: Mateus e Zaqueu, tanto quanto o fariseu Simão. Todavia, é mais notável a mulher à mesa, na atitude de discípula, como Maria, ou regenerada, como a mulher na casa de Simão. Ao lado da mulher, também o endemoninhado de Geraza senta-se aos pés do mestre, na forma de discípulo. Aproximação e inclusão têm um método muito claro para o Novo

Testamento, pelo qual se rompe a circunscrição da experiência cristã à religião judaica, passando às diferentes formas religiosas e até seculares, amadurecendo em Direitos Humanos, Cidadania. Um sinal da Nova Criação e das Novas Criaturas, para Paulo, eram as comunidades que reuniam judeus e gentios, homens e mulheres, escravos e livres, todos como "irmãos e irmãs" — o título cristão mais elevado para o ser humano. A novidade cristã, que encantou os povos, era essa possibilidade de romper as fronteiras e tornar-se um irmão e uma irmã universais.

Ágape foi a palavra reservada pelo Novo Testamento para designar esse amor de inclusão, amor comunitário, que torna um só coração aqueles que têm origens diversas, que reúne os dispersos, reconcilia os antagônicos, perpassa a pluralidade costurando a unidade. É nesse sentido que João coloca o próprio Deus como modelo de amor: Deus é *ágape*, e quem permanece em *ágape* permanece em Deus (cf. 1Jo 4,16). Nesse sentido, João deixa claro que mesmo o mundo de ódio, de poderes perversos e destrutivos, é um mundo que pode ser salvo e reconciliado por Deus, porque Deus amou e se deu a este mundo e se aproximou dele em Jesus, o Filho feito carne (cf. Jo 3,16).

Hoje, a ferida e o clamor, a necessidade de aproximação e de regeneração provêm também do mundo das outras criaturas. A aproximação, hoje, desperta para a dimensão ecológica da fraternidade. Tornar-se irmão e irmã da água, do ar, da flora e da fauna, de cada criatura em sua dignidade própria exige uma aproximação de tipo franciscano em relação ao lobo ferido e feroz. A aproximação torna irmão e irmã toda criatura, ainda que cada uma fale a sua linguagem e dê simplesmente o que tem para dar de si. O ponto de incisão de toda fraternidade criatural está na criatura humana, que pode decidir pela aproximação de qualquer criatura. Há na criatura humana uma sensibilidade e uma vulnerabilidade que a tornam, de certa forma, serva das demais criaturas, uma servidora e uma hospedeira em sua própria pele e em sua casa, em sua palavra e em seu cuidado, como casa comum de todas as criaturas. Seria muito pouco ter homens e mulheres, povos inteiros incluídos sem discriminação à mesa eucarística da fraternidade: a ela acedem também todas as criaturas, numa real experiência cristã de irmãos e irmãs. Se a criança, a flor ou o beija-flor são o que há de mais enternecedor na criação, tornar-se terno pelas criaturas mais violentas e ferozes, feias e repugnantes, pode ser a passagem decisiva para um cristianismo cósmico, humanismo finalmente amadurecido.

Resumindo

• *O ser humano não cabe nas classificações de vida terrestre e animal. É a criatura terrestre aberta à aliança, voltada para a vida espiritual. Isso é significativo nas narrativas de parceria com anjos celestes: o ser humano é o "anjo da terra", com uma missão em relação a todas as demais criaturas de seu ambiente.*

• *As narrativas bíblicas indicam que o ser humano é formado com o que há de mais elementar na terra, o pó. E, ao mesmo tempo, é portador de um sopro de vida espiritual que lhe advém do Criador. Torna-se, assim, imagem do mundo diante de Deus e imagem de Deus diante do mundo. Tradicionalmente, essa condição humana adotou o dual "corpo e alma", com risco de dualismo, a deformação que prioriza um dos pólos em detrimento do outro. A alma quer significar a subjetividade do eu corporal, que dá forma e abre um "corpo animado" à relação infinita.*

• *O ser humano é um ser de relações e de fecundidade. O homem e a mulher, os pais e os filhos superam-se na relação universal de irmãos e irmãs, de proximidade, cabendo nessa relação inclusive todas as demais criaturas. Todavia, enquanto os animais são irmãos de "convivência" criatural, somente os seres humanos, desde a fundamental relação de gênero, de homens e mulheres, são irmãos de "correspondência" e de "co-responsabilidade" das outras criaturas. Estão face a face e são mútua ajuda na missão de cuidado angélico pelas criaturas, no cultivo e na administração da terra.*

Aprofundando

A antropologia bíblica, reinterpretada no contexto contemporâneo, pode ser fonte de novas relações de gênero, de gerações, de convivência com os animais, de fraternidade com as outras criaturas como "irmãos e irmãs sem fronteira", de parceria com tudo o que é espiritual e vem de Deus. Discutir sobre a prática dessas relações no cotidiano.

Perguntas para reflexão e partilha

1. Por que o antropocentrismo é hoje tão criticado? Qual a alternativa válida, segundo as indicações da Escritura?

2. O "androcentrismo", que significa a primazia do masculino sobre o feminino, pode ser substituído por relações mais equilibradas. Quais os sinais contemporâneos de mudança?

3. A fecundidade é a missão de todo ser vivo. A fecundidade humana não pode ser reduzida ao aspecto biológico. Em que sentidos podemos, então, falar de fecundidade "humana"?

Bibliografia complementar

BERZOSA, Raúl. *Como era en el principio*; temas clave de antropología teológica. Madrid, San Pablo, 1996.

COMBLIN, José. *Antropologia cristã*. 4. ed. Petrópolis, Vozes, 1994 (Coleção Teologia e Libertação).

GONZÁLEZ FAUS, José Ignacio. *Proyecto de Hermano*; visión creyente del hombre. Santander, Sal Terrae, 1987.

RUIZ DE LA PEÑA, Juan Luis. *Imagen de Dios*; antropología teológica fundamental. Santander, Sal Terrae, 1988.

————. *Creación, Gracia, Salvación*. Santander, Sal Terrae, 1993 (ed. bras.: *Criação, Graça, Salvação*. São Paulo, Loyola, 1998).

SUSIN, Luiz Carlos. *Assim na terra como no céu*; brevilóquio de escatologia e criação. Petrópolis, Vozes, 1995.

Capítulo quinto

O SOFRIMENTO DA CRIAÇÃO

A criação está atravessada pelo sofrimento. Em todos os níveis, com uma visão macrocósmica ou com um olhar cuidadoso voltado para cada criatura, a constatação é a mesma: a dor parece inerente ao universo, a cada ser. Desde o seu parto: *"A criação inteira geme e sofre as dores de parto até o presente"* (Rm 8,22). Há, porém, tantas formas de males e de sofrimentos, e surgem com tantos tentáculos, que é difícil desbastar uma compreensão mínima ou satisfatória. E, no entanto, é a grande esfinge que clama por uma razão, um sentido, um pouco de explicação. Sem isso, a criação inteira se inclina para o absurdo, e não para a maravilha.

Unde malum — de onde provém o mal? Tal pergunta mereceu muita literatura, e a melhor literatura acaba no silêncio de uma esperança no meio da noite. Mas para chegar ao silêncio esperançoso diante do mistério da dor, é necessário primeiro gritar, talvez rebelar-se, como Jó. Ele é a figura do inocente sofredor, o sofrimento por excelência: excessivo, desmesurado, exatamente o que diz a expressão paulina "mistério da iniqüidade" (*mysterion tes anomías — mysterium iniquitatis*) (cf. 2Ts 2,7). "Anomia" tem a ver com falta de lei ou regra, com desmedida e excesso. O sofrimento sob controle, administrável, não é ainda um "mistério da iniqüidade". Quando se perde o controle e se fica submetido a ele como a uma maligna alteridade, como se fosse "alguém" que submete, arranca e conduz aonde não se quer, prenunciando o mistério último da morte, então trata-se realmente de "sofrimento". Ou quando não se vê relação entre causa e efeito, e tem-se o mistério da desproporção: até para os criminosos, quando o sofrimento ultrapassa a linha da punição, admite-se que são arrastados à região da inocência por um sofrimento já absurdo. Por outro lado, criminoso nenhum consegue saldar proporcionalmente um sofrimento que não tem volta, como a morte. Diante do sofrimento inocente caem todos os argumentos. Diante dele, a criação vale a pena?

1. SOFRIMENTO: PROBLEMA, MISTÉRIO, ESCÂNDALO

Gabriel Marcel nos ajuda a fazer uma distinção para enfocar de forma mais justa o sofrimento:[1] há sofrimentos que são problemas; são dores administráveis, que podem ser resolvidas. A ciência enfrenta problemas, e a medicina, na condição de ciência, assume a dor como um problema. As ciências humanas observam, analisam, experimentam, receitam, aplicam remédios, superam sofrimentos. O ingrediente mais básico do método científico é a compreensão da relação do efeito com a sua causa. Há, nisso, uma medida administrável, uma regra de funcionamento relativamente estável na relação entre causa e efeito, por mais complexa e apenas provável que seja tal relação, como, por exemplo, a relação entre a mão que se põe no fogo e a dor da queimadura. E assim se pode encontrar um remédio bastante satisfatório. De certa forma, há uma "justiça" na dor da queimadura para quem põe a mão no fogo. O efeito de dor é uma espécie de punição pela qual ninguém se escandalizaria. Ao contrário, é até sensato, sábio e pedagógico, receber tal dor para se proteger de ações perigosas. Muitos sofrimentos são efeitos de causas controláveis. São problemas, não são mistério.

O mistério sobrevém no absurdo do sofrimento excessivo, como foi acenado, e a desmedida rompe qualquer relação entre efeito e causa. Não se controla e não se vê a causa, e não se consegue remédio. Fica-se irremediavelmente exposto e impotente, à mercê da potência mesma do sofrimento. Afunda-se no mistério obscuro do sofrimento, no mal sem remédio e no séquito de seus títulos — o horror do silêncio indesvendável e sem palavras, a imposição implacável, a derrota inexorável. O mal, em sua acepção mais nua e crua, não é da ordem do problema que se pode resolver. Escapa da esfera da ciência, pertence à ordem do mistério. Ganha a configuração de uma monstruosa alteridade, alguém sem face e sem palavra. Embora com sentido distinto da maravilha, da felicidade, da gratuidade, tem a mesma estrutura: é sem causa. Contudo, é especialmente sem sentido, é absurdo.

Diante do mistério do mal, salta-se da ciência para a metafísica, para a filosofia, para a sabedoria, para a teodicéia, para a teologia, e o *mistério* vira *escândalo*, uma pedra de impedimento, uma tentação à fé e o motivo por excelência para o ateísmo. Há o testemunho de inúmeros desabafos de revolta e de despedida da fé diante do sofrimento inocente. Um teísmo que crê num Deus bondoso, poderoso e inatingível pelo sofrimento não resiste ao sofrimento inocente e naufraga na autenticidade do ateísmo. No entanto, a entrada no ateísmo não acalma. Os que escolhem o caminho do ateísmo diante do sofrimento não fazem uma escolha serena, mas sim movidos exatamente pela vontade de

---

[1] MARCEL, Gabriel. *Être et avoir*. Fernand Aubier, 1951. pp. 145-149; 169-170; 249-250. Cf. também VERNEAUX, Roger. *Problèmes et Mystères du mal*. Paris, La Colombe, 1956. p. 11ss.

ordem e de bondade que esperariam encontrar num mundo de Deus. É o desejo de uma realidade justa — no fundo, um desejo de um Deus justo —, que se aninha numa "nostalgia de bondade", a raiz da inconformidade, da revolta e da indignação, do protesto que torna esse ateísmo um "sentimento doloroso".

A persistência do sofrimento torna a própria negação de Deus novamente absurda, uma fracassada tentativa de abandonar o desejo e a nostalgia de justiça e de bondade, enfim, de qualquer esperança. Na verdade, torna-se fonte de um novo e redobrado sofrimento, em que naufraga também o ateísmo, junto com o teísmo. O grande escândalo do sofrimento desmedido e inocente é exatamente esse absurdo sem saída, que não consegue amparar-se nem no teísmo nem no ateísmo.[2] Pode, assim, levar à aniquilação completa ou à opção por uma vida que Pascal chamou de *divertissement*, a distração e a superficialidade cínicas ou estóicas como estilo de vida. Até que sobrevenha mais sofrimento.

2. O MAL QUE SE COMETE E O SOFRIMENTO QUE SE RECEBE: CRIME E CASTIGO?

Paul Ricoeur sugere que façamos metodologicamente uma distinção entre as experiências que podem confundir-se sob a mesma palavra, o "mal".[3] Há males que se cometem, que se fazem como sujeito e responsável, de tal forma que podem ser imputados ao sujeito e se pode aplicar a esse sujeito a devida punição — o mais proporcional possível —, em vista de uma volta à ordem rompida.

A punição ou castigo seria portanto a chance de "pagar" adequada e merecidamente e de restabelecer a ordem. Tem também uma dimensão pedagógica, um "amargo ensinamento", além de ser um "amargo remédio". Todo castigo, em sua amargura, comporta sempre uma dose de sofrimento, alguma forma de perda e de dor. Dessa forma, parte-se do mal que se comete e chega-se ao sofrimento que se recebe como efeito último, para poder restaurar o mal feito.

Quando, então, estamos diante do sofrimento que se recebe, embora não saibamos de algum mal cometido que levou a tal situação, mesmo com inocência a respeito da causa, podemos reencontrar o tradicional raciocínio dos amigos de Jó: se há um sofrimento — mal que se recebe —, trata-se possivelmente de uma punição; logo, deve ter havido um mal cometido! O castigo é a passagem lógica entre mal que se cometeu e mal que se deve sofrer, que se recebe. E pode então funcionar também em linha contrária: entre mal que

---

[2] Cf. MOLTMANN, Jürgen. *Trinidad y Reino de Dios*; la doctrina sobre Dios. Salamanca, Sígueme, 1986. p. 62ss. (ed. bras.: *Trindade e Reino de Deus*; uma contribuição para a teologia. Petrópolis, Vozes, 2000).

[3] Cf. RICOEUR, Paul. *O mal* — desafio para a teologia e para a filosofia. Campinas, Papyrus, 1988.

se sofre e mal que se cometeu. Pode-se passar de um mal que se está sofrendo a supor que, na sua raiz, há um mal cometido.

Essa férrea lógica se alimenta do fundo obscuro e comum entre os diversos tipos de males e parece destruir o esforço de distinção a que Ricoeur se propõe. Parece dar razão aos que justificam toda forma de sofrimento a partir de uma punição por uma culpa e por algum mal cometido, ainda que escondido ou não sabido. Assim são os amigos de Jó, assim são os discípulos de Jesus diante do cego de nascimento: *"Mestre, quem pecou, ele ou os seus pais para que nascesse cego?"* (Jo 9,2). Há nessa tentativa de busca da causa uma tentativa também de justificação, de "merecimento". Merecimento é recompensa proporcional, é medida. Um sofrimento merecido é lógico, deixa de ser absurdo. O enigma é sempre o imerecido, o inocente diante do qual não se consegue mais nem medida e nem lógica.

Em direção inteiramente contrária move-se a biblista Lytta Basset.[4] Ela observa as atitudes de Jesus em relação aos pecadores, tratando-os como doentes e como candidatos à cura. Para ela, a compreensão é justa quando se pensa ao avesso da tendência dos amigos de Jó. Para ela, *o mal cometido é normalmente efeito de um mal sofrido.* Há em nossa experiência empírica, por exemplo, pessoas agredidas, feridas pela violência, que acabam também agredindo e ferindo com nova violência. A psicanálise está cheia de exemplos. A psicoterapia trabalha diariamente com essa "lógica".

A atitude da autora é eminentemente pastoral. Mas não sai do círculo. De tal forma que acaba buscando o culpado, o imputado, em outro lugar, com outro nome. Em termos psicanalíticos, poder identificar o culpado — um bandido, o ambiente, os pais, a sociedade etc. —, apontando ou acusando a origem da vitimação e do sofrimento, dando um nome à causa do sofrimento fora da vítima, é realizar uma catarse, é purificar-se e reintegrar-se. E isso tem tanta força que origina inclusive vítimas expiatórias, a ponto de buscar até inocentes como culpados para inocentar os realmente culpados ou para simplesmente satisfazer os que sofrem.

Para romper o círculo, só há uma possibilidade: o perdão e a experiência do poder curativo do perdão.[5] No entanto, por tendência natural a restabelecer a ordem, o perdão é um absurdo, não é algo natural. Natural é a vingança, a devolução do mal feito, e com todos os seus juros. Perdoar significa abrir mão de um direito de ordem e de devolução do mal. Perdoar é o que diz o verbo etimologicamente: perder e perder-se, dando o bem a quem não tem nem merece, e digerindo o mal sem merecimento.

---

[4] BASSET, Lytta. *Culpabilité*. Genebra, Labor et Fides, 2000.

[5] Id. *Le pouvoir de pardonner.* Genebra, Labor et Fides, 1999.

O perdão é sempre imerecido de ambas as partes, de quem se beneficia e de quem o dá. Portanto, um duplo absurdo. Mesmo quando a vítima que sofre foi ferida por quem ela ama, uma catarse através do perdão é dramática, naturalmente impossível. O caso de José do Egito é bem ilustrativo: precisou chorar abundantemente para liquidificar a dureza da vingança encrostada nele e perdoar os irmãos que o tinham vendido. A solução foi encontrada no "desígnio de Deus", mais alto do que a maldade dos irmãos: *"Foi para preservar vossas vidas que Deus me enviou adiante de vós (...) Não fostes vós que me enviastes para cá, mas Deus"* (Gn 45,5.8). É nesse sentido que os judeus não foram propriamente contestados por Jesus quando pensaram que *"só Deus pode perdoar"* (cf. Mc 2,7).

O perdão cria a possibilidade de começar de novo, significa uma *recriação do nada*, depois de desfeitos todos os nós que eram impossíveis de serem desatados e do vazio que fica no lugar dos nós, ao menos num primeiro momento que segue o perdão. O "Karma", lei causal da ação, que produz sempre inevitavelmente algum efeito durável, é mais lógico do que o perdão. *Humanamente, o perdão é tão ou mais doloroso que o próprio mal que se perdoa, e também afunda no mistério desmedido do sofrimento*. Só a entrega e o apoio em um Deus que cria algo novo pode ajudar a perdoar.

Entretanto, como perdoar um Deus pelo mal sempre excessivo dos inocentes?

3. A IMPOSSÍVEL TEODICÉIA

Justificar Deus diante do mal no universo foi tradicionalmente a árdua e sempre fracassada tarefa da "teodicéia". A teodicéia pretende fazer apologia racional; e suas raízes se encontram na racionalidade grega, que quer compreender tudo segundo proporções e medidas lógicas. Todavia, acabou marcando a trajetórica do cristianismo com o pensamento que hoje se chama "onto-teológico" — a relação entre os seres e Deus. Epicuro, em 341 antes de Cristo, estabeleceu a fórmula do problema. Pode ser resumida na contradição destas três afirmações:

1) *Deus é bom e benevolente;*
2) *Deus é todo-poderoso;*
3) *No entanto, o mal existe! Diante do mal, ou Deus é bom mas não é poderoso, ou é poderoso mas não é bom*. A teodicéia, pretendendo seguir rigorosamente a lógica de não-contradição, deve encarregar-se desse problema.

Na tradição cristã, as maiores tentativas da teodicéia passam por nomes como o de santo Agostinho e de Leibniz. Entretanto, já se esboça nos raciocínios dos amigos de Jó. Aqui nos atemos a Agostinho e Leibniz, porque suas tentativas são paradigmáticas. Agostinho dá uma resposta de ordem ética: o mal é pecado e efeito do pecado, e o mal que provém de Deus é justo castigo do pecado. E Leibniz dá uma resposta de ordem metafísica e estética: o mal é aparente num universo necessariamente finito.

3.1. Agostinho: o mal é pecado e castigo do pecado

Agostinho é um gênio desbravador e se encontra na encruzilhada entre um mundo greco-romano em decadência e um florescimento do cristianismo que se fundamenta na Escritura. Passando da filosofia neoplatônica para a teologia cristã, Agostinho serve-se da "carcaça" da filosofia, mas pretende fundar-se na Escritura. Por isso, entre seus ensaios sobre o mal, primeiro diante do dualismo maniqueísta e depois diante do otimismo antropológico de Pelágio, sobressai a afirmação de que, conforme o relato da criação, tudo o que Deus criou é bom, abençoado por Deus. Portanto, todo ser é bom. Ao contrário de sua experiência dualista anterior, no maniqueísmo, afirma enfaticamente que a matéria, o corpo, o mundo, tudo é bom. Embora tenha ficado famoso por seu pessimismo antropológico, Agostinho é um otimista cosmológico e ontológico: todo ser é bom, e mesmo o mal aparente é como as passagens de dissonâncias numa sinfonia ainda inacabada, que, por isso, ainda não compreendemos. Deus, o músico e cantor da criação, sabe a inteira partitura. Dessa forma, Agostinho salvaguarda o Criador: tudo é bom porque vem de Deus.

O que é, então, o mal, segundo Agostinho? Não é substância, não é ser. É perversão e carência, e isso se deve ao livre arbítrio humano. Não que a liberdade seja má. Pelo contrário, é boa. Mas ao escolher a desordem, perverteu-se e tornou-se desordenadora. O mal é, como carência, uma "ausência de ser" em que deveria existir ser; é um "nada esvaziante" ou aniquilante, que perverte e deteriora — *nihil privativum*. Entretanto, esse nada é fruto do livre arbítrio e do pecado humano, da má vontade que introduz na criação boa a injustiça e a necessidade de castigo. Quando Deus castiga, não faz nenhum mal, pois faz o que é justo. *Todo mal é pecado ou pena pelo pecado.*[6] A criação é boa e ordenada, e nessa ordem há, conforme o ensinamento neoplatônico, graduações de ser — há mais ser e menos ser, até o grau zero ou o nada. A liberdade humana pode escolher inclinar-se para menos, até o nada ontológico ou mal total. Só a criatura livre, escolhendo o menos e o mal, é desordenadora. Portanto, em vez de perguntar "De onde vem o mal?", deve-se perguntar "De onde vem o praticarmos o mal?" — *unde malum faciamus*. O mal vem de uma liberdade que peca.

---

[6] Ainda assim, Agostinho vê o livre arbítrio como criação boa de Deus, apesar da conclusão ambígua e, afinal, sombria sobre o destino humano. "É mais nobre a criatura que peca por livre vontade do que aquela que não peca porque não tem livre vontade (...) Deus, pois, criou todos os seres (...) também os que iriam pecar, não para que pecassem, mas porque teriam conferido harmonia ao universo, seja que tivessem querido pecar ou não pecar" (*De Libero Arbitrio* II, 5,15; 11,32).

A doutrina do pecado original se estrutura fortemente com Agostinho. Tem uma pré-história na "personalidade corporativa" paulina — todos pecaram em Adão, todos são redimidos em Cristo (cf. Rm 5,12-21) —, e tem um sabor tribal, de solidariedade dos indivíduos numa existência comunitária. Mas com a racionalidade grega, utilizada pela patrística, ganha uma linguagem ontológica ou onto-teológica altamente sofisticada. Agostinho combate a gnose que está no dualismo maniqueísta e desmascara a auto-suficiência da moral pelagiana. Acaba produzindo uma "gnose antignóstica", na expressão de Paul Ricoeur. Utiliza a mesma "gigantomaquia", a luta gigantesca de um universo como imenso campo de batalha entre o bem e o mal, e dela recava uma teoria geral. Nessa teoria geral, o mal e o bem não estão mais sobre as nuvens: Agostinho, seguindo Paulo, aponta para uma liberdade corrompida, que deixou em herança, para todos, em todas as gerações e latitudes, o peso do mal como corrupção e castigo. Dessa forma, poder-se-ia explicar todo mal, mesmo o que não tem relação de causa e efeito num indivíduo. Nenhum indivíduo sozinho pratica todo o mal que existe e do qual sente o peso ou castigo. Contudo, o mal e o castigo estão nos ombros de toda a humanidade. Todos juntos, desde os primeiros pais, são responsáveis, culpados e castigados por todo o mal. Com isso, a humanidade tornou-se "massa de pecado": *massa peccati,* e digna de justa condenação — *massa damnata.*

Não temos mais, então, os males humanos como decorrência de males cósmicos, mas os males do mundo é que decorrem do mal ou pecado humano. Por exemplo, se uma seca ou uma tempestade se abatem sobre nós, isso não se deve a alguma malícia de um princípio divino e cósmico que é necessário aplacar, mas deveria ser atribuído aos pecados humanos, que clamam por penitência. O que não provém do pecado não poderia ser chamado de "mal". A doutrina do pecado original nega o conteúdo, mas utiliza a forma da gnose. Ou seja, uma grande explicação totalizante, para todos os males, um "mito racionalizado" (P. Ricoeur).

Agostinho, com todos os padres da teologia que trataram da questão, apóia-se no relato do terceiro capítulo do Gênesis, dando-lhe uma interpretação já esboçada por Paulo na relação entre Adão e Cristo — o primeiro introduzindo o pecado, as dores e a morte, e o segundo introduzindo mais abundantemente a graça, a redenção e a vida (cf. Rm 5). Não é a única interpretação possível da rica narrativa, como veremos em seguida, mas tem uma força marcante. A doutrina do pecado original, ao longo da história do cristianismo, tornou-se uma nova esfinge, tão desafiadora como o próprio mal. Ao contrário de Paulo, que está convicto de que "onde abundou o pecado, superabundou a graça" (cf. Gl 3,19; Rm 5,20-21), Agostinho termina seus dias sobrecarregado de pessimismo — a graça é para poucos, enquanto muitos se perdem, revelando a misericórdia, mas, sobretudo, a justiça divina. Nisso a Igreja fez bem em manter reservas ao gênio de Agostinho.

No entanto, é necessário fazer justiça a ele. Nem havia terminado de responder aos maniqueístas, afirmando a bondade de toda criatura, Pelágio o obrigou a radicalizar quanto à corrupção humana. É que Pelágio, desejando estimular à virtude, exaltava as capacidades da natureza dada por Deus. Segundo Pelágio, a criação é boa e não é substancialmente afetada pelo pecado. Por isso se pode confiar na natureza humana. Cristo é um exemplo, mas cada um deve fazer o bem com o esforço de sua natureza e de sua capacidade. Pelágio, como Agostinho, também apela para o lado moral, mas de forma idealista e otimista. Coloca nos ombros de cada um a responsabilidade pelo bem mediante a virtude, e, conseqüentemente, pelo mal, mesmo que seja um otimista a respeito da natureza humana. Ao menos Agostinho distribuía realisticamente o peso do mal sobre toda a humanidade, sobre todas as gerações, sendo cada indivíduo herdeiro de uma condição já corrompida. De certa forma, Agostinho é mais profundo e realista. No entanto, inclina-se ao pessimismo. Em suas retratações, no final da vida, analisa sua trajetória e os argumentos de seus adversários, exclamando "Venceu a graça!", porém, não é esse o tom das outras conclusões, sobretudo da fadiga em se corresponder e da facilidade em se perder. Para salvaguardar Deus e a ordem divina da criação, Agostinho acaba colocando demasiado peso sobre os ombros da humanidade.

A doutrina do pecado original teve uma função decisiva: a busca de equilíbrio e de engajamento diante do mal que há no mundo. Por um lado, é certo que sempre dependeu da doutrina maior da redenção, portanto, da graça e da esperança. Por outro lado, foi o ingrediente de fundo para se apoiar em Deus e, ao mesmo tempo, para fazer o esforço de correspondência prática. Depois da doutrina do pecado original, o problema do mal, no cristianismo, uma vez reduzido a pecado, quase se reduziu à discussão entre a graça e as obras — acento na graça com a fé fiducial em Deus ou acento nas obras com a fé institucional na Igreja e nos sacramentos. Os ares da modernidade é que romperam esse equilíbrio doutrinal.[7]

A modernidade é descaradamente pelagiana: a natureza humana é confiável, a ação e o trabalho transformam o mundo e levam ao progresso; a luz da razão e da ciência é a luz da salvação. E a onto-teologia persistiu com a divindade cósmica de Spinoza a Einstein, com a divindade pressuposta na providência pela harmonia do mundo em Leibniz, ou pela ordem da razão e da moral em Kant.

---

[7] Sobre a doutrina do pecado original, seu fundamento, desenvolvimento e atualidade, dentre a grande massa de bibliografia, pode-se ler com brevidade e proveito: VARONE, François. *El Dios "sádico" — ¿ama Dios el sufrimiento?* Santander, Sal Terrae, 1988. p. 184ss. RUIZ DE LA PEÑA, Juan Luiz. *El don de Dios;* antropología teológica especial. Santander; Sal Terrae, 1991. p. 40ss. TORRES QUEIRUGA, Andrés. *Recuperar la salvación*; para una interpretación liberadora de la experiencia cristiana. Santander, Sal Terrae, 1995. p. 159ss. (Todos com tradução em língua portuguesa, pelas editoras Santuário, Vozes e Paulus, respectivamente).

3.2. Leibniz: o mal e o melhor dos mundos possíveis

Ao contrário de Agostinho, Leibniz é um otimista e tenta domar o problema do mal com todas as categorias filosóficas disponíveis para provar que, se o mal é inevitável porque não somos deuses e estamos num mundo necessariamente finito, por outro lado, o mal concorre para um bem maior e, por isso, se integra ao bem. Leibniz estrutura a matriz da posterior dialética hegeliana em que o mal é o momento de antítese da grande marcha do espírito que triunfa como bem, ainda mais sublinhado em sua luminosidade pelo contraste com a sombra. Depois de Hegel, pode-se justificar filosoficamente, onto-teologicamente, com razões dialéticas e históricas, até a guerra — o que antes se fazia em nome de Cristo, mas com razões institucionais.

O mal consistiria, inicialmente, em que somos criaturas: contingentes, limitadas, naturalmente imperfeitas, caducas, doentes, mortais. O mal, portanto, é ontológico e metafísico, intrínseco à finitude da natureza como um todo. O Criador não poderia criar um mundo infinito e imortal, pois seria algo divino e coeterno com Deus, o que é uma contradição. Entretanto, sua onipotência não está em xeque pelo fato de criar um universo finito, pois se mantém dentro de rigorosa lógica. Sua onipotência e sua bondade juntas — o grande silogismo da teodicéia — só podem criar "o melhor dos mundos possíveis". Dando remédio à finitude ao resgatar essa finitude pela sua providência, o Criador conduz sua criação através dos caminhos de superação do mal em direção à harmonia maior.

A harmonia e o bem aos quais o mundo contingente é conduzido são "razão suficiente" para uma criação finita que deve suportar necessariamente uma dose de males. A harmonia e o bem, maiores do que o mal, fazem o mundo "valer a pena". Com isso, Leibniz coloca um fundamento teológico ao progresso, como já vinha fazendo todo o Renascimento; e soluciona esteticamente, pela integração a uma harmonia futura, o mundo presente com suas penas. O mal acaba não tendo grande peso. Ao contrário, é útil. O mal é "permitido" na lógica divina. Afinal, na relação entre "custo e benefício", o balanço estético da harmonia é altamente positivo.

Não propriamente na lógica férrea da impossibilidade de um mundo metafisicamente infinito e perfeito, mas quanto ao mal físico e, sobretudo, moral, Leibniz levanta a hipótese de um mundo sem mal. No entanto, logo rebate: se Deus criou este mundo com males, se ele permite males, então é porque um mundo com males é melhor do que um mundo possível sem males.[8] No conflito de possibilidades, Deus quer sempre "o melhor". Quando não suprime o mal moral, Deus conserva o bem maior, que é a liberdade. Quando permite o mal, retira dele um bem maior.

Todavia, assim como Agostinho teve a contraposição de eminentes bispos simpáticos a Pelágio, Leibniz ganhou a ironia mordaz de Voltaire no seu livro

---

[8] Cf. *Teodicéia,* par. 10 e 21.

Candide: já o nome "Cândido" é um arremedo irônico do ingênuo pregador que anda afirmando e justificando o melhor dos mundos, com todas as desigualdades, injustiças, inocência afrontada e desprezada, abusos de uns e desespero de outros, tudo sobre o pano de fundo do grande terremoto de Lisboa que ceifou uma multidão de vidas. Voltaire intui outra possibilidade humana diante do mal, em vez de ficar justificando um Deus e as coisas como estão, inclusive o séquito de horrores que acompanha a humanidade: *parar de filosofar e cultivar um jardim*. Ou seja, não há solução teórica para o mal no mundo, somente soluções práticas, dentro das possibilidades humanas.

O mito, que dá não só o que pensar, mas também o que fazer e esperar, em sua riqueza simbólica e narrativa, com suas possibilidades poéticas e práticas, não seria, então, melhor do que todas as doutrinas posteriores?

4. AS DUAS FACES DA REALIDADE: DA SERPENTE AO ARCO-ÍRIS

Quando os cristãos olham para o Primeiro Testamento, servem-se naturalmente do olhar do Novo Testamento e da Tradição da Igreja. Estamos habituados à simplificação da origem do mal, seja pela forma de ensinamento rabínico de Paulo, educado para a Lei e para a obediência antes de sua conversão ao Evangelho, seja pela doutrina do pecado original nos primeiros séculos da Igreja. O mal é representado pelo demônio em forma de serpente, pelo *pecado de desobediência* de Adão e Eva, com os conseqüentes castigos: com trabalhos, com suor do rosto, com dores de parto, com inimizades num mundo hostil e, finalmente, com a morte, "salário do pecado" (Rm 6,23). É a "queda original". Narrativas de quedas originais estão presentes em múltiplas tradições culturais, e inclusive na filosofia de Platão.[9] A história da humanidade torna-se, depois, uma lenta e dolorosa restauração, quando não uma melancólica resignação ou uma nostalgia da inocência perdida. Entretanto, o mito é mais do que essa simplificação.

Segundo a lição de Paul Ricoeur, todo mito dá acesso à ambigüidade, os dois lados ou as duas faces que acompanham a experiência humana, permitindo assumir o seu lado tenebroso e o seu lado luminoso ao mesmo tempo. Por isso, narrativas míticas possuem o halo do "tremendo e fascinante" e ajudam a integrar experiências fragmentárias ou aparentemente antagônicas. Tornam-se um "laboratório cósmico" ao universalizar a experiência e integram a dimensão cósmica com a dimensão ética. E, sobretudo, salvaguardam sabiamente os

---

[9] Andrés Torres Queiruga, no texto citado anteriormente, nota 7, relata o mito dos pigmeus africanos *Bambuti* sobre a criação do homem. A proibição de comer fruto de uma árvore e a desobediência por interferência da mulher são praticamente iguais ao que lemos em Gênesis 3. Há, porém, uma sutil diferença: a mulher grávida insiste com o seu marido para que busque o tal fruto proibido, e é ele quem o colhe e o traz para a mulher. O castigo que se segue é também a morte. Cf. p. 161.

paradoxos insolúveis da experiência humana, inclusive a experiência demoníaca do mal, de certa forma suavizada pela narrativa quando esta integra a experiência do mal a uma dimensão cósmica e universal.

4.1. A dupla face pedagógica de Deus e o aprendizado do bem e do mal

A narrativa do Gênesis enquadra-se bem nessas características. Sua densidade não se esgota numa única explicação teórica e se enriquece junto a outras linguagens. Como os dois primeiros capítulos do Gênesis, também os seguintes precisam ser suficientemente situados tanto historicamente como literariamente. A ambigüidade da serpente, por exemplo, que em nenhum momento é descrita ainda como o diabo transvestido, ou a árvore da vida e a árvore do bem e do mal, são símbolos que têm uma longa folha corrida na Escritura e no ambiente histórico de Israel, à medida que essas narrativas são escritas e reescritas.

No texto que vamos ler, como em muitas situações da Escritura, a dificuldade maior, para nossa sensibilidade, talvez esteja na imagem ambígua, quase duas faces, do próprio Deus que aí aparece. Se tomarmos, para comparação, outros lugares da Escritura, com estrutura paralela, teremos uma interpretação mais enriquecida.

No caso de Abraão também aparece uma dupla face de Deus, com duplo mandamento, em franco antagonismo. É diante dessa dupla face que Abraão é colocado à prova: ela representa uma encruzilhada em sua relação com Deus, em virtude da qual ele será obrigado a decidir. A culminância está nesta dupla ordem: *"Toma o teu filho, o teu único, Isaac, que amas. (...) e lá o oferecerás em holocausto"* (Gn 22,2). E, depois, a segunda ordem, contrária e não mais com palavras de culto e obediência, mas de violência desmascarada e proibida: *"Não estendas a mão contra o jovem! Não lhe faças nada"* (Gn 22,12). Assim também o diálogo anterior, entre Abraão e Deus, quando Abraão intercede por Sodoma e Gomorra: há uma primeira impressão de que Abraão é mais misericordioso do que Deus, e que só Abraão consegue romper um pouco da lógica férrea da retaliação divina (cf. Gn 18,16ss). O que a Escritura ensina com essa tremenda ambigüidade? O Deus que salva é, afinal, o Deus "conforme Abraão", e não a imagem de Deus que exigia o sacrifício do primogênito na época e na religião tradicionais de Abraão.

O mesmo iria se passar com Moisés: há momentos em que Moisés intercede pelo povo diante de um Deus irado e vingativo, oferecendo-se para morrer no lugar do povo, caso Deus persevere em seu propósito de acabar com sua gente. Também aqui, Moisés parece melhor do que Deus, obrigando Deus a melhorar!

Com Elias, inversamente, há um primeiro momento em que Deus se submete aos caprichos violentos do profeta como "Deus do fogo". Apenas num segundo momento aplica-lhe a lição que veio da viúva estrangeira, obrigando-o a um salto para melhor: a misericórdia e a vida em lugar do sacrifício e da morte. É a novidade do "Deus da brisa suave", chamando à perseverança humilde, em vez do poder de fogo e da arrogância.

Assim se passa também com Davi, que começa pequeno, derrubando e matando um gigante, mas, ao terminar poderoso, quer salvar a vida do filho rebelde, Absalão, e não acabar com ela. Salomão, diante das duas mulheres disputando o filho, começa como juiz que aplica as medidas rigorosas e implacáveis e termina com a sabedoria que lhe veio em socorro da maternidade de uma das mulheres. São todas figuras em conflito, experiências de um Deus que parte de uma situação já dada e, por contradição ou dissonância, obriga a uma decisão, a um passo novo, a uma ruptura e a uma descoberta — a revelação do Deus vivo e a renúncia à velha máscara de Deus.

Na mesma linha continua Jesus diante da mulher cananéia que suplica pela filha: ela faz Jesus mudar, saindo da rigidez da Lei para a Misericórdia (cf. Mt 15,21-28). No entanto, a regra básica da narrativa do Novo Testamento está em que o próprio Jesus faz e convida a fazer este salto: diante da Lei, do Templo e do Sacrifício, com suas justificativas divinas e com sua dura face de Deus, ele rompe em direção ao Evangelho, ao Próximo, à Misericórdia e à sempre nova face de Deus.

Paulo, com quem começamos, apesar de sua teologia permanecer formalmente rabínica, também vive da passagem de uma face legalista e de uma obediência institucional, para uma face graciosa, libertadora, de obediência à pura graça da Boa-Nova.

Essa ambigüidade, como se fosse uma dupla face de Deus, uma luta de imagens ou de ordens de Deus, que exige pedagogicamente uma despedida e uma passagem para um espaço mais amplo e mais autêntico, mais livre e, enfim, *mais vivo*, parece comandar toda a revelação progressiva da figura de Deus ao longo da Escritura, desde o "Deus do Pai", do tempo patriarcal, até o "Deus Pai" de Jesus. Desde um Deus que assume para si toda a ira e maldade até o Deus que, pedagogicamente, vai-se libertando junto com seu povo para a misericórdia e para a pura graça.

Fizemos um sobrevôo pela Escritura para entender melhor o texto que nos vai interessar, Gênesis 3, em que Eva e Adão se confrontam com a dupla mensagem — a proibição e o convite.

> ¹*Ora, a serpente era o mais astuto de todos os animais do campo que o Senhor Deus havia feito. Ela disse à mulher: Deus vos disse realmente: Não comereis de todas as árvores do jardim? ²A mulher respondeu à serpente: Podemos comer do fruto das árvores do jardim, ³mas do fruto da árvore que está no meio do jardim, Deus disse: Dela não comereis e não a tocareis, para não morrerdes. ⁴A serpente disse à mulher: Não, vossa morte não está marcada. ⁵É que Deus sabe que no dia em que dele comerdes, vossos olhos se abrirão e sereis como deuses, possuindo o conhecimento do que seja bom ou mau. ⁶A mulher viu que a árvore era boa de comer, sedutora de se olhar, preciosa para agir com clarividência. Apanhou*

um fruto e dele comeu, deu-o também a seu homem que estava com ela, e ele comeu. [7]Os olhos de ambos se abriram e souberam que estavam nus. Tendo costurado folhas de figueira, fizeram tangas para si. [8]Entrementes ouviram a voz do Senhor Deus, que passeava no jardim ao sopro do dia. O homem e a mulher esconderam-se do Senhor Deus no meio das árvores do jardim. [9]O Senhor Deus chamou o homem e lhe disse: Onde estás? [10]Ele respondeu: Ouvi a tua voz no jardim, tive medo porque estava nu, e me escondi. [11]Quem te revelou — disse ele — que estavas nu? Comeste da árvore da qual eu te havia prescrito não comer? [12]O homem respondeu: A mulher que puseste a meu lado, foi ela quem me deu do fruto da árvore, e comi. [13]O Senhor Deus disse à mulher: Que fizeste? A mulher respondeu: A serpente me enganou, e eu comi.

[14]O Senhor Deus disse à serpente: Por teres feito isso, serás maldita entre todas as feras e todos os animais do campo; caminharás sobre o teu ventre e comerás pó todos os dias da tua vida. [15]Porei hostilidade entre ti e a mulher, entre a tua descendência e a descendência dela. Esta te atingirá a cabeça e tu lhe atingirás o calcanhar.

[16]Ele disse à mulher: Farei com que, na gravidez, tenhas grandes sofrimentos; é com dor que hás de gerar filhos. Teu desejo te impelirá para o teu homem, e este te dominará.

[17]Ele disse a Adão: Por teres escutado a voz da tua mulher e comido da árvore da qual eu te havia formalmente prescrito não comer, o solo será maldito por tua causa. É com fadiga que te alimentarás dele todos os dias da tua vida; [18]ele fará germinar para ti espinho e cardo, e tu comerás a erva do campo. [19]No suor do teu rosto comerás o pão, até voltares ao solo, pois dele foste tirado. Sim, és pó e ao pó voltarás.

[20]O homem deu à sua mulher o nome de Eva — Vida —, pois foi ela a mãe de todo vivente.

[21]O Senhor Deus fez para Adão e sua mulher vestiduras de pele, com as quais os vestiu.

[22]O Senhor Deus disse: Eis que o homem tornou-se como um de nós pelo conhecimento do que seja bom ou mau. Agora, que ele não estenda a mão para colher também da árvore da vida, para dela comer e viver para sempre! [23]O Senhor Deus o expulsou do jardim de Éden para cultivar o solo do qual havia sido tirado. [24]Depois de ter expulsado o homem, postou os querubins a oriente do jardim de Éden, com a chama da espada fulminante, para guardar o caminho da árvore da vida.

No segundo capítulo do Gênesis, anterior ao que lemos aqui, está colocada a condição para avançar em direção a uma encruzilhada decisiva, diante de algo como uma dupla face de Deus. No capítulo anterior há duas árvores em vez de uma, a árvore da vida é distinta da árvore do conhecimento e, portanto, supõe uma *vida inocente* — contanto que não se toque no conhecimento! Deus dá uma ordem sem explicação, sem uma razão e com uma ameaça terrível: não comer do fruto do conhecimento, pois a conseqüência seria a morte. Simplesmente há um limite num reino feliz, e a transgressão do limite seria o caos. Como na primeira ordem a Abraão — a de sacrificar o filho amado em holocausto —, para manter-se no jardim da felicidade inocente há necessidade de um sacrifício, o do conhecimento do bem e do mal.

Então se levanta a serpente, *"o mais astuto de todos os animais dos campos, que Javé Deus tinha feito"* (Gn 3,1). A serpente, na sua longa história simbólica, é, antes de tudo, parte da criação de Deus, muito próxima da aventura humana, inteligente e prudente, capaz de produzir morte e vida, veneno e remédio, como no episódio do deserto, quando uma serpente de bronze se tornou remédio contra o veneno de serpente (cf. Nm 21,8). Ela mesma tornou-se um remédio "homeopático". Segundo João, é símbolo do próprio Filho de Deus exaltado na cruz e na páscoa: *"Assim como Moisés levantou a serpente no deserto, assim é necessário que seja levantado o Filho do Homem, a fim de que todo aquele que crer tenha nele a vida eterna"* (Jo 3,14-15); *"e quando eu for elevado da terra, atrairei todos a mim"* (Jo 12,32).

Na narrativa do Gênesis, a serpente desvenda a possibilidade de romper a proibição sem razões — inocente —, invocando sua razão: não sacrificar o conhecimento do bem e do mal. Primeiro faz a Eva uma pergunta astuta e aparentemente estranha, que iria logo chamar a atenção de Eva para a árvore do conhecimento: "Deus disse realmente: não comereis de *todas* as árvores...?". Não é difícil Eva retrucar: "Não, só da árvore do conhecimento do bem e do mal é que não podemos comer!". Dessa forma, negativamente, a serpente submete a árvore ao destaque, que, então, irá brilhar diante dos olhos e do desejo de Eva. *Excita* Eva a dar o salto em direção à ruptura do limite imposto, a sair da inocência em direção ao precioso conhecimento. O conhecimento do bem e do mal é nada menos que promessa de ser "como Deus".

Ora, para quem tem a vocação de ser "imagem e semelhança de Deus", tal desejo parece ser legítimo, desejo incutido pelo próprio Deus. Como bem nos lembra Ruiz de la Peña, "ser como Deus" é o que Jesus, o Filho feito humano, iria nos possibilitar, e o que os padres da Igreja iriam sublinhar como nossa dignidade: a "divinização". Não é um absurdo querer ser como Deus. Ao contrário, é uma vocação. E o meio é basicamente o conhecimento do bem e do mal. O problema residirá no modo de realizar tal desejo, que somente será e se revelará pecado em Caim, quando ele, com a força divina, "faz o mal".

Portanto, a serpente parece ser melhor do que o Deus que coloca um limite que veta o conhecimento. Não seria a serpente a "outra face" de Deus, um Deus que convoca a se arriscar e a se transcender em direção à maturidade representada pela sabedoria mais alta, a saber discernir o bem e o mal, como Deus?

Ao mesmo tempo, porém, a inteligência é astúcia, esconde o lado doloroso dessa vocação, para que o salto — ou a transgressão — cumpra-se com mais facilidade: "Não, vossa morte não está marcada! É que Deus sabe que no dia em que dele comerdes, vossos olhos se abrirão e sereis como deuses, possuindo o conhecimento do que seja bom ou mau". E coloca quase irresistivelmente Eva contra o Deus da proibição. Cria assim condições para o cumprimento do desejo de ser como Deus, para a "des-proibição" e para o salto em direção à dolorosa maturidade de "ser como deuses". Nesse sentido, a serpente parece ser melhor do que Deus, porém, seria à custa de um engano, de uma sedução? Ou seria essa sedução apenas "pedagógica"?

Se considerarmos essa cena à luz da "dupla ordem" de Deus a Abraão, da dupla face de toda experiência conflitiva de Deus — a máscara religiosa e a face do Deus vivo —, a face da serpente parece mais "libertadora", embora se torne dolorosa, do que a face do Deus da proibição de sair do não-saber e do castigo por saber. Poderíamos ter uma analogia na atitude pedagógica da águia. Ela não apenas voa diante do filhote para excitá-lo e provocá-lo ao vôo, apesar de todos os riscos do primeiro vôo: ela também retira as penas do ninho e torna-o desconfortável, somente de galhos e espinhos, para que o filhote se obrigue a sair dele, e, finalmente, o empurra para o abismo, deixando-o tombar por um tempo. Contudo, também o acompanha para, então, socorrê-lo. Dupla face pedagógica da águia, uma das metáforas pedagógicas de Deus no Primeiro Testamento, que incita o povo a caminhar no êxodo, mesmo que seja com dores e revoltas, em direção à promessa (cf. Dt 32,11; Is 40,31).

Apesar do engano, ou por meio do engano — os humanos sabem que são mortais, mesmo que não saibam a hora marcada —, a serpente ajudou a alcançar realmente — sem engano — a condição divina mediante o conhecimento do bem e do mal, da vida e da morte, por meio do espaço da consciência e da ética, o que é imediatamente reconhecido pelo Deus da inocência submetida: "*Eis que o homem tornou-se como um de nós pelo conhecimento do que seja bom ou mau*". Deus reconhece, portanto, a obra da serpente como cumprimento da vocação de ser "imagem e semelhança".

No entanto, o Deus da proibição reage com nova proibição, agora em relação à árvore da vida, ao expulsar os humanos do jardim e colocar querubins com espada fulminante guardando a árvore. Começam, então, o êxodo e a aventura humana em direção à maturidade, agora munida da possibilidade de conhecimento do bem e do mal. No final do Deuteronômio, surpreende-nos um Deus que, positivamente, coloca o bem e o mal — a vida e a morte, a felicidade e a infelicidade — diante do seu povo para que escolha "o bem". E, com isso, o bem supremo, que é a vida feliz e abençoada, e, portanto, para que não escolha o mal e a morte (cf. Dt 30,15-20). Não há condição humana sem escolha e sem conflito em direção àquilo que é mais arriscado, mais difícil, porém, "melhor".

Há uma linguagem realmente dura, à qual estamos pouco habituados, na boca de Deus que amaldiçoa e castiga com virulência Adão e Eva e a mesma serpente, o mais inteligente dos animais que ele mesmo havia criado. Os piores males são revelados pela boca de Deus, que agora revela o que a serpente escondera: a luta pela vida, a dor do trabalho e da fecundidade, o conflito de desejos e a submissão ao desejo de outro, a inimizade entre criaturas e, finalmente, a morte.

A morte, assim como é experimentada pelo ser humano, seria "salário do pecado" ou salário do conhecimento? As vacas também são mortais e rastejam a boca para se alimentar o dia inteiro, mas não são infelizes, porque não sabem que são mortais, não têm o "conhecimento do bem e do mal". É a vida humana que tem dupla face, a do jardim e a da expulsão e exílio do jardim; do cultivo criativo do Éden e do trabalho pesado e maldito sobre a terra que produz não apenas frutos, mas também espinhos; da atração co-responsável e da atração fatal entre homem e mulher etc. Isso porque o ser humano saiu da inocência pacata dos animais e tornou-se um ser eticamente responsável. "Ó pecado de Adão, sem dúvida necessário!", canta o *Exultet* na noite da Páscoa. Logo acrescenta "que nos mereceu um tão grande Redentor!".

Cristo é a plenitude do caminho de Adão porque reconcilia a dupla face de Deus e da realidade. Reúne os seres humanos em êxodo, com suas dores e sua morte, não mais restaurando uma inocência inicial — é impossível voltar atrás, graças à espada fulminante na porta do jardim da infância humana —, mas na Nova Criação, na consciência madura e saudável da Glória. Ele é o Cordeiro redivivo na praça central da Cidade Nova do Apocalipse, da qual jorra um novo rio; e na margem do rio reaparece a árvore da vida, multiplica-se em doze, com frutos e folhas que são remédio, cada uma frutificando um mês do ano. Ou seja, nutrindo sempre com nova vida e superando definitivamente a morte (cf. Ap 22,1-2). Portanto, *a proibição e a transgressão da proibição teriam a mesma finalidade: sair e não mais voltar atrás, porque a vida está adiante, no horizonte escatológico da existência em êxodo.*

Uma narrativa permite múltiplas interpretações, e todas podem ter aspectos de verdade, segundo as experiências humanas que lhes correspondem. Todavia, é melhor a interpretação que leva mais longe, mais alto. A interpretação de uma desobediência a uma lei proibitiva teria muito a ver, na literatura clássica, com a reação diante do pai castrador, diante da "lei do patrão" e das classes dominantes, e com a autoproteção dos chefes despóticos contra o "parricídio" — o pai se protegendo para que o filho, querendo ser como ele, não o acabe matando para ocupar seu espaço. Correspondente ao parricídio há sempre um filicídio — uma ação preventiva do pai que proíbe, limita, submete e até mata o filho. Formam um tremendo círculo vicioso de rivalidades. Seria a interpretação de que a rivalidade e o antagonismo, sobretudo vertical entre pais e filhos, explicariam toda história, inclusive a relação entre Deus (ou deuses) e os seres humanos — lutas entre "antropocídio" e "deicídio". Entretanto, esse mito, existente em muitas culturas, não existe na Bíblia.

Em sentido bem distinto, a serpente pode ser considerada a própria face criativa de Deus, que aparece em dupla face, como limitador e sedutor ao mesmo tempo, obrigando a assumir a responsabilidade — a culpa — para ser humano, por meio do conhecimento ético, do discernimento do bem e do mal, conhecendo a realidade em sua nudez e crescendo através dela. Dessa forma, o humano realiza a semelhança com Deus, embora no paradoxo de sua finitude, da mortalidade e da fadiga de ser humano.

Igual a Deus pelo conhecimento, o humano sabe que é distinto de Deus por ser mortal, e que o conflito e a dor o acompanham; e sobretudo o drama de ser um "deus finito", com desejo ao infinito na finitude de sua mortalidade. Ele sabe, no entanto, o que é bom e o que é mau, pode escolher o bem e viver abençoado, conforme a promessa de Deus no final do Deuteronômio. Igual às outras criaturas, continua sendo mortal, porém, conhecendo a condição divina, deseja a imortalidade. Vive sua infinitude divina, sua semelhança com Deus, na carne finita que o distingue de Deus, um conflito que o obriga à busca, ao êxodo, à história, à cultura, enfim, à transcendência infinita na realização do bem e evitando o mal que sabe e que conhece.

Portanto, mesmo a face despótica do Deus da proibição e da maldição punitiva faz o favor de colocar o ser humano em marcha. O conflito e a rebeldia do paraíso são pedagógicos, libertadores, lançam para a aventura humana. O terceiro capítulo do Gênesis pode ser considerado a continuidade ou o amadurecimento do segundo e do primeiro capítulos, agora com uma carga de realidade mais densa. O próprio Deus continuará, como a águia ao expulsar o filhote do ninho, a acompanhar, suavizando com roupas a realidade nua e crua do corpo mortal, colocando um horizonte de esperança e de confiança no caminho doloroso do vir-a-ser humano. Deus mesmo andará em êxodo e exílio com as suas criaturas para chegar junto ao Sábado Eterno, segundo um ensinamento rabínico.

De certa forma, só depois do terceiro capítulo está presente toda a realidade humana, com as suas duas faces. E tal tensão fecunda acompanha toda a história humana e todas as suas relações com as demais criaturas. O primeiro pecado não está ainda no confronto do ser humano com Deus, que, por meio de dupla face, suscita o desejo e a escolha que abrem à responsabilidade ética, à escolha entre o bem e o mal. No terceiro capítulo, fala-se de transgressão e de dores, mas não se fala ainda de pecado. Ele se torna uma possibilidade depois do conhecimento do bem e do mal, não antes.

O primeiro pecado é o primeiro homicídio com a mistura entre a força animal e a pretensão de ser não "como" Deus, mas de ser soberbamente "Deus". Essa interpretação nos é aberta pelo próprio Jesus na disputa com seus contemporâneos judeus no templo: eles o acusam de se fazer igual a Deus porque transgride a Lei e cura em dia de Sábado. E, assim, pretendem matá-lo em nome do Deus da Lei que proíbe. Jesus, alegando ser o verdadeiro herdeiro de Abraão, que desobedeceu à lei do sacrifício, desmascara os adversários como herdeiros do "homicida desde o princípio" (Jo 8,44). O homicídio real, encoberto pelas culturas religiosas ou seculares com a desculpa da rivalidade do parricídio e do filicídio e a necessidade de se defender e sacrificar a outra parte, é sempre o fratricídio. Essa é a verdadeira tragédia da escolha, da liberdade acontecida na saída do paraíso infantil em favor da morte e não da vida, o mal em estado puro, na máxima maldade que requer justificativas com mentiras para fazer o mal passar por bem e para confundir a verdade passando o bem por mal. O homicídio precisa de mentira para se justificar como um bem e uma necessidade, e assim torna-se um mal perfeito (cf. Jo 8,31-59). É o pecado de Caim, como veremos em seguida.

Desde sempre a criatura humana é pó e retorna ao pó, é mortal, até mesmo inocente e "sem a amargura do pecado" — *sine amaritudine* —, diziam os padres da Igreja. A morte amarga como salário do pecado foi semeada pelos filhos de Caim, não por Adão ou por Eva.[10]

4.2. O fratricídio como pecado original: a força divinizada de Caim contra a fragilidade de Abel

Continuando a narrativa em busca do mal real, encontramos Caim. A etimologia hebraica explica muita coisa. O nome provém do verbo *Qanah*, que significa "adquirir", mas também "conquistar". Essa conquista — o nascimento do primeiro filho — Eva a reconhece como uma "ajuda de Javé". Pode-se resumir Caim como "o que tem a força de Deus", um nome poderoso e perigoso, com o qual Caim pode fazer o bem ou o mal.

Depois de Caim, nasce Abel. Como já foi mencionado, ele tem um parentesco etimológico com Eva e com Babel, o "vazio". No caso de Abel, é o vazio dos humildes, da fragilidade e da fraqueza, dos que não têm consistência em si mesmos e precisam de apoio de outro.

Diante de Caim e Abel, Deus faz uma escolha aparentemente inexplicável: agrada-se de Abel, rejeita Caim. A explicação está nos nomes: inclina-se para o mais frágil, e não para o mais poderoso. Em Deuteronômio, pela boca de Moisés, explica-se essa lógica: *"Se Javé se afeiçoou a vós e vos escolheu, não é por serdes o mais numeroso de todos os povos — pelo contrário: sois o menor dentre os povos"* (Dt 7,7).

---

[10] Para apresentar essa interpretação, diferente da contínua tradição que reconduz ao gesto de Adão como um contraditório pecado antes de ter conhecimento, portanto, antes de ter condições de pecar, utilizamos, sobretudo, as reflexões inéditas de Franz Hinkelammert, do Departamento Ecumênico de Investigações, (DEI) de San José de Costa Rica.

Com essa lógica de preferência pelo mais frágil, Deus, como na dupla face do paraíso, põe Caim à prova e o lança a uma tremenda escolha. Caim podia ter assumido o ponto de vista de Deus, assumindo o cuidado da vida do irmão mais frágil. Na parábola de Jesus, o filho mais velho do Pai, diante do irmão pródigo, também foi colocado em semelhante prova e saiu-se mal (cf. Lc 15). Caim *"ficou muito irritado e com rosto abatido"*. E Deus o fustigou: *"Por que estás irritado e por que teu rosto está abatido? Se estivesses bem disposto, não levantarias a cabeça? Mas se não estás bem disposto, não jaz o pecado à porta, como animal acuado que te espreita: podes acaso dominá-lo?"* (Gn 4, 7). Pela primeira vez, na Bíblia, aparece a palavra "pecado" — "à porta, como animal acuado que te espreita". Em Caim, o ser humano é ao mesmo tempo uma "ajuda de Deus", uma "força de Deus" e uma inclinação ao animal, uma mistura com a força animal em que se pode perder o controle: "podes acaso dominá-lo?".

A relação entre o ser humano e o animal não se resume à bela vocação do convívio em que o ser humano designa ao animal o seu lugar na criação. Com Caim, há uma confusão com o animal. Israel estava historicamente circundado pelos mitos e rituais que exaltavam os animais como modelos de força, de inteligência, de poder. Na Escritura, porém, os animais são apenas criaturas de convivência doméstica. No entanto, em Caim, os animais se agigantam e podem dominar. De fato, o animal acabou dominando Caim. Introduz-se na Bíblia a violência da mistura com o animal, relatada em seguida: Caim mata Abel. A força animal que domina e é adorada em outros mitos aqui é a força do primeiro pecado, e o seu salário é a morte. O pior salário da humanidade não é simplesmente a morte de quem peca, mas a morte do inocente como pecado de quem mata, a violência assassina.[11]

Os arquétipos animais, de modo geral, não têm boas-vindas na Bíblia. Podem ser metáforas até de Cristo, na visão apocalíptica, mas somente quando resgatadas pela dimensão humana, de certa forma à medida que se humanizam. O contrário, quando o animal se torna padrão de comportamento, quando o ser humano se animaliza, é metáfora da violência fratricida, matriz de toda violência. Depois de Caim, a força se multiplica em violência, e os filhos de Caim tornam-se, ao mesmo tempo, errantes e construtores de cidades.

Ao construir a primeira cidade, Caim estabelece como base de todo relacionamento humano o domínio de uns sobre outros e a defesa de uns contra outros: a expressão de Hobbes — o homem é "lobo" para o homem, animal feroz. E por isso as cidades de Caim e de sua descendência têm sempre as mesmas estruturas básicas: a muralha de defesa e a torre militar. E ganham sacralização em virtude do templo, onde o sacrifício garante proteção à custa de tributos — sacrifício é um tributo, uma moeda sacralizada. As cidades de Caim

---

[11] Cf. BEAUCHAMP, Paul & VASSE, Denis. *A violência na Bíblia*. São Paulo, Paulus, 1994.

nunca têm muralhas e torres suficientes e, por isso, apesar das cidades, Caim e seus filhos são essencialmente errantes. Henoc, o primeiro filho de Caim, provém de *nad*, "errante".

Na genealogia de Caim, crescem e se espalham a violência, o homicídio, representado no velho cântico de Lamec: *"Eu matei um homem por uma ferida, uma criança (...) Caim é vingado sete vezes, mas Lamec, setenta vezes sete"* (Gn 4,23-24). Daí a suposição de que Caim tenha sido assassinado, pois ele intuiu que, assim como havia matado, o primeiro que o encontrasse o mataria. No entanto, Deus logo intervém: *"Quem matar Caim será vingado sete vezes"* (Gn 15). E isso é confirmado pelo matador de inocente, Lamec.

Caim porta a maldição da violência e o sinal que Deus lhe colocou na fronte: Caim não consegue esconder sua marca. No entanto, há uma nova ambigüidade pedagógica da ação de Deus ao selá-lo com uma marca inapagável: ao mesmo tempo que torna impossível se esconder e se aquietar, impossível mascarar a morte do irmão e o sangue que clama da mãe terra contra ele, é também um sinal de proteção contra a proliferação da violência, *"a fim de que não fosse morto por quem o encontrasse"* (Gn 4,15). A maldição é a expressão resultante da própria violência de Caim, e a marca de Caim é um sinal de socorro de Deus, um presságio da misericórdia que triunfa sobre a violência do pecado.

O fratricídio, uma relação de violência e morte contra irmãos, é o primeiro pecado que está na Escritura. Aqui a morte não é castigo divino ao Abel inocente, mas escolha da violência e do pecado de Caim. Na literatura clássica sobre o assunto, há grandes batalhas entre pai e filho ou entre humanos e deuses, com rebeldia heróica e assassina ao mesmo tempo, com assassinatos louváveis e gloriosos, em que uma civilização celebra a implantação violenta e "heróica" de sua hegemonia sobre outra, mascarando o assassinato com a justificativa de sacrifícios necessários, inevitáveis e, sobretudo, benéficos. Aqui nós temos o desmascaramento do fundamento sanguinário das relações humanas, dos grupos humanos e dos impérios. Deslocar o pecado original para uma relação de desobediência à autoridade é começar a mascarar o lugar original de todo pecado e tentar de novo ganhar autoridade para dominar até à morte sobre outros com a desculpa da desobediência "parricida" à lei, às instituições, à ordem estabelecida.[12] Parricídios e filicídios, cada um como sacrifício motivado pelo outro, num círculo de violência que se estende às gerações, são, na verdade, apenas variantes do verdadeiro crime original da humanidade, o rompimento da fraternidade com os mais frágeis, o mal criminoso por excelência, o fratricídio. A Escritura desmitifica os outros mitos e

---

[12] Sobre esse assunto e o que segue, pode-se consultar a literatura de René Girard, como *A violência do sagrado* (Rio de Janeiro, Paz e Terra, 1990).

funda o mito revelador — a violência contra o irmão menor. Dessa relação horizontal de esmagamento do mais frágil, interpretar o pecado original voltando à relação vertical da transgressão a uma proibição que vem de cima, tendo o esmagamento — as dores e a morte — como algo merecido, castigo, é mascarar e inverter ao mesmo tempo o pecado original e originante de todo outro pecado. É também mascarar e inverter a revelação de quem seja Deus, de que lado ele está. Entretanto, essa tendência tem força e lógica tremendas, inclusive uma tradição consolidada. Estamos hoje prontos a transgredir essa interpretação e ver o verdadeiro lugar do pecado original?

4.3. A dupla face do dilúvio e do arco-íris

É oportuno anotar mais uma vez que mitos de destruição e recriação do mundo marcam também o início de múltiplas tradições culturais. Algumas utilizam os símbolos do fogo ou de cataclismas, outras utilizam o símbolo da noite e das trevas ou grandes águas primordiais.[13] Na Escritura, as águas do dilúvio, como as da origem, têm a ambigüidade do caos, ao mesmo tempo fonte e ameaça do cosmo. Com a narrativa do dilúvio, revela-se um processo invertido de morte e vida: primeiro simboliza a própria escalada da degradação, a possibilidade do caos através da violência. Num segundo momento, torna-se chance de uma regeneração, de um renascimento e de um novo pacto com Noé e sua família, não mais repetindo o que havia sido feito indelevelmente com Adão e Eva — a espada impede o retorno ao paraíso inocente —, mas com a precariedade da realidade presente, misturada à violência e ao pecado de Caim, voltando, no entanto, o olhar para o futuro, não para o passado.

Nessa passagem perigosamente caótica, está presente a "dupla face" pedagógica de Deus. Estão na boca de Deus o comando, a última palavra, mesmo como "senhor da violência", assim como é senhor do caos. De certa forma, a face de Deus confronta-se violentamente com a face humana para administrar toda violência que se alastrou. Uma vez instaurada a violência pelo fratricídio, todo sangue derramado clama da terra aos céus, e Deus não paira por cima e por fora da violência e das lágrimas das vítimas, mas assume para si toda vingança e toda virtual violência.

Para comparar, é como a mãe que, diante de violenta confusão instaurada entre os filhos, fizesse uma pose de ameaça de maior violência sobre todos para que todos voltassem à ordem mínima, ao menos parando a violência em vista da ameaça de violência maior da mãe. Assim se pode figurar a violência de Deus: ele é desproporcionalmente violento, o mais impiedoso, o mais vingativo e

---

[13] Cf. UNKEL, Curt Nimuendaju. *As lendas da criação e destruição do mundo como fundamentos da religião dos Apapocúva-Guarani.* São Paulo, Ucitec/USP, 1987.

destrutivo, para, apenas lentamente, ir abrandando sua posição, fazendo pactos proporcionais e pedagógicos, até finalmente revelar-se desarmado, lento para a ira e rico em misericórdia, desproporcionalmente gracioso. Entretanto, se o Novo Testamento é o anúncio da pura misericórdia — *"por graça fostes salvos"* —, sem exigência de pagamentos ou merecimentos (cf. Ef 2,5), a intervenção progressiva e pedagógica de Deus, mesmo com sua severidade e virtual violência, já faz parte da graça e da interlocução que levam o ser humano real a sério.

Assim, no pior momento, é Deus mesmo que se encarrega de "fechar por fora" (cf. Gn 7,16), enclausura Noé e sua família numa arca, um pequeno espaço de salvação, mantendo a separação, o segredo da chave e a palavra final sobre o caos que desaba. Depois, ao sinal da pomba, Noé reconhece que Deus recriou um ambiente de vida. A pomba, como já vimos, é a figura da fecundidade divina, a mesma *ruah* que, no segundo versículo do Gênesis, "bate asas sobre as águas", dá movimento e temperatura, permite separar os elementos, favorecendo a biodiversidade. Não há, propriamente, no dilúvio bíblico, uma destruição, mas uma regeneração, uma recriação. Em meio à devastação da violência humana que repercute nas águas do caos, passa o fio dourado do desígnio criador e salvador, a face fiel de Deus, que permanece Criador.

Com Noé se inicia nova etapa da humanidade, com nova bênção e novo pacto, mais precário e mais realista do que o pacto com Adão, mas com a promessa firme de que a criação não passaria mais por tanta tribulação, não voltaria ao caos do dilúvio, assim como, no caso de Adão, não voltaria ao paraíso infantil.

Nos termos do novo pacto, é sintomática a nova relação da criatura humana com os animais. Deus concede aos homens a possibilidade de comer animais, contanto que não toquem no sangue, que representa a "alma" de todo vivente. Trata-se de uma concessão com novo limite, nova proibição, agora, em relação ao sangue derramado do animal. E há um grande preço nesse pacto: ao contrário do paraíso de Adão, onde a relação era de convivência pacífica por meio da linguagem humana, agora os homens tornam-se *o medo e o pavor de todos os animais da terra e de todas as aves do céu, como de tudo o que se move na terra e de todos os peixes do mar"* (Gn 9,2). O grande "animal feroz", que infunde pavor à sua aproximação, é o homem! O pacto se dá sobre a ferocidade da relação de alimentação. Em vez de estar juntos e vegetarianos, como no jardim impossível, o homem, de certa forma, integra-se à "cadeia alimentar", lutando para ficar no seu topo, tanto na prática alimentar como na prática simbólica. A manipulação simbólica de animais, nos rituais, vestindo peles, imitando-os pela dança ou pelos sons, tem o interesse de incorporar a si suas qualidades em tempos em que é permitido "assassinar os animais" para comê-los e assimilá-los. Contudo, essa fusão de alimentação e absorção simbólica leva a mais: o ser humano, na cadeia alimentar, torna-se o único animal que mata sem necessidade de comer, que mata "cainescamente", aniquilando com a pretensão de ter seguranças.

Uma nova relação, convivial e pacificada, que resgata a vocação original, permanece nos sonhos messiânicos e escatológicos de Israel. Um testemunho claro é o texto de Isaías sobre os tempos messiânicos, os sinais de bênção nas novas relações entre humanos e animais:

> *Então o lobo morará com o cordeiro, e o leopardo se deitará com o cabrito. O bezerro, o leãozinho e o gordo novilho andarão juntos, e um menino pequeno os guiará. A vaca e o urso pastarão juntos, juntas se deitarão as suas crias. O leão se alimentará de forragem como o boi. A criança de peito poderá brincar junto à cova da serpente, a criança pequena porá a mão na cova da víbora. Ninguém fará o mal nem destruição nenhuma. (Is 11,6-9)*

O evangelho de Marcos, ao introduzir a paisagem messiânica de sua boa notícia, reúne céus e terra em torno de Jesus. No deserto, ele reúne em si a história humana, o seu povo em êxodo, reconciliando e pacificando os seres celestes, servidores da terra, com os seres terrestres, seres de convivência: *"E vivia entre as feras, e os anjos o serviam"* (Mc 1,13).

Voltemos, porém, a Noé. Com a precariedade do pacto, a Escritura mostra também a ideologização da bênção, que iria ser manipulada para escravizar a partir de uma caricatura de parricídio. Noé embriagado torna à nudez, à transparência total de sua fragilidade, que deveria permanecer velada. Cam, pai de Canaã e de todos os canainitas, "viu" a nudez, ou seja, a condição frágil do próprio pai. Isso serve de legitimação para que os outros irmãos mais velhos, Sem e Jafé, que cobriram o pai andando de costas para não ver a nudez, escravizem os filhos de seu irmão Cam, os habitantes das terras de Canaã. A fabricação dessa memória serve, historicamente, de legitimação para que Israel, descendente de Sem, tome as terras de Canaã e escravize seus habitantes.

Cam e Canaã soam a Caim, com direito a serem escravizados, começo da "guerra justa". Os cristãos, mais tarde, na América do Norte, africanizam os filhos de Cam, imaginando-os inclusive negros, para justificar a escravidão dos negros africanos na modernidade colonial. Tudo a partir de uma "visão da nudez do pai", que não é um parricídio, mas é interpretada como tal, pois a visão da nudez é também a visão da fragilidade do pai, que deixa de ser poderoso e deixa o filho que o viu assim em perigo, desamparado diante dos outros. Muitos assassinatos foram justificados em nome de Deus, em nome de Cristo, até mesmo o assassinato de judeus, sob o pretexto de terem matado o Filho de Deus.

A Escritura deixa o flanco para uma interpretação mais justa, que desmascara a tentativa de justificar a escravidão e o aniquilamento "em nome do pai", de um Deus, de uma religião ou de uma pátria. A trajetória de Israel, com seus conflitos externos e internos, seu aprendizado doloroso com exílios e errância, iria desembocar na espiritualidade da diáspora dos pobres de Javé. O Novo Testamento reúne escravos e livres, mulheres e homens, cidadãos e estrangeiros, todos irmãos e irmãs em Cristo. A história do cristianismo real e oficial, porém, sucumbiu freqüentemente à "guerra justa", e o Novo Testamento permaneceu como um fermento de futuro.

4.4. A criação da cidade

A fundação das cidades, praticamente em todas as narrativas de origens, tem, em sua base, um gesto heróico, com sangue e sacrifício. Os fundadores são divinizados, inclusive os irmãos gêmeos Polinice e Etéocles na cidade grega de Tebas, e Rômulo e Remo na cidade de Roma, com toda a força da rivalidade e do assassinato que isso exige. Há um sacrifício, sangue derramado, cimentando a cidade, divinizando-a, tornando-a forte e protegida. A memória dos heróis fundadores é celebrada com novos sacrifícios, agregando mais poder à cidade. Guerras, vitórias e inimigos sacrificados garantem e aumentam o poder da cidade.

Na Escritura, a cidade é o lugar da contradição. A ambigüidade da presença e da face de Deus na cidade continua. No princípio, não há cidade. Há céus e terra, há um jardim, um campo, há o cultivo da terra. As primeiras cidades, como vimos, foram fundadas por Caim e têm a marca de Caim, são essencialmente centros de poder e de defesa. De Caim a Cam e a seu filho Nemrod, o "valente caçador diante de Javé", a cidade evolui e se agiganta em sua marca de Caim. *"Nemrod foi o primeiro potentado sobre a terra (...) Os sustentáculos de seu reino foram Babel, Arac e Acad, cidades que estão na terra de Senaar. Desta terra saiu Assur, que construiu Nínive"* (Gn 10,8;10). Babel, no tempo da Escritura, é, na verdade, a grande Babilônia. Aqui estão nomeadas as grandes cidades imperiais, guerreiras e sanguinárias, que provêm do crime. A Bíblia não permite nenhuma divinização da cidade, nenhuma comemoração de sacrifício heróico fundador. Ela vê, na nudez dos fundamentos, simplesmente o sangue derramado.

A figura de Babel, com a torre pretendendo alcançar e "penetrar" o céu, é a máxima contradição na criação. Com isso se pretende romper as diferenças, promiscuir na soberba humana o próprio lugar de Deus, dirigir por conta própria os destinos das criaturas e, sobretudo, em vez de receber um nome, que é também um chamado, uma vocação, construir para si mesmo um nome que garanta a própria permanência: *"Vinde! Construamos uma cidade e uma torre cujo ápice penetre nos céus! Façamo-nos um nome e não sejamos dispersos sobre a terra"* (Gn 11,4). Com isso, a cidade torna-se fonte de opressão e de confusão, representadas na maldição das línguas. Em outro lugar, as línguas e os povos, em sua variedade, são vistos como bênção e como biodiversidade; mas aqui são o castigo da falsa unidade. As diferenças lingüísticas e étnicas, enfim, aparecem na sua ambivalência, com dupla face.

No entanto, há uma cidade que começa a ser privilegiada, a cidade de Davi, para onde o rei conduz a arca da aliança e onde Salomão constrói o templo do Deus bíblico. Jerusalém, no monte de Sião, ganha valor como sede da arca da aliança e sede da administração da justiça. No entanto, como o rei, também a cidade, com o templo, o culto de sacrifícios, e até o que há de mais sagrado, a arca, permanecem na possibilidade de idolatria, na mesma medida que também Jerusalém entra desde cedo no jogo dos poderes de Caim e da injustiça que esmaga os mais frágeis. Os profetas, ao mesmo tempo, amam e têm palavras duras contra a cidade, mostrando assim, de novo, a "dupla face" pedagógica do Deus vivo que não pode ser enclausurado em templo ou sacerdócio ou palácio de justiça; para quem os sacrifícios de suas próprias criaturas causam repugnância, e que, sendo o Altíssimo sobre os céus, prefere morar junto aos humildes — onde está o frágil Abel: *"Eu habito em lugar alto e santo, mas estou junto ao abatido e ao humilde"* (Is 57,15).

Jerusalém, com a unificação de todas as suas forças, inclusive do império estrangeiro, acaba fazendo o sacrifício de Jesus, sacrifício legitimado pela religião e pela política. Muitos profetas e muitas cruzes antecederam e foram contemporâneas de Jesus. Entretanto, ele se torna a base do sonho de uma Nova Jerusalém, um sonho que o retorno dos exilados já desenhava.

A Cidade Nova, em que toda ambigüidade será superada, é a que vem dos céus e se situa ecologicamente equilibrada na terra, segundo o final do Apocalipse (cf. Ap 22 e 23). Nela estão abolidos o templo e o sacrifício; e o centro é a praça — que é do povo, como o céu é das águias e trono de Deus, desde onde Deus é a luz sobre a cidade. No centro da praça está Cristo como Cordeiro redivivo, animal pacífico, inocente executado, mas salvo, lâmpada irradiando luz divina, de quem brota a água que alimenta as árvores da vida, integrando cidade e ambiente ecológico, fonte celeste de luz e fonte terrestre de águas, numa cidade ecologicamente viva.

As muralhas da Nova Jerusalém são apenas um cordão de beleza, com portas abertas todo dia numa cidade sem noite, para onde acorrem todos os povos, imigrantes bem-vindos, sem impedimentos para ir e vir. Enfim, a Nova Cidade é o centro de Novos Céus e Nova Terra, na Nova Criação, reconciliada e pacificada após a justiça da ressurreição dos mortos e do comparecimento à convivência, à mesa, ao banquete e aos frutos da árvore da vida.[14]

---

[14] Cf. RICHARD, Pablo. *Apocalipse, reconstrução da esperança*. Petrópolis, Vozes, 1996.

A cidade será o lugar por excelência da convivência e do louvor. Contudo, esse é o sonho que alimenta a esperança num mundo urbano sobrecarregado de contradições.

5. POR QUE EU? POR QUE ME ABANDONASTE? AS VÍTIMAS INOCENTES

A narrativa bíblica sobre o mal no mundo centra-se na violência fratricida, mostra a face, ao mesmo tempo, dura e compassiva de Deus, com a pedagogia do castigo e com uma janela de esperança sempre aberta.

No entanto, o mito, ao universalizar e enquadrar cosmicamente e mesmo historicamente o mal e o sofrimento, não consegue chegar à profundidade do sofrimento subjetivo, sobretudo do sofrimento inocente. A dramática figura de Jó e a tragédia de Jesus revelam mais do que o mito genesíaco do mal.

Diante do sofrimento inocente, que leva a dor ao desespero de qualquer socorro, até de Deus, naufraga toda teoria, toda racionalidade, toda teodicéia. Jó não aceita o "mal natural" nem o mal como punição — sofrimento recebido por mal cometido. Tampouco aceita que o mal cometido por um recaia como castigo sobre outro. Não há teologia de retribuição ou razão que fiquem em pé diante do sofrimento inocente. Jó arrasa inclusive o raciocínio da pedagogia, do castigo como uma volta ao caos informe, em função de uma nova criação ou de um amadurecimento: se Deus acaba matando, de que serve castigar ou amadurecer? Até a pedagogia e o aperfeiçoamento têm limites. O fato de Deus exigir e conduzir pelo caminho da dor como em dor de parto os que ele ama tem sua verdade, mas tem também um limite. O mal excessivo não concorre para o bem, mergulha no mistério do absurdo.

Jó invoca o próprio Deus para que apareça como réu diante do seu sofrimento inocente. E Deus aceita o chamado. Contudo, não dá respostas "proporcionais", apenas desvenda algo do seu mistério maior. Desde dentro do mistério do sofrimento, Jó defronta-se com o mistério ainda maior de Deus. Por isso se inclina, confessando: *"Conhecia-te só de ouvido, mas agora viram-te meus olhos: por isso retrato-me e faço penitência no pó e na cinza"* (Jó 42,5-6). Todavia, como anota Paul Ricoeur, Jó acede ao mistério maior de Deus mediante a corajosa e sincera revolta e lamentação brotadas de seu sofrimento.

O lamento é, ao mesmo tempo, confissão de miséria e protesto por justiça. É sentimento que conduz à verdade. Diante do mal, o sentimento conduz aonde a razão não chega. A lamentação, o luto, a expressão da dor são uma linguagem mais alta do que a filosofia e a teodicéia. Nenhuma doutrina é justa para com o sofrimento que se levanta em lamento. Ao excesso obscuro do mistério do sofrimento inocente somente o excesso transcendente, paradoxalmente luminoso de um mistério maior, pode ser digno de confiança e de entrega. O gesto de entrega une vida e morte, atividade e passividade num acontecimento supremo. A figura de Jó se realiza historicamente em Jesus.

Jesus entendeu-se como missionário do Reino de Deus. A experiência do Espírito e do Pai como referência última do Reino foi fundamental também diante do mal. Jesus não deu respostas doutrinais, mas desencadeou um modo prático de se posicionar frente ao mal no mundo. A cura compassiva, o desmascaramento profético, a ousada e santa transgressão de limites impostos por um enrijecimento das tradições, a volta às fontes do Sábado e da adoração são atitudes misericordiosas e práticas. Todo pecador é um enfermo a ser tratado, toda discriminação e opressão, fratricidas em sua raiz cainígea, precisam do socorro à multidão dos que são Abel. Em pouco tempo, Jesus irradia com a luz do Reino de Deus, luz que desmascara trevas e faz cair o "anti-Reino", o "Príncipe deste mundo", Satanás e seus anjos de carne e osso (cf. Mt 25,41; Lc 10,18; Jo 12,31; 14,30; 16,11).

Com isso, Jesus atrai para si todo o mal. Forma-se a vítima expiatória, na união de todos os poderes, superando seus antagonismos para se descarregarem sobre a vítima, como em catarse, e voltarem à legitimação de seus poderes. Jesus é perseguido, aprisionado, condenado sob conspiração, executado. Tais sofrimentos lhe são imputados unanimemente como culpado, e, por isso, todos — ou quase todos — foram dormir aliviados e com boa consciência no final daquela sexta-feira em que Jesus foi morto.

Para Jesus, toda tragédia de sofrimento inocente e absurdo se concentrou nele. Em sua subjetividade estão o lamento e o desamparo da vítima inocente. Jesus expira num grande brado, tão abismal que jamais será ultrapassado: nele se encontram e se reconhecem todos os sofrimentos inocentes. Até o último momento, a ficarmos com Lucas, Jesus persevera na compaixão — o olhar para Pedro, a compaixão pelas mulheres, a promessa ao malfeitor companheiro de morte, enfim, o perdão aos que o executam —, porém, ao perder o pé no abismo da solidão e da morte, agora segundo Marcos, grita pela justiça de Deus desde uma experiência de ausência de justiça, esmagado por um mundo injusto e pelo silêncio horrível de seu Deus e Pai. Na contemplação cristã do sofrimento e abandono de Jesus, revela-se o mistério maior de Deus frente a todo mistério do mal.

6. A DOR DE DEUS PELA DOR DO MUNDO

Um dos maiores mal-entendidos do cristianismo foi a interpretação teológica da morte de Jesus em contexto de justiça penal aplicada às sociedades históricas, sobretudo a justiça conhecida no feudalismo medieval europeu. Com isso, aprisionou-se a verdade sobre Deus nos limites de uma justiça social precária: a morte de Jesus foi o castigo merecido da humanidade, assumido por ele diante de Deus. Ele teria pago a nossa dívida de justiça a Deus. Lavou, com seu sangue, a honra de Deus em nosso lugar, e assim nos salvou da sentença que pesava sobre nós.

Já era um problema a afirmação de que ele nos teria resgatado e comprado de nosso proprietário, o diabo, a quem pertenceríamos por causa do pecado. Problema maior foi quando tal esquema deslocou-se para o próprio Deus. Era a teologia da "satisfação vicária": o Filho de Deus satisfez, em nosso lugar, como Deus encarnado, a medida da justiça divina. Deus, o Pai, aparece com a face de justiceiro implacável, preferindo a justiça e a honra acima da sua misericórdia e de perdão, preferindo o sadismo do sangue do Filho para satisfazer a necessidade de justiça. Só depois de não ter perdoado seu Filho, ele teria perdoado todos nós.

Essa teoria teológica consagrou-se de forma duradoura e fez muito mal à espiritualidade cristã. Significou um retorno à condição pré-abraâmica do "filicídio" para garantir o poder do Pai: o que Deus não quis para Abraão assumiu para si mesmo, sacrificando seu próprio Filho. Além de sádico, Deus seria masoquista.

O que Freud deixou na sombra ao explicar a cultura por meio do parricídio de Édipo — o pai de Édipo, Laio, tentou antes o filicídio para assegurar seu poder —, em Jesus, teria ficado descoberto e consagrado: o filicídio, a vida do mais frágil para o mais forte. Na verdade, foi isso que deu fundamento espiritual para as instituições patriarcais em ambiente cristão, justificando guerras, penas de morte, invasão e colonialismo: o filicídio, o sacrifício dos vencidos, dos subalternos, é necessário para o poder dominante e a honra do "pai". E o cristianismo acrescentou a justificativa pela inversão: os pagãos, hereges, feiticeiros etc. são todos de fato ou potencialmente parricidas, atentam contra Deus, e o desaparecimento desses parricidas é agradável aos olhos de Deus.

Assim, de boa consciência fizemos cruzadas, acendemos fogueiras, escravizamos, reinamos com o poder absoluto do pai que exige atributos de dívida imperdoável até nossos dias. Hoje, o esquema da expiação está secularizado nos contratos sociais: a dívida dos pobres não pode ser "perdoada", porque o perdão significaria uma desordem e uma perda de autoridade por parte das instituições fortes. E por esse canal escorrem ainda o sangue dos pobres, a dívida social e o clamor do sangue derramado: Abel morre aos pés de Caim. De que lado está mesmo Deus?

Na morte de Jesus, de que lado esteve o Pai? Se ele necessitava da morte do Filho para conservar e salvar o mundo, então Deus teria estado junto às instituições que conservam a ordem dura em que os mais fortes tomam o sangue dos débeis sem duvidar de que isso é justo. Por trás dos que manipularam a morte de Jesus, dos chefes de Jerusalém, de Herodes e Pilatos, teria estado o próprio Deus manipulando um desígnio de salvação através do sangue inocente? O silêncio de Deus permite tal teologia macabra dos poderes dominantes. No entanto, o silêncio de Deus, interpretado a partir da fraqueza do próprio Jesus e de todos os justos sofredores desde Abel, permite outra interpretação, realmente cristã.

Na fraqueza e no sofrimento inocente de Jesus estão a fragilização e o sofrimento do próprio Deus. Este é o mistério maior do silêncio e da *kénosis*: com o despojamento de divindade do Filho, o Pai também abre mão de justiça retributiva e de poder para aplicá-la. Na sua própria vulnerabilidade, renunciando aos atributos divinos lógicos, sobretudo de potência, Deus brilha em atributos que surgem do amor puro e humilde.

Agostinho resume a experiência cristã de Deus nesta pérola: "A glória maior é um Deus humilde" — *gloria maior Deus humilis*. Que Deus seja grande, poderoso, forte, imortal é algo lógico e glorioso, mas que Deus se torne pequeno, despojado, frágil, mortal é algo paradoxal. No entanto, em tal humildade há uma glória maior. Deus renuncia-se e torna-se um "vencido" em favor da sua criação, para salvar a todos, inclusive aos que o vencem. *Mediante o amor sem poder, tem o poder de vencer sem criar vencidos.* Mediante o silêncio e a misericórdia revelada no perdão e no dom do Espírito ainda no alto da cruz, segundo Lucas e João, pode-se falar na vitória de Deus de forma contrária à lógica da vitória mundana: *vence sem produzir vencidos*, trazendo para a vitória da Páscoa também os seus assassinos, não como seus vencidos, mas como irmãos.

A Páscoa de Jesus, porém, desde o amor que se encarrega da cruz e dos que a fazem neste mundo de crucificados, não termina na cruz. Nem no sepulcro, pois o sepulcro de Jesus ficou vazio e não serve como referência para o verdadeiro culto ao amor até o fim. Esse amor, na fidelidade criadora de Deus, na fidelidade do Espírito, atravessa a morte e reúne a criação para além da morte: *"ele ressuscitou, não está aqui"* (Mc 16,6).

A Páscoa de Cristo, entretanto, revela que Deus continua do lado do inocente sofredor. No silêncio, Deus não apenas se solidariza, mas sofre "em sua pele", identificado com os sofredores, a impotência e o absurdo. *Deus submete-se ao abismo do sofrimento, ao mistério do mal.* Submete-se como uma plataforma que acolhe o mistério do mal em seu mistério maior, sem utilizar o revide de vingança e de potência. Submete-se como um seio maternal que suporta, que se mantém fiel e continua nutrindo quem lhe pesa e lhe faz sofrer. O mistério maior do amor de Deus, no silêncio junto ao sofrimento inocente, chama-se Compaixão, Piedade, Misericórdia, atributos centrais na experiência bíblica, da primeira à última página. Na revelação pedagógica de Deus, às vezes com face terrível e vingativa, triunfa a face com atributos da Misericórdia.

Então, precisamos fazer uma diferença decisiva na experiência do sofrimento. Há, ao menos, duas experiências opostas:

> 1. Há o sofrimento da criatura, seja culpável ou não — e a maior parte não provém da responsabilidade, mas da condição criatural —, que é sempre uma ameaça à criatura, uma diminuição de humanidade. Torna a existência amarga e desumana, dilacerada e absurda, conduz ao caos e à morte. Diante da dor, que diminui

a experiência humana, é necessário um combate à dor mais do que uma explicação da dor. A prática de luta contra o sofrimento vai mais longe do que o direito de lamentação.

2. Há, porém, outra forma de sofrimento, que não ameaça a criatura nem diminui nem dilacera ou amargura a existência de quem o experimenta. É o sofrimento da compaixão. *A vulnerabilidade da piedade, a aproximação da compaixão e o acolhimento da misericórdia transformam o que é aparentemente uma fraqueza em potência criativa.*

Essa forma de sofrimento ainda provoca confusão e temor na criatura, porque se mistura com a primeira forma, ameaçadora e desumanizante. Por isso é normal sentir medo de ter compaixão. Diante do pobre e do sofredor, quase instintivamente fechamos os olhos. Afinal, a própria etimologia é esclarecedora: "com-paixão" é sofrer o sofrimento de outro, é encarregar-se do sofrimento do outro, é solidariedade maternal, promessa de regeneração do outro, assumindo no próprio regaço a sua dor. Necessita de uma piedade frente ao outro, uma vulnerabilidade capaz de se tornar ferida com a aproximação, com o toque e o ferimento do outro. Portanto, *só o amor é capaz desse sofrimento compassivo.*

Já não estamos, nessa segunda forma, falando da experiência do sofrimento como criaturas, mas como amantes: o amante não pode ficar indiferente diante do sofrimento do amado. Pelo contrário, assume para si todo o sofrimento do amado. Essa relação de amante e amado salva a criatura na face de um Criador que, antes de ser Criador, é Amor: porque Deus é Amor é também Criador. Porque é amor puro, não usa de violência, mas de paciência, presença silenciosa de poder e, assim, salva de forma compassiva toda criatura em seu seio regenerador.

Num processo pedagógico conflitivo, freqüentemente amargo, o fio dourado que dá esperança e salva a criação é o amor compassivo do Criador, capaz de assumir para si o sofrimento e a fragilidade das criaturas. É isso, exatamente, o que quer dizer Sabedoria 11, 21ss: o poder do Criador está a serviço de sua compaixão, porque ele é o "amante da vida". De certa forma, só Deus sofre radicalmente esse tipo de amor compassivo e misericordioso que o deixa sem defesas e vulnerável ao toque do sofrimento das criaturas. Toda criatura que experimenta compaixão e misericórdia ama com o amor de Deus e sofre com o sofrimento de Deus. Por isso, em vez de se sentir diminuída pelo sofrimento, sente-se engrandecida, mais forte, mais capaz de maternidade regeneradora de sofrimentos. É um paradoxo: *"quando sou fraco, então é que sou forte"* (2Cr 12,10).

No Novo Testamento, o mistério da compaixão do Pai atravessa toda a experiência de Jesus, de sua missão, mas também de sua própria paixão e de sua páscoa. Permite-nos abandonar a teologia da "satisfação vicária" da morte do

Filho para pagar a dívida de justiça e honra do Pai e compreender com toda clareza exatamente o oposto: no sofrimento e morte do Filho há a dor de dilaceração, fragilidade e silêncio do Pai, como em dores de parto por uma criação que ainda precisa da piedade, da compaixão e da misericórdia maternal do Criador. Se o Criador sofre em dores de parto por sua criação, nosso sofrimento está em suas mãos, em seu seio. O mistério maior é o puro amor que, em silêncio de vulnerabilidade piedosa, em aproximação compassiva e em regeneração misericordiosa, triunfa sobre o abismo do mal ao tomá-lo em seu regaço.

No tempo presente, como viu Agostinho, comparando a criação a uma sinfonia com dissonâncias em pleno andamento, o mistério do mal e do sofrimento não permite uma clareza e uma integração da obscuridade do absurdo. Tentar explicar e sistematizar o mal com o bem, o sofrimento com a felicidade seria justificar o mal e, com ele, todo tipo de violência, oficial ou espontânea. O mal é um abismo atualmente não-integrável e não-justificável. Sempre que se quis explicar e justificar o mal, fez-se uma grande injustiça às criaturas que sofrem e ao Criador compassivo. O mal continua sendo *mysterium iniquitatis*. É na confiança e na esperança, diante da narrativa da vida de Jesus, que o cristão continua na cruz da compaixão e da solidariedade em obras de misericórdia. O triunfo de uma criação sem sofrimentos, sem lágrimas e sem luto é uma esperança. Na páscoa de Jesus, a exaltação do Filho como primícia e primogênito das criaturas é a resposta prática do Criador ao mistério do mal, mas é a figura da páscoa de toda criação ainda em dores de parto. O *mysterium compassionis* é maior.

Resumindo

• *O mal e o sofrimento do mal não são apenas problemas. O seu fundo abismal e sempre excessivo constitui o mistério da iniqüidade e o escândalo para a fé. O desejo de justiça e de bondade não se aquieta nem com o teísmo nem com o ateísmo.*

• *Há males cometidos, cuja reparação, na forma de punição, são sofrimentos. No entanto, isso não significa que todo sofrimento é punição por algo cometido. Há sofrimentos inocentes e, diante das vítimas inocentes, fracassa qualquer tentativa de justificação do mal. A teodicéia, para defender Deus, colocou todo o mal nos ombros da criatura humana ou simplesmente na natureza finita e mortal deste mundo. Mas não responde ao grito do sofrimento inocente. Diante de Jó, Deus mesmo torna-se réu e revela apenas seu mistério maior. Sua resposta, segundo a sensibilidade cristã, está na Páscoa de Jesus, em sua cruz e ressurreição.*

• *Nos capítulos iniciais do Gênesis, como no caso da dupla ordem a Abraão ou do duplo comportamento com Elias, há uma ambigüidade, uma "dupla face" de Deus, que coloca limites e excita a superar limites. Obriga ao êxodo do jardim da inocência primordial e dá sinais de esperança. Revela-se como dono de toda vingança e violência e, ao mesmo tempo, protege da total violência salvando sempre um "resto", fazendo concessões, aceitando a precariedade e abrindo espaços novos. Com isso, aprende-se a distinguir o bem e o mal e a escolher o bem.*

* *O mal que é pecado e que está na raiz de todas as formas de pecado é o fratricídio, o pecado de Caim. Em Caim, o ser humano que é chamado a ser "como Deus", escolhendo fazer o bem e evitar o mal, escolhe o mal, escolhendo ser como um animal e matando o seu irmão mais frágil com a força que lhe vem de Deus. Culmina na violência da cidade que pretende tomar os céus, submeter tudo e todos sob o seu nome — Babel/Babilônia. No entanto, Deus conserva e promete a possibilidade de outra cidade, a Nova Jerusalém, a cidade da convivência, sem luto e sem sacrifícios.*

* *Jesus, o profeta cheio de misericórdia que foi feito vítima inocente, foi justificado pela páscoa. É o Cordeiro redivivo que dá esperança ao sofrimento de Jó e revela que Deus está na pele das vítimas inocentes, com a dor de compaixão para salvar da dor de perdição.*

Aprofundando

Diante do excesso de sofrimento, como é possível fazer crer que a vida "vale a pena"? Quais as experiências que se podem relatar, e o que sugere o percurso bíblico, sobretudo o caminho de Jesus?

Perguntas para reflexão e partilha

1. Educação através da correção, mas sem castigos: é possível? Como é o agir do Criador em relação pedagógica com as criaturas?

2. Por trás de todo mal que é pecado, está o fratricídio, o "homicídio desde o princípio", mascarado com justificativas. Como detectar essa afirmação nos fatos?

3. Diante do sofrimento inocente e excessivo, qual é a melhor atitude cristã?

Bibliografia complementar

RICOEUR, Paul. *O mal, desafio à filosofia e à teologia.* Campinas: Papyrus, 1988.

RUIZ DE LA PEÑA, Juan Luiz. *El don de Dios*; antropología teológica especial. Santander, Sal Terrae, 1991 (ed. bras.: *O Dom de Deus.* Petrópolis, Vozes, 1997).

Torres Queiruga, Andrés. *Recuperar la salvación*; para una interpretación liberadora de la experiencia cristiana. Santander, Sal Terrae, 1995 (ed. bras.: *Recuperar a salvação*. São Paulo, Paulus, 1999).

Varone, François. *El Dios "sádico" — ¿ama Dios el sufrimiento?* Santander, Sal Terrae, 1988 (ed. bras.: *Este Deus que dizem amar o sofrimento*. Aparecida, Santuário, 2001).

Capítulo sexto

JESUS, O PRIMOGÊNITO DE TODA A CRIAÇÃO

Este capítulo trata da centralização e da conclusão cristã da narrativa bíblica da criação, o fundamento cristão da esperança no futuro do universo, que é Cristo.

Para o cristão, toda a narrativa da criação, inclusive o princípio da criação à luz do seu fim último, escatológico, *concentra-se em Cristo*. Ele é o *mito cristão* por excelência, no melhor sentido da palavra. Quando o evangelho é narrado começando por *"Naquele tempo..."* — o tempo de Jesus —, o cristão se transporta para um princípio e para uma destinação de toda a criação, para o *kairós* por excelência. Não se trata de um tempo cronológico, mas do tempo de revelação plena que abraça todos os tempos. Por isso, Cristo não chegou nem tão tarde em relação ao princípio nem tão cedo em relação à escatologia. Ele constitui o tempo que impregna e ilumina todos os tempos.

É um direito e um dever da fé cristã reinterpretar toda a Escritura e todas as tradições religiosas e, inclusive, todos os saberes, mesmo filosófico e científico, a partir de Cristo, assim como é dever de justiça respeitar outras interpretações e tradições.

1. JESUS, EXALTADO PELO PAI

As cristologias "da exaltação" e "da preexistência" de Jesus, nas quais ele é reconhecido como Cristo e Filho de Deus, até mesmo antes da criação do universo, têm uma história relativamente rápida dentro do Novo Testamento, sobre o pano de fundo da esperança messiânica da fé bíblica e dos acontecimentos em torno de Jesus.

Vejamos, antes, o processo de alargamento da esperança messiânica no Primeiro Testamento. Em Israel, quanto mais se tornava paradoxal e difícil a esperança, quanto mais o povo perdia seu espaço de reino e de nação, mais a esperança na intervenção de um justo juiz, de um rei com verdadeira sabedoria e poder, de um profeta que desvendasse definitivamente a Palavra e os desígnios divinos elevava-se para o universo inteiro. Não bastaria um juiz ou um rei para a nação de Israel, pois para o próprio Israel exilado e disperso entre outros povos seriam necessários um juiz e um governo sobre todas as nações. A figura do Filho do Homem, do Profeta escatológico, do Servo como luz das nações, eleito para cumprir uma missão em meio a todos os povos, ou com poder vindo dos céus sobre toda a terra, se afirmaria nesse alargamento e elevação universalista das esperanças.

Os discípulos de Jesus, diante do impacto revelador das aparições da páscoa, com a experiência de que *o crucificado vive*, interpretaram desde logo a sua ressurreição: trata-se da ressurreição escatológica dos mortos já atuante em Jesus, pelo poder do Espírito e pela fidelidade de Deus (cf. 1Cor 15); o crucificado foi justificado e glorificado por Deus. Assim, Deus se revelou do lado do inocente humilhado e executado, o Pai do lado do Filho, pela sua ressurreição. E mais: a páscoa de Jesus foi compreendida como modelo e causa da páscoa da criação inteira. Essa compreensão de salvação e glorificação tem as mesmas razões da compreensão da fragilidade e do pecado: passa pela solidariedade da humanidade de Adão, de Caim e de Jesus. Em Adão, todos somos carne corruptível. Em Jesus, todos nos tornamos carne salva e glorificada.

Em Jesus, toda criatura tem a causa, o modelo e o acesso para experimentar a promessa da Nova Criação, na qual todos podem ser Novas Criaturas. A esperança judaica e a teologia rabínica são retomadas por Paulo para falar desde Jesus e da esperança fundada nele. A páscoa de Jesus é o começo da glória que vence o temor da morte: *"Se alguém está em Cristo é nova criatura. Passaram-se as coisas antigas; eis que se fez uma realidade nova. Tudo isso vem de Deus, que nos reconciliou consigo por Cristo"* (2Cor 5,17-18 a).

Nesse contexto, que parte do chão da história, da pessoa histórica de Jesus, devem-se entender os grandes títulos de missão salvadora de Cristo que abraçam o universo inteiro. Jesus não é compreendido somente como o Messias dos discípulos ou do povo judeu. É o Salvador do mundo, o escatológico Filho do Homem, o humilhado que foi exaltado para ser o nome da salvação para toda criatura (cf. Fl 2,11). Finalmente, ele é a causa e o modelo acabado da criação, o "Senhor" do universo. Todos os títulos e hinos de glorificação e todas as narrativas, dos evangelhos ao Apocalipse, reúnem em Jesus de Nazaré as duas pontas do universo: antecipadamente, ele é a *glorificação última* e, retrospectivamente, ele é a *criação primeira* do universo.

Já em núcleos mais antigos de textos, como 1Cor 15, estão presentes a consumação, a glorificação, enfim, a destinação escatológica do universo em Cristo. Ele é "primícia" de toda a criação, o fruto amadurecido antecipando a grande colheita (cf. 1Cor 15,23). Ele é o escatológico *"homem celeste, feito espírito que dá vida"*, que vivifica Adão, o *"homem terrestre, primeiro vivente"* (1Cor 15,44b-49). Poderíamos multiplicar paralelos que orientam a compreensão e a evangelização nesse sentido.

Paulo não está sozinho nessa teologia da exaltação de Jesus como Senhor do universo. Remonta-se a uma tradição oral e escrita anterior às cartas, que se formava na liturgia, na evangelização, na meditação e no aprofundamento do grande paradoxo da experiência inicial: Jesus, o humilde pregador da Galiléia, é a figura exaltada à qual se refere toda a criação.

Os hinos cristológicos são os textos mais vibrantes e ilustrativos dessa centralização de toda a criação em Cristo. Nos hinos, elaborados em clima litúrgico de glorificação e ação de graças, há, normalmente, referência à intrínseca e indissolúvel união de dois movimentos:

a) Uma "descida" do divino ao humano, na forma de despojamento ou esvaziamento, na pessoa do Filho de Deus preexistente à criação, que se fez criatura como nós até a morte de cruz — a *kénosis.*

b) Uma "elevação" do humilde nazareno, filho de Maria, e da Galiléia — o pregador de sotaque interiorano que morreu crucificado —, glorificado e reconhecido como Filho de Deus, o Primeiro e o Último, Alfa e Ômega de toda criação, glória de Deus na criação e glória da criação em Deus — a *dóxa.*

Antes de ler alguns dos mais belos hinos cristãos, nunca é demais insistir neste paradoxo central da fé cristã: o Senhor exaltado em glória, primogênito dentre as criaturas, é o mesmo humilde menino de Nazaré e profeta perversamente crucificado. Porque não se trata de fugir da história e de se mistificar no mito, mas de interpretar com a linguagem do mito, a melhor disponível, o paradoxo da experiência histórica de Jesus.

1.1. Jesus, humilde até a morte, exaltado como Senhor: Fl 2,6-11

A)

6Ele, que é de condição divina,
não considerou como presa a agarrar o ser igual a Deus.
7Mas despojou-se, tomando a condição de servo,
tornando-se semelhante aos homens,
e por seu aspecto, reconhecido como homem;
8ele se rebaixou, tornando-se obediente até a morte,
e morte numa cruz.

B)

9Foi por isso que Deus o exaltou soberanamente
e lhe conferiu o Nome
que está acima de todo nome,
10a fim de que ao nome de Jesus todo joelho se dobre,
nos céus, na terra e debaixo da terra,
11e toda língua confesse que Jesus Cristo é o Senhor,
para a glória de Deus Pai.

Paulo transcreve o hino em sua carta para dar à querida comunidade de Filipos o exemplo prático de Jesus: renunciar-se e servir os outros. De certa forma, Jesus é o caminho inverso do que os filipenses podiam conhecer dos heróis gregos. Nos mitos heróicos, o personagem principal, partindo dos limites humanos, rivalizava com os deuses para agarrar os benefícios da divindade. Aqui, o caminho de esvaziamento vem de Deus, é de humanização do Filho de Deus, até a aceitação do limite por excelência, a morte, e, inclusive, a sobrecarga do esvaziamento violento e desumanizante que proveio da história humana de pecado, a cruz.

Na segunda parte, na figura exaltada de Jesus como Senhor, estão a ação e o dom de Deus a favor de toda criatura. O nome impronunciável e a face invisível de Deus encontram agora um lugar, uma imagem visível, um nome humilde e perfeitamente pronunciável — Jesus —, para nele a criação encontrar o seu Senhor e Salvador, o perfeito Adão, e, em "passivo divino", sempre indiretamente, no paradoxo da figura de Jesus, a imensa glória do Criador sem nome e sem imagem.

1.2. Jesus, o Primogênito que nos faz participantes de sua herança: Cl 1,15-20

A)

15 Ele é a imagem do Deus invisível,
Primogênito de toda criatura,
16 pois nele tudo foi criado,
nos céus e na terra,
tanto os seres visíveis como os invisíveis,
Tronos e Soberanias, Autoridades e Poderes.
Tudo foi criado por ele e para ele,
17e ele existe antes de tudo;
e tudo nele se mantém.

B)

18E ele é a cabeça do corpo, que é a Igreja.
Ele é o começo,
o Primogênito dentre os mortos,
a fim de ocupar em tudo o primeiro lugar.
19Pois aprouve a Deus
fazer habitar nele toda a plenitude
20e tudo reconciliar por meio dele e para ele,
na terra e nos céus,
tendo estabelecido a paz pelo sangue de sua cruz.

Esse precioso hino contempla em Jesus a imagem visível do Deus invisível, Criador e criatura primogênita, cuja relação com o Criador e com as criaturas sustenta todas as outras relações na criação.

Duns Scotus viu aqui a "vontade ordenada" de Deus, que ama a criação na figura de Cristo.[1] Nele, também as criaturas espirituais, celestes, encontram sua ordem e razão, e não é mais necessário ter medo de espíritos: "dominações e potestades celestes" pertencem a Jesus tanto quanto as criaturas mortais. Ele realiza a união e a reconciliação, inclusive passando pelo sofrimento e pela tragédia da cruz.

Estamos aqui na outra ponta da criação que provém "do nada", pois agora é revelado que somos criação "da plenitude" do Filho Jesus, da substância de sua relação filial com o Pai, criaturas que portam a vocação à filiação em Cristo — "ex plenitudine Christi".

1.3. Em Cristo, a bênção e a predestinação da Criação: Ef 1,3-14

[3]Bendito seja Deus,
Pai de nosso Senhor Jesus Cristo:
Ele nos abençoou com toda a bênção espiritual
nos céus, em Cristo.
[4]Ele nos escolheu nele antes da fundação do mundo
para sermos santos e irrepreensíveis
sob o seu olhar, no amor.
[5]Ele nos predestinou a ser para ele
filhos adotivos por Jesus Cristo,
assim o quis a sua benevolência
[6]para o louvor da sua glória,
e da graça com que nos cumulou em seu Bem-amado:
[7]nele, por seu sangue, somos libertados,
nele, nossas faltas são perdoadas,
segundo a riqueza da sua graça.
[8]Deus no-la prodigou,
abrindo-nos a toda a sabedoria e inteligência.
[9]Ele nos fez conhecer o mistério da sua vontade,
o desígnio benevolente que de antemão determinou em si mesmo
[10]para levar os tempos à sua plenitude:
reunir o universo inteiro sob um só chefe, Cristo,
o que está nos céus e o que está sobre a terra.

---

[1] Cf. PANCHERI, Francesco Saverio. *O primado universal de Cristo*. Porto Alegre, Cadernos da Estef n. 2, 1988. pp. 7-59.

11Nele também, recebemos a nossa parte:
de acordo com o projeto daquele que tudo conduz
ao sabor da sua vontade:
fomos predestinados
12a ser, para louvor da sua glória,
os que de antemão esperaram no Cristo.
13Nele, ainda, ouvistes a palavra da verdade,
o Evangelho que vos salva.
Nele, ainda, crestes e fostes marcados
com o selo do Espírito prometido, o Espírito Santo,
14adiantamento da nossa herança
até a libertação final em que dela tomaremos posse,
para o louvor da sua glória.

Esse monumental hino da Carta aos Efésios cruza-se com o anterior e o completa, numa ação de graças a Deus por reconhecer a graça vinda dele. É uma *bênção ascendente* como resposta à *bênção descendente*.

Há um otimismo irradiante, que abraça toda a criação por estar centrada em Cristo. Aqui, o sangue de Cristo não é propriamente o sangue derramado, mas indica a condição humana e solidária do "Bem Amado" que torna toda a criação amável aos olhos do Criador.

Em Cristo, há a "recapitulação" da criação: o "Segundo Adão" toma o primeiro lugar e explica melhor a origem da criação: somos originados de Cristo, nós que somos o primeiro Adão. A teologia da "recapitulação", em que aquele que vem depois se revela como o primeiro, é o reconhecimento do "principal", que se revela "princípio", independente do tempo cronológico. É uma forma de interpretar em processos de amadurecimento, de tal forma que a semente só é bem entendida quando surgem a árvore em todo o seu esplendor e o fruto amadurecido. Esse método interpretativo da recapitulação já estava presente na teologia judaica e ganhou importância na primeira teologia cristã.

As cartas pastorais, as cartas católicas, os primeiros teólogos cristãos, batendo-se com o idealismo gnóstico, insistem na preeminência e na mediação do "humano", Jesus, de carne e osso, em relação a toda a criação. Os títulos ou nomes de Cristo — Messias, Filho do Homem, Servo, Senhor, Salvador, Filho de Deus e outros títulos, como Cordeiro de Deus, Profeta, Mestre —, tanto na tradição palestina mais antiga como na tradição grega, confluem para o grande caudal da confissão da fé em Jesus: *o Cristo, o Filho de Deus.* A Carta aos Hebreus o descreve como o verdadeiro e único Sacerdote, mediador e intercessor junto do Pai, tornando pálidas caricaturas quaisquer outras formas de mediação, agora tornadas dispensáveis. E o Apocalipse, abrindo com a majestosa figura do Filho do Homem, rica de detalhes simbólicos, soma-se ao que os teólogos chamariam mais tarde de "preexistência" de Cristo e de "Cristo cósmico". Finalmente, nesse crescimento cristológico, temos os grandes concílios gregos, com os conceitos de consubstancialidade divina e humana: Jesus é consubstancial a Deus quanto à divindade, consubstancial a nós quanto à humanidade. A sua condição filial e a sua solidariedade conosco garantem a nossa glorificação, superando a nossa morte. *No destino pascal de Jesus sela-se o destino pascal de todo o universo.*

Da humilde figura de Jesus, o mestre e profeta na Palestina, à preexistência do Filho de Deus, passando pela páscoa e pela exaltação escatológica, temos um movimento que coincide com o movimento de crescimento do cristianismo para horizontes cada vez mais largos, defrontando-se com as angústias humanas e com as tentativas de salvação cósmica. A fé cristã fez uma leitura cada vez mais refinada, vencendo a angústia e as alternativas consideradas desviantes.[2]

2. O VERBO ENCARNADO: SER IMAGEM DE DEUS É SER IMAGEM DE CRISTO

A contemplação de Jesus de Nazaré como o Messias glorificado, Criação por excelência e aquele que leva à plenitude toda a criação, provocou a compreensão do processo inverso: não sobe a Deus quem primeiro não desceu de Deus (cf. Ef 4,10). A exaltação levou à compreensão da encarnação do Messias no tempo, do Filho de Deus "antes de todos os tempos".

O exemplo mais familiar dessa profissão de fé está no prólogo do evangelho de João, colocando-se como uma moldura prévia para as narrativas até cotidianas da vida de Jesus, que ocorrem dentro dessa moldura. No primeiro versículo e, sobretudo, no meio do poema inicial, estão as afirmações que se tornam pilares: o Verbo que estava no princípio junto de Deus fez-se carne humana, habitando na nossa fragilidade de criaturas para nos conduzir à glória. Eis o poema:

> *¹No início era o Verbo, e o Verbo estava voltado para Deus, e o Verbo era Deus. ²Ele estava, no início, voltado para Deus.*
>
> *³Tudo foi feito por meio dele; e sem ele nada se fez do que foi feito. ⁴Nele estava a vida, e a vida era a luz dos homens, ⁵e a luz brilha nas trevas, e as trevas não a compreenderam.*
>
> *⁶Houve um homem enviado por Deus; seu nome era João. ⁷Ele veio como testemunha, para dar testemunho da luz, a fim de que todos cressem por ele. ⁸Ele não era a luz, mas devia dar testemunho da luz.*

---

[2] Pode-se aprofundar esse importante e decisivo desenvolvimento na exaustiva pesquisa que resultou numa obra fundamental: KUSCHEL, Karl-Josef. *Generato prima di tutti i secoli?* La controversia sull'origine di Cristo. Brescia, Queriniana, 1996.

⁹O Verbo era a verdadeira luz que, vindo ao mundo, ilumina todo homem. ¹⁰Ele estava no mundo e, por ele, o mundo foi feito, e o mundo não o conheceu. ¹¹Ele veio para o que era seu, e os seus não o acolheram. ¹²Mas aos que o receberam, aos que crêem em seu nome, ele deu o poder de se tornarem filhos de Deus. ¹³Esses não nasceram do sangue, nem de um querer de carne, nem de um querer de homem, mas de Deus.

¹⁴E o Verbo se fez carne e habitou entre nós e nós vimos a sua glória; glória essa que, Filho único cheio de graça e de verdade, ele tem da parte do Pai.

¹⁵João dá testemunho dele e proclama: Eis aquele do qual eu disse: depois de mim vem um homem que me precedeu, porque antes de mim ele era. ¹⁶De sua plenitude, com efeito, todos nós recebemos, e graça sobre graça. ¹⁷Se a lei foi dada por Moisés, a graça e a verdade vieram por Jesus Cristo. ¹⁸Ninguém jamais viu a Deus; Deus Filho único, que está no seio do Pai, no-lo revelou.

Santo Agostinho, nas suas *Confissões*, ao lembrar sua passagem junto aos neoplatônicos, diz com certo humor que eles citavam em seus escritos o início do Prólogo de João: que o Verbo está em Deus, e que é a luz do mundo etc. No entanto, "que o Verbo se fez homem e habitou entre nós, isso não o li eu aí!".[3] É preciso repetir: o chão firme, escandaloso para os espiritualistas, é o fato de que a grandeza da criação, da salvação e da glória é a humanidade em carne e osso de Jesus; e é a relação com essa humanidade e criaturalidade humilde, modelo de toda relação entre as criaturas.

Quando Agostinho afirma com grande beleza que "a glória maior é um Deus humilde", isso se contempla em Cristo e a partir de Cristo. E, nele, na comunhão e na solidariedade do Filho de Deus com todas as criaturas frágeis e mortais, a criação ganha a sua dignidade divina e sua esperança.

Na Idade Média, depois da famosa teoria de santo Anselmo sobre a "satisfação vicária", dividiram-se duas escolas cristológicas sobre a razão última da encarnação do Filho de Deus. A parte mais importante seguiu Anselmo, afirmando a centralidade da redenção: o Filho de Deus se encarnou para redimir do pecado. Portanto, acabavam afirmando também a importância central do pecado humano como razão da encarnação: sem o pecado, não haveria motivo de encarnação. Depois do pecado, era necessário — ou, ao menos, "conveniente" — que fosse o próprio Filho de Deus a assumir nosso destino em suas mãos, oferecendo sua vida por nós. Essa tendência é perigosa, como já vimos no capítulo anterior. A interpretação da encarnação e da redenção como satisfação substitutiva é hoje amplamente recusada.

---

[3] *Confissões* VII, 14.

Duns Scotus representa, de forma cabal, a outra tendência, mais de acordo com os hinos cristológicos: a encarnação, maior obra da criação divina, não dependeu da arbitrariedade humana do pecado. É um desígnio anterior ao pecado e a toda criação, segundo a decisão criadora e a reta ordem do desígnio divino: primeiro está Jesus, a máxima criação. E, depois, para ele e nele, estão todas as criaturas do universo, dos céus e da terra, espirituais e corporais. *É o primado universal de Cristo, a predestinação da criação nele.* Apenas contingencialmente, com a entrada do pecado, ele se tornou também, para a glória de ser sem mácula, o redentor das criaturas pecadoras.

No século XX, o paleontólogo e teólogo Teilhard de Chardin, também cientista e místico, atualizou os hinos do Novo Testamento e a cristologia do primado universal de Cristo em uma linguagem moderna. Teilhard de Chardin escreveu durante os anos de acalorada discussão entre o evolucionismo e a Escritura, entre ciência e teologia. Mostrou como a ciência pode abrir caminho para se compreender, numa linguagem surpreendentemente nova e fiel às fontes, o significado de Cristo para a criação. Na evolução do universo, Teilhard de Chardin contempla diversas etapas ou níveis simultâneos, que ele denominou "esferas". A evolução da grande *cosmosfera*, depois de alcançar sucessivamente a *geosfera*, a *litosfera*, a *hidrosfera*, a *atmosfera*, a *biosfera*, expressa-se na consciência humana, ou seja, na *noosfera,* que é também *antroposfera*. Tal nível supera-se finalmente na *cristosfera*. Mas para que Cristo brilhe em todo o universo, de alguma forma ele está no universo, e o universo está nele desde o início, numa *cristogênese* universal. Todo esse místico processo evolutivo do universo tem como condição o Espírito, um envolvimento do universo numa *pneumatosfera*. Teilhard de Chardin não privilegiou o conhecimento e a consciência, mas o amor. Segue, assim, muito de perto, Duns Scotus. Chamou a todo o processo de *amorização*, a atração cristocêntrica que chama a si e eleva todo o universo. Nós fazemos essa experiência de *cristificação* e de elevação exatamente nas experiências de amor.

A descrição grandiosa e fervorosa de Chardin ajudou muitos cristãos a abraçarem com confiança a linguagem da ciência, o evolucionismo e a ecologia, nutrindo a fé com a nova linguagem. Depois dele, o verdadeiro criacionismo encontrou no evolucionismo um aliado, e não um inimigo. O contrário do criacionismo não é o evolucionismo, como pensaram os fundamentalistas do início do século XX, mas é o "fixismo", um universo onde nada de novo acontecesse. Um universo "estacionário" desde as origens não seria uma real criação. Seria contrário às esperanças cristãs e repugnante diante das injustiças e da dor que ainda reinam entre nós. De certa forma, o evolucionismo e a nova física, sem dar uma resposta teológica, abrem um caminho novo para que uma resposta teológica sobre o futuro do universo seja mais compreensível para nós.

Contudo, as teorias evolucionistas e de expansão do universo, como também o paradigma do holismo, têm na inspiração bíblica centrada em Cristo um alerta ético. Se o livro do Gênesis afirma narrativamente que Deus criou cada coisa, e não apenas um núcleo inicial contendo o universo que deveria se desdobrar evolutivamente, é porque há um sentido nisso. E se a razão e o princípio e fim de todas as coisas é alguém, é uma "pessoa", isso também tem um significado importante. Vejamos:

O Criador, segundo a Escritura, não se relaciona somente com o início ou com o conjunto, mas com cada coisa em particular, sobretudo as mais frágeis e humildes. O "holismo" é o grande paradigma emergente que dá esperança de valorizarmos a totalidade das criaturas, de forma inclusiva, mas isso significa também que é necessário valorizar cada coisa, cada criatura, em si mesma. Em nome do bem geral, da totalidade, não se pode sacrificar uma parte, como se faz num organismo em que um dedo gangrenado pode ser amputado para salvar o todo. Socialmente, por exemplo, repetir tal comparação seria justificar a eliminação dos pobres ou improdutivos porque ameaçam o conjunto da sociedade. Ora, a criação de cada criatura, a conservação e a providência em relação a cada ser criado significam dizer que tudo, inclusive os portadores de deficiências, os doentes e idosos, os que são aparentemente inúteis e peso para o conjunto, têm, no entanto, seu ser relacionado com o Criador. Também são criaturas queridas por Deus, aceitas e valorizadas pelo seu Criador, e têm um lugar e uma missão no conjunto do universo ou da vida e da humanidade. Esse é o holismo que combina com a Escritura, de modo especial, com o Evangelho.

Nessa mesma lógica, chegamos a Jesus, que fez o bem e foi injustiçado: ele é o "Bem-Amado", a imagem perfeita de Deus. Então, a partir de Jesus, ser "imagem e semelhança de Deus" é ser discípulo de Jesus e assemelhar-se a ele através da mesma vida, humilde e responsável. Nessa missão solidária e compassiva para com toda criatura, as outras criaturas, de modo preferencial as que são deficientes, que sofrem e precisam de amparo, encontrarão também o acolhimento de Deus. Enfim, ser imagem e semelhança de Deus, ou melhor, de Cristo, é uma vocação e uma responsabilidade ética pelas outras criaturas do mundo de Deus, é tornar-se um colaborador na obra da criação, uma criatura aliada ao Criador. Cristo, convidando ao discipulado e à missão, conforme os primeiros capítulos do evangelho de João, é um novo Gênesis e é a plenitude final. Mas isso não é um evento mágico; é uma missão que convida também a nossa responsabilidade pela Criação. Ninguém é indiferente, cada responsabilidade é um acréscimo infinito de graça e bondade à criação.

Esse é o sentido prático da confissão de que nossa origem e a origem do universo não são impessoais, alguma "matéria-prima", um "protoplasma". Aquilo que é pessoal provém de uma pessoa — do Filho de Deus como primogênito de toda criatura. O que é pessoal não provém do impessoal. A relação correta é o inverso, conforme esta tese: tudo o que pode ser considerado como impessoal decorre, concorre e culmina na pessoa — na pessoa de Cristo e na nossa experiência de sermos também nós chamados a sermos pessoas em Cristo, conformados à sua estatura. A pedra, a água, as ervas, tudo ganha dignidade a partir da pessoa. Inclusive o simbolismo das águas primordiais para o universo inteiro ou do pó da terra para o ser humano ganham em Cristo esta reversão, esta recapitulação: Cristo existe desde Cristo e para Cristo, e Cristo desde o Pai e para o Pai.

3. O ESPÍRITO DO PAI E DO FILHO EM DORES DE PARTO PELA CRIAÇÃO

Dentre os diversos mal-entendidos sobre a teologia cristã da criação, estão estes dois problemas:

> 1. A transcendência do monoteísmo teria colocado o princípio da criação fora e distante dela, de tal forma que o Criador, pior do que um "motor imóvel", passaria a ser um interventor e um vigilante autoritário desde fora da criação. Diante de tal transcendentalismo, se estabelece uma dependência infantil em relação ao poder de Deus; e freqüentemente impotente e desesperada diante do silêncio de Deus.

> 2. A centralidade de Jesus como Messias e Salvador do mundo, Filho de Deus preexistente e encarnado, glorificado como figura do universo, não melhoraria muito a mesma dependência, agora diante de Cristo, com o agravante de que só por uma elevação mítica e heróica pode-se entender como aquele humilde Jesus é, ao mesmo tempo, o Salvador do universo. Como se estenderia a ressurreição de Jesus à ressurreição dos mortos e à ressurreição e glorificação de toda a criação? Isso não é fantasia do desejo infantil?

Esses problemas são reais e só podem ser enfrentados com a experiência da simbólica trinitária do Deus cristão, centralizando também o Espírito Santo na criação, tanto quanto o Pai e o Filho. A criação não é somente obra do Pai, embora ele seja o primeiro lembrado pelo *Credo*. Se fosse somente obra do Pai, teria razão a primeira objeção exposta. Tampouco é somente obra do Filho com o Pai, porque teria razão a segunda objeção.

No próprio *Credo*, a consumação do universo, representada pela humanidade redimida do pecado, glorificada pela ressurreição e pela vida eterna, é apropriada ao Espírito Santo, no "terceiro artigo" do *Credo*. O Espírito santo é invocado como "Criador" num dos hinos que a Igreja canta, ao dever criar alguma coisa nova em seus concílios e reuniões: *"Veni, Creator Spiritus!"*. Ele é a outra mão criadora do Pai, conforme a teologia judaica das duas mãos do Criador, relida por santo Irineu: o Filho e o Espírito, as duas mãos criadoras do Pai. Só podemos compreender bem o "primado universal de Cristo" dentro da moldura da presença criadora do

Espírito. Convém à moldura ser discreta, mas ela determina o conjunto do quadro.

Na Carta aos Romanos, Paulo é incisivo quanto à atuação criadora do Espírito, tanto em Cristo como na existência humana e do universo inteiro. Começa anunciando-se apóstolo de Cristo "estabelecido Filho de Deus com poder por sua ressurreição dos mortos, *segundo o Espírito de santidade*" (Rm 1,4), e desdobra seu ensinamento, afirmando que o mesmo Espírito é mais do que a Lei, é vida de Deus na criação, abraçando e envolvendo a criação como o útero da mãe envolve em sua placenta a criança que ela está gestando: *"Pois sabemos que a criação inteira geme e sofre as dores de parto até o presente. E não somente ela, mas também nós, que temos as primícias do Espírito, gememos interiormente, suspirando pela redenção de nossos corpos"* (Rm 8,22-23). Se Cristo é a primícia da criação diante de nós, o Espírito nos torna também a nós, se abraçamos a vida de Cristo, primícias da criação. O Espírito, como uma mãe, gesta e conduz a criação ao seu amadurecimento.

O Espírito é a "marca" ou o selo, e também a "garantia" ou caução, em certa medida comparável à marca de Caim, mas agora inteiramente positiva: selo e penhora do Criador para que possamos ter não só a certeza, mas também a experiência antecipada de nossa glória futura (cf. 2Cor 1,22). É o Espírito em nós que não deixa a Palavra cair no vazio ou se enrijecer, mas nos abre a possibilidade de fazer desde já experiência viva, ainda que antecipada e pequena, daquilo que a Palavra nos promete. Sem essa experiência antecipada no cotidiano humano, nas relações e nas ações, nos sentimentos e amores, a Palavra seria apenas uma ideologia enganosa. O Espírito une história e escatologia, as pequenas libertações e a grande salvação. Une as lutas e esperanças históricas com o horizonte da glória infinita.

O Espírito Santo é o mais discreto das três pessoas da Trindade: o mistério do Pai Criador, destinação sabática de toda a criação, pode ser vislumbrado e saboreado antecipadamente na face humana e gloriosa de Jesus, que é a imagem e o "esplendor" do Pai. O Filho tornou-se carne e revelação para que o vejamos, nele nos centremos e o sigamos. Portanto, o Filho, em sua humildade, é o mais "vistoso", dado a nós para ser visto, como verdade e caminho. Mesmo assim, não se trata de um espetáculo indireto do Pai ou direto do Filho. Até mesmo na sua glória de ressuscitado, o Filho se apresenta como uma missão e um serviço a nós, as criaturas que se tornam irmãs e irmãos do Filho para participar da vida de Deus. Mas tudo isso só pode acontecer graças à onipresença discreta do Espírito.

A melhor metáfora da presença do Espírito é a maternidade. O seio materno é, ao mesmo tempo, uma onipresença envolvente e uma renúncia de si, um "vazio" para que outro ocupe o lugar e se torne um ser. A maternidade e o seio são metáforas que convêm ao Espírito. Ele não é apropriadamente a metáfora da face, que é o Filho, mas é seio e regaço acolhedor do Criador. Ele é o mais discreto porque não é o mistério original e prometido — que é o Pai — nem é a intenção e destinação, causa exemplar e figura da criação — que são o Filho —, mas é o seio de Deus sem distância, é o abraço e o regaço envolventes, o seio pelo qual nós estamos dentro de Deus, o sopro pelo qual Deus está dentro de nós, as suas criaturas. O Espírito nos gera, conformando-nos com o Filho para sermos dados ao Pai.

Essa "onipresença maternal" do Espírito é a divindade que *não está longe de nós. É nela, com efeito, que temos a vida, o movimento e o ser"* (At 17,27-28). Essa proximidade nos envolve e nos penetra de tal forma que não temos distância sequer para podermos ver o Espírito assim como vemos o Filho na pessoa de Jesus. A distância do Espírito seria a morte, e são as experiências de morte que nos dão de sobressalto a nostalgia e o desejo doloroso do Espírito. Quando deixamos de nos nutrir do Espírito, quando recusamos e abandonamos seu regaço, entristecendo e até extinguindo o Espírito, então podemos cair no vácuo, na rigidez e na morte (cf. 1Ts 5,19). No entanto, a dor e a nostalgia podem clamar pelo Espírito, e ele pode renovar a face da terra (cf. Sl 104,30).

O Espírito, segundo a melhor teologia cristã, provém do Pai como fonte criadora, e do Filho como filiação à qual a criação é conformada, permitindo que toda a criação ganhe em fraternidade e em filiação divinas. Ao contrário da objeção sobre um Deus transcendente que permanece distante e autoritário, pelo Espírito tudo respira e vive, tudo ganha movimento e energia, tudo se forma à imagem do Filho. Não segundo o panteísmo de Heráclito, que admirava "tudo cheio de divindade" como se a divindade fosse um nível profundo ou uma energia profunda dos seres. A atual *new age* parece carregar essa tendência. Isso nos deixaria arrogantes, como se possuíssemos a divindade, mas, no fundo, seríamos solitários. É na forma de um seio de comunhão, em que a diferença entre mãe e filho é conservada e amada, que se pode compreender bem o *panenteísmo* cristão. Assim, somos convidados à participação na vida divina conforme a metáfora das relações amorosas: contemplando a face, sentindo a presença, escutando a voz, afinando-nos na sinfonia e na dança da vida de toda a criação com a Trindade criadora. Dante Alighieri parece dizer isso quando, na *Divina Comédia*, narra sua entrada no céu: "Parecia-me o sorriso do universo". O sorriso supõe a felicidade de um face a face. Na teologia da criação que atravessa a Bíblia, é esse o repouso sabático de Deus na criação e da criação em Deus. O Novo Testamento e a teologia cristã anunciam esse repouso gozoso na comunhão que a criação tem com o Pai ao ser conformada em Cristo *por obra do Espírito criador.*

Há, portanto, a partir de Cristo e do Espírito, um "holismo trinitário", uma "pericorese" de criaturas que são criadas e, ao mesmo tempo, convidadas a entrar nas relações trinitárias do mistério fontal do Pai, através do Filho e com o Filho, no seio do Espírito Santo. Não se trata de um holismo panteísta, homogeneizante. A palavra cristã que corresponde ao anseio de holismo, de inclusão e totalidade, é a palavra *comunhão — koinonía*. As criaturas, vindas de alguma forma do nada porque vindas da palavra, da benevolente decisão divina, não permanecem sobre o nada e destinadas ao nada. São atraídas pelo amor, convidadas à comunhão.

Deus é Trindade porque é amor, e Deus é amor porque é Trindade. O amor é o segredo da unidade fontal, da pluralidade e biodiversidade das criaturas e da unidade de comunhão. Amor é experiência que reúne o plural e o disperso, atrai à unidade sem destruir as alteridades. O amor, pelo contrário, deseja, afirma e exalta a diferença e a alteridade. O amor de Deus é a força gravitacional que, pairando sobre todos os elementos da criação, conduz cada elemento ao seu lugar próprio de repouso na coesão do todo, segundo as inspiradas palavras de santo Agostinho. E Agostinho acaba referindo a sua própria experiência de amor ao movimento provocado pelo peso ou força de gravidade que move o universo inteiro:

> *É no vosso Dom (o Espírito) que repousamos. Nele gozaremos de vós. É o nosso descanso, o nosso lugar. É para lá que o amor nos arrebata (...) Na vossa boa vontade temos a paz. (...) As coisas que não estão no próprio lugar agitam-se, mas, quando o encontram, ordenam-se e repousam. O meu amor é o meu peso. Para qualquer lugar que eu vá, é ele quem me leva. O vosso Dom inflama-nos e arrebata-nos para o alto. Ardemos e partimos (...) é o vosso fogo, o vosso fogo benfazejo que nos consome enquanto vamos e subimos para a paz da Jerusalém Celeste.*[4]

Deus é Trindade, e o amor divino é trinitário. Nesse amor, cada pessoa da Trindade dá de si mesma à criação: o Pai garante a paternidade fontal e vocaciona também as criaturas à paternidade. O Filho dá a substância e a forma da filiação. O Espírito, que é Dom do Pai e do Filho entre si, é, ao mesmo tempo, a pessoa em que o Pai e o Filho se fazem Dom às criaturas e na qual capacitam as criaturas a se tornarem Dom ao Pai na substância e na forma do Filho. Amor, Dom, Comunhão: essas são as palavras-chave para entender, por meio da experiência e do coração, o mistério da criação que pode parecer paradoxal ou estranho mediante a teoria de uma fria cabeça sem amor. Amor é movimento e temperatura, o que se diz do Espírito no início da criação (cf. Gn 1,2). É uma experiência de vida criativa, temperatura e movimento em direção ao repouso próprio do amor, experiência que está disponível também para as criaturas. Deus é amor, dom, atração, comunhão, e *"quem permanece no amor permanece em Deus e Deus nele"* (1Jo 4,16). Para a criação em êxodo, é ainda uma experiência peregrina. Contudo, a primícia da criação, que é Cristo, no seu Espírito e nas dores de parto que nos transformam em primícias do Espírito, nos levará ao amadurecimento, à entrega do Reino a Deus Pai, à glorificação sabática no mistério do Pai, *"para que Deus seja tudo em todos"* (1Cor 15,28).

---

[4] *Confissões* XIII, 10.

Resumindo

• *Para a fé cristã, o universo tem uma referência pessoal no seu fundamento, na sua destinação, no princípio e no fim. A pessoa não emerge do impessoal, como também o impessoal não é o destino do pessoal. O universo inteiro tem a ver não só com a vida, mas com a pessoa. Essa compreensão cristã fundamenta-se em Jesus: ele é a pessoa que tem a chave de interpretação da criação.*

• *Desde a memória da história de Jesus, a comunidade dos primeiros cristãos reconheceu em sua páscoa, de modo especial em sua ressurreição, a exaltação e glorificação de Jesus como pessoa escatológica que configura o horizonte da esperança para todo o universo. Nele está antecipada a páscoa da criação.*

• *Jesus, o Filho exaltado, é o Filho encarnado, que estava junto do Pai desde antes da criação, intenção e arquétipo da criação. A cristologia da preexistência do Verbo junto do Pai resguarda a origem trinitária, pessoal, da criação.*

• *Para as Escrituras cristãs, ser imagem e semelhança de Deus é ser imagem e semelhança de Jesus, através do seguimento de Jesus.*

• *A encarnação, a vida terrena e a páscoa e glorificação de Jesus como primogênito da criação têm como moldura maternalmente discreta a presença do Espírito, seio e regaço do Pai para o Filho e para toda a criação. Deus é Trindade porque é Amor. No Amor que é Deus, cada pessoa é Dom, Atração, fonte de Comunhão, "Sorriso do Universo" na Glória divina.*

Aprofundando

Enumerar algumas conseqüências ecológicas, humanas, éticas e místicas do fato cristão de crer que Jesus, o humilde nazareno, é o Verbo que estava junto de Deus, pelo qual tudo foi criado e para o qual tudo é atraído até a glorificação escatológica.

Perguntas para reflexão e partilha

1. O que significa, para a mística cristã, o fato de que o universo não provém simplesmente de uma matéria de origem impessoal, mas de "alguém", de uma pessoa?

2. O que significa, para a prática cristã, o fato de que a glória última do universo já está na pessoa humilde e servidora de Jesus?

3. Como se pode experimentar que "tudo está em Deus" e "Deus está em tudo"?

Bibliografia complementar

BOFF, Leonardo. *O evangelho do Cristo cósmico*. Petrópolis, Vozes, 1971.

MOLTMANN, Jürgen. *O Espírito da Vida*. Petrópolis, Vozes, 1999 (trad. espanhola: *El Espíritu de la Vida*. Salamanca, Sígueme, 1998).

PANCHERI, Francesco Saverio. *O primado universal de Cristo*. Porto Alegre, Cadernos da Estef, n. 2, 1988. pp. 7-59.

Conclusão

O AMOR DA CRIAÇÃO E A LEMBRANÇA DO CRIADOR

Um universo que é criação de Deus, à imagem do Filho no seio do Espírito Santo, é um universo abençoado, salvo e seguro. Cada criatura torna-se um sinal, um sacramento da bondade e da graça do Criador. A teologia da criação, em sua linguagem, confunde-se com as palavras e com o olhar do poeta e do místico: a criação é obra do amor de Deus.

De fato, *"Deus é amor"* (1 Jo 4,8). O amor é criador, é poeta, é pintor, é cantor — é irradiante, difusivo. A verdadeira obra de arte não é aquela que se revela toda num primeiro olhar ou aquela que se escuta ou se lê esgotando o sentido e o sabor na primeira vez. Pelo contrário, o "segundo olhar" — ou o terceiro, sempre mais — é como onda que vai mais além, que se aprofunda e alça vôo maior, sempre maior. Deus é Pai e "poeta" da criação: sua obra é "obra aberta", possível de ser revisitada, continuada, de acolher participação ao infinito, pois a obra será eternamente aberta.

As ciências desvelam, sem esgotar, um universo infinitamente grande e infinitamente pequeno. Entretanto, é o amor que experimenta um mundo infinitamente bom e, nas horas de dor, sempre possível de ser resgatado pela bondade. Um universo bom e amável é um universo "belo", atraente. A atração convida à participação e ao "embelezamento". Pode-se compreender, assim, a estupenda afirmação de Dostoiévski: "A beleza salvará o mundo!". A participação humana na criação, a capacidade de interpretação e de embelezamento são sua parte de responsabilidade. Ser humano é ser responsabilidade que se descobre na paisagem que lhe cabe, a terra. O desejo de bondade e beleza vislumbra na terra uma pátria onde a felicidade pode morar, caso tenha o socorro dos céus. A fé e a esperança põem os sentidos todos — os olhos, a pele, a boca, as mãos — e o coração e a mente atentos à discreta, humilde e, ao mesmo tempo, luminosa revelação de um Deus que é Pai e Criador, num universo pequeno e grande, a amável obra do Pai, dom e responsabilidade para a criatura humana.

Nos momentos em que se experimenta intensamente a fragilidade de criaturas, a efemeridade do tempo, a mortalidade da carne, o sofrimento do amor, o esmagamento da violência e da morte, então a presença absolutamente discreta do Criador sai de seu pudor para se tornar uma lembrança que sustenta e um repouso sereno. Em suas *Confissões*, Agostinho nos deixou um testemunho comovente dessa experiência. Em Óstia, a caminho da pátria, morreu sua mãe e melhor amiga. Quando, em sua juventude, Agostinho havia perdido um grande amigo, ficou sem vontade de viver. Entretanto, agora, como cristão, tentou o equilíbrio por meio da *ataraxia* — a ausência de sentimento, coisa própria dos estóicos helênicos — para demonstrar a si mesmo e aos outros uma fé inabalável, mais forte do que a dos estóicos. Celebrou os ritos fúnebres e sepultou a mãe sem chorar. No entanto, a dor o fazia desfalecer. Quando veio a noite, sozinho, deitou-se para se acalmar. Veio-lhe então à mente um hino que aprendera com seu querido mestre Ambrósio, e começou a cantá-lo em sua mente:

> *Deus, Criador de todas as coisas,*
> *regente dos céus, que revestes*
> *o dia com ornamentos de luz,*
> *a noite com a dádiva do sono*
> *para devolver a paz ao corpo*
> *prostrado pelo trabalho,*
> *aliviar as mentes cansadas*
> *e dissolver os tristes sofrimentos.*[1]

E, cantando mentalmente, Agostinho começou a chorar, e o pranto — que lhe fazia de "leito" ao coração, segundo sua própria expressão — remetia-o ao "Criador de todas as coisas". Assim, nessa intensa experiência de reconhecimento da fragilidade da condição humana, Agostinho, sem o saber, superava a tentativa da virtuosa indiferença da *ataraxia* estóica, integrava a fragilidade e as lágrimas à espiritualidade e à força da fé e exercia a virtude — a força humana — que decide nessa hora: entregar-se, em meio às lágrimas, à lembrança do Criador.

Também Clara de Assis, depois de anos de pobreza e doença, ao sentir a aproximação da morte, terminou o canto de sua vida terrena, dizendo...

> *... baixinho à sua alma: vai segura, que você tem uma boa escolta para o caminho. Vai, diz, porque aquele que a criou também a santificou; e, guardando-a sempre como uma mãe guarda o filho, amou-a com terno amor. E bendito sejais, Senhor, que me criastes!*[2]

"Louvado sejas, meu Senhor, com todas as tuas criaturas."
(São Francisco de Assis – Cântico do Sol)

---

[1] *Deus creator omnium / Polique rector, vestiens / Diem decoro lumine, / Noctem soporis gratia / Artus solutus ut quies / reddat laboris usui;/ Mentesque fessas allevet, / Luctusque solvat anxios.* (*Confissões* IX, 12). Cf. o comentário sobre a superação de uma estética quantitativa das medidas gregas por uma estética relacional da fé bíblica-cristã, em MAMMÌ, Lorenzo. Deus Cantor. In: BAVCAR, Evgen et alii. *Artepensamento*. São Paulo, Companhia das Letras, 1994. pp. 43-58.

[2] FONTES CLARIANAS. Petrópolis, Vozes/FFB, 1993. p. 52.

ÍNDICE

APRESENTAÇÃO DA COLEÇÃO 5

INTRODUÇÃO 9

CAPÍTULO I. O GRITO DA TERRA E A RESPONSABILIDADE DA TEOLOGIA DA
CRIAÇÃO 11

1. Alguns problemas específicos da modernidade 12

2. O sintoma da crise da modernidade ocidental na ecologia 14

3. Tarefas de uma teologia da criação hoje 15

4. A feliz emergência do "paradigma ecológico" 17

CAPÍTULO II. O CONHECIMENTO RELIGIOSO DO UNIVERSO 23

1. Três formas de saber e interdisciplinaridade 23

2. Conhecimento e linguagem religiosa 25

    2.1. O mito 26

    2.2. Cosmogonias e teogonias: o nascimento dos mundos e dos deuses 28

    2.3. Sabedoria: o gosto doce e amargo da existência 29

    2.4. Teologia da criação: crer para compreender o segredo do universo 30

3. O conhecimento bíblico e cristão do universo 31

    3.1. Criação, história, escatologia: a criação para Nova Criação 32

    3.2. A criação é obra da Trindade 36

        a) As duas mãos do Criador 37

        b) O Filho Criador 38

        c) O Espírito Criador 38

        d) O Pai Criador 40

        e) Criação como aliança esponsal 42

CAPÍTULO III. "NO PRINCÍPIO, QUANDO DEUS CRIOU O CÉU E A TERRA" (GN 1,1).... 47

1. O universo é uma decisão benevolente de Deus 51

1.1. Deus cria com a força da palavra 52

1.2. Deus, o "poeta" da criação 53

1.3. Deus é Criador "Onipotente" 55

1.4. Deus cria com o Espírito 57

1.5. Deus cria tudo "do nada": *creatio ex nihilo* 60

1.6. Criação com energia e palavra, simultaneamente: *Creatio de Spiritu, Creatio de Verbo* 64

2. O universo como ambientes e tempos de vida das criaturas 65

2.1. Criação como *céu e terra* 66

2.2. A luz 68

2.3. As águas 68

2.4. As criaturas em espécies e em ambientes vitais 68

2.5. As criaturas como espaços e tempos da criação 70

2.6. As diferentes qualidades dos tempos 71

a) O tempo das estações e o "eterno retorno" 72

b) O tempo cronológico 72

c) O tempo da consciência e a consciência do tempo 73

d) Os tempos de Deus: *"Uma vez para sempre"* — o tempo histórico da criação à escatologia 74

e) O Sábado da criação 80

CAPÍTULO IV. O SER HUMANO NA CRIAÇÃO 87

1. Criaturas angélicas e criaturas humanas 88

2. Ser Humano: criatura da terra e imagem de Deus 92

2.1. Ser Humano: do pó da terra e do sopro de Deus 94

a) Equívocos 95

b) Reinterpretação 96

c) A formação do ser humano 98

2.2. Humano: imagem do mundo, imagem de Deus 101

2.3. Humano: corpo-alma 103

3. Ser Humano: homem e mulher, pais e filhos, irmãos e irmãs 107

   3.1. Animais: seres de convivência 107

   3.2. Homens e mulheres: seres de correspondência e co-responsabilidade ... 109

   3.3. Pais e filhos: seres de fecundidade e filiação 113

   3.4. Irmãs e irmãos: "aproximação" de toda criatura 115

CAPÍTULO V. O SOFRIMENTO DA CRIAÇÃO 119

1. Sofrimento: problema, mistério, escândalo 120

2. O mal que se comete e o sofrimento que se recebe: crime e castigo? 121

3. A impossível teodicéia 123

   3.1. Agostinho: o mal é pecado e castigo do pecado 124

   3.2. Leibniz: o mal e o melhor dos mundos possíveis 127

4. As duas faces da realidade: da serpente ao arco-íris 128

   4.1. A dupla face pedagógica de Deus e o aprendizado do bem e do mal 129

   4.2. O fratricídio como pecado original: a força divinizada de Caim contra
      a fragilidade de Abel 136

   4.3. A dupla face do dilúvio e do arco-íris 139

   4.4. A criação da cidade 142

5. Por que eu? Por que me abandonaste? As vítimas inocentes 144

6. A dor de Deus pela dor do mundo 145

CAPÍTULO VI. JESUS, O PRIMOGÊNITO DE TODA A CRIAÇÃO 153

1. Jesus, exaltado pelo Pai 153

   1.1. Jesus humilde até a morte, exaltado como Senhor: Fl 2,6-11 155

   1.2. Jesus, o Primogênito que nos faz participantes de sua herança:
      Cl 1,15-20 156

   1.3. Em Cristo, a bênção e a predestinação da criação: Ef 1,3-14 157

2. O Verbo encarnado: ser imagem de Deus é ser imagem de Cristo 159

3. O Espírito do Pai e do Filho em dores de parto pela criação 163

CONCLUSÃO 169

SIGLAS

CELAM   Conferência Geral do Episcopado Latino-Americano
CNBB   Conferência Nacional dos Bispos do Brasil
DZ   Denzinger, H. & Schönmetzer, A., editores da obra *Enchiridion Symbolorum*
       (definições e declarações relativas à fé e à moral)
Em geral, os outros documentos foram citados por extenso.

ABREVIATURAS

AA.VV.	vários autores
art.	artigo
c.	capítulo
cf	confrontar, ver também
ed.	edição
Ibid.	*ibidem,* mesmo autor e mesma obra
Id.	*idem,* o mesmo
n.	número
o.c.	obra já citada anteriormente pelo mesmo autor
p. / pp.	página / páginas
p. ex.	por exemplo
s / ss	seguinte / seguintes (p. ex.: p. 40s = p. 40 e 41; p. 49ss = p. 49 e seguintes)
trad.	tradução
v.	volume

Impresso na gráfica da
Pia Sociedade Filhas de São Paulo
Via Raposo Tavares, km 19,145
05577-300 - São Paulo, SP - Brasil - 2014